Asesinatos políticos en América Latina

JULIO A. SIERRA

Asesinatos políticos en América Latina

 **Editorial El Ateneo**

Sierra, Julio A.
Asesinatos políticos en América Latina.
1º ed. - Buenos Aires: El Ateneo, 2005.
355 p.; 23 x 16 cm.

ISBN Nº 950 -02 -5896 -X

1. I. Ensayo Argentino. I. Título.
CDD A864

Diseño de cubierta: Departamento de Arte
de Editorial El Ateneo

Diseño de interiores: Lucila Schonfeld

Primera edición de Editorial El Ateneo
© Grupo ILHSA S.A., 2005.
Patagones 2463 - (C1282ACA) Buenos Aires - Argentina
Tel.: (54 11) 4943 8200 - Fax: (54 11) 4308 4199
E-mail: editorial@elateneo.com

Derechos mundiales de edición en castellano

Queda hecho el depósito que establece la ley 11.723

Impreso en **Talleres Verlap**,
Comandante Spurr 653, Avellaneda, Pcia. de Buenos Aires,
en el mes de enero de 2005.

IMPRESO EN LA ARGENTINA

Índice

Agradecimientos

A Pablo Mileo por su valiosa cooperación en la búsqueda de material documental no siempre de fácil acceso; a Daniel Cecchini, cuyas investigaciones sobre el grupo Montoneros de Argentina y el asesinato de monseñor Angelelli, obispo de La Rioja (Argentina) contribuyeron a dar precisión al texto; a Jorge Pinedo, que leyó y corrigió los originales con su habitual prolijidad.

Preveo que el hombre se resignará cada día a empresas más atroces; pronto no habrá sino guerreros y bandoleros.

Jorge Luis Borges, "El jardín de senderos que se bifurcan", *Ficciones*

La mayor parte del mundo actual está gobernado por Césares. Los seres humanos son tratados cada vez más como cosas. La tortura está en todas partes. Y, como escribió Sartre en su prefacio al escalofriante libro de Henri Alleg sobre Argelia, "cualquiera, en cualquier momento, puede convertirse tanto en víctima como en victimario". Suetonio, al ponernos frente al espejo de aquellos Césares de diferentes leyendas, refleja no sólo sus imágenes, sino a nosotros mismos: criaturas ambivalentes, cuya enorme tarea moral es la de mantener el equilibrio entre el ángel y el monstruo que llevamos dentro, pues somos ambas cosas. Ignorar esta dualidad es una invitación al desastre.

Gore Vidal, *Robert Graves and the Twelve Caesars*

Introducción

Desde Maquiavelo es sabido que política y ética tienen poco que ver entre sí y que el poder se ejerce desde la primera, muy raramente desde la segunda. Los asesinatos considerados políticos circunscriptos al área de la América Latina –tema de este libro–, presentan dos conceptos en apariencia opuestos, pero que han convivido codo a codo desde la oscuridad de los orígenes de la organización del grupo humano de cazadores recolectores: el asesinato, la muerte deliberada del otro; y la política: concepto y práctica de ambigua definición que cada poderoso interpreta como quiere y cada gobernado vive como puede. Lo cual nos introduce en otro terreno de no menor relevancia conceptual: el tema del poder.

Si la razón política proporciona sustento a este tipo de asesinato, raramente se percibe que el hecho mismo y sus resultados sean éticos, sean justos o buenos. ¿Fue "bueno" asesinar a César? La respuesta, como siempre, depende del color del cristal con que se lo mire. Si el que asesina es el poderoso, la justificación viene por el lado de la Razón de Estado, del bienestar común, o del mal menor pero, en el fondo, toda violencia que proviene del poder se (auto)justifica por la necesidad de conservar ese mismo poder. Por otra parte, si el que asesina es el rebelde, el que se opone al poder vigente porque lo considera corrupto o excesivo, inoperante o criminal, el hecho es aprobado por el perpetrador o sus instigadores como necesario para la salud de la nación, como moralmente justo para liberar al pueblo del flagelo de un poder mal ejercido. Pero lo cierto es que, más allá de las justificaciones, el asesinato político, de cualquier lado que provenga, se inscribe en el marco de la lucha por el poder en grado de violencia. Y es, siempre, al fin y al cabo, un asesinato.

Se ha dicho que la guerra es el fracaso de la política. Se podría agregar que, también, es la derrota de la civilización (valga recordar que ambas palabras, "política" y "civilización", tienen etimologías paralelas y emparentadas: la ciudad como organización, "polis" en griego, "civis" en latín). En esa misma línea de pensamiento el asesinato político parece surgir como el límite nihilista de la política, el desmoronamiento de la civilización, el fracaso de la cultura. También es un dato negativo para la moral individual: el asesinato parece figurar entre las prohibiciones de casi todas las religiones, sistemas de creencias, pensamientos mágicos y aun otros códigos de conducta. En tanto error moral individual el asesinato es repudiable en sí mismo; si a ello se le agrega el factor disolvente que tiene el asesinato político en una sociedad, la conclusión debería ser la condena política y moral de semejante acto. Pero, queda dicho, como política y moral recorren caminos separados, aunque a veces se los quiera ver como paralelos, nos encontramos con que el asesinato político es malo cuando es políticamente inconveniente y es un recurso extremo, pero válido moralmente, cuando conviene a las apetencias de quienes se ven favorecidos por el hecho.

En suma, dicho de manera pedestre, el asesinato político es malo cuando no juega a favor de quien evalúa, es bueno cuando lo beneficia: la más pura y pragmática política.

En su esencia, el asesinato político, cuando la víctima es el gobernante, cuando es un magnicidio, resulta una práctica muy cercana al terrorismo, ya que su objetivo es la desestabilización del gobierno o la coerción para que se produzcan cambios sustanciales. En su otra vertiente, es decir cuando el asesinato es cometido desde el poder, suele hablarse de terrorismo de Estado.

Los asesinatos seleccionados para este libro no responden a una línea política. Han sido elegidos porque, según como se los mire, son beneficiosos o dañinos, justos o injustos. En más de un caso, son simplemente absurdos. Sea como fuere, todos ellos significaron el fracaso de la política como diálogo, de la política como forma de vida civilizada y, en última instancia, de la vida en sociedad como tolerancia.

Es posible rastrear asesinatos políticos entre los potentados incas, aztecas o mayas. Las conspiraciones de palacio y los enfrentamientos por el poder no eran desconocidos en aquellas altas culturas precolombinas.

Por su parte, los españoles, al llegar a estas tierras hicieron de la espada el instrumento principal para tomar posesión de ellas. Tal vez no sea exagerado decir que el primero, o por lo menos uno de los primeros asesinatos políticos de América Latina fue el de Anacaona, mujer de Caonabó, cacique de Maguana, en la isla de Quisqueya, que los invasores españoles rebautizaron para siempre con el nombre de La Española. Parece que esta mujer de la etnia de los caribes era de notable belleza y vasta cultura. Su nombre significaba "flor de oro" y sus composiciones, en forma de cantos y poemas, eran recitadas en los *areyto* (grandes fiestas comunales en las que, bajo la dirección del cacique, se cantaban y recitaban los mitos de creación). Caonabó había establecido su dominio sobre los pueblos de Maguana y dirigió el ataque contra el fuerte Navidad, el primer asentamiento español en tierras americanas. Dirigió también el ataque contra la fortaleza de Santo Tomás, si bien las tropas al mando de Alonso de Ojeda lograron resistir el ataque y capturar a Caonabó. Colón lo embarcó en su viaje de vuelta a España, pero pereció durante la travesía. La resistencia continuó al mando de Anacaona, hasta que fue atrapada y asesinada.

Moctezuma y Atahualpa también fueron víctimas de la codicia del invasor español. Y la lista de asesinatos políticos podría extenderse con nombres de españoles que, en sus luchas por el poder, no vacilaron en matarse entre ellos.

Una vez expulsados los españoles del suelo americano durante el siglo XIX, los pueblos liberados se enredaron en disputas que llegaron a convertirse en guerra civil y no escasearon los asesinatos políticos.

15

El siglo xx no fue excepcional en este sentido. El último magnicidio del siglo fue el asesinato del vicepresidente del Paraguay, Luis María Argaña, una víctima más que se agrega a la extensa lista de magnicidios cometidos en América Latina. Presidentes, vicepresidentes y líderes de la oposición han sido víctimas de la violencia política, que no se resiste a abandonar la región y más bien parece aumentar.

En los primeros años del siglo, en 1912, Eloy Alfaro, presidente de Ecuador, fue derribado por un golpe militar y murió asesinado en la cárcel, en Quito, en medio de la histeria de una multitud exaltada.

Especialmente traumático fue el asesinato del líder popular Jorge Gaitán en 1948, que desató en Colombia el predominio de la violencia que todavía perdura, apenas interrumpida por breves períodos de calma. La CIA norteamericana parece que algo tuvo que ver con ello. Luego llegaron a ese país los asesinatos ligados al tráfico de la droga. Entre muchas otras víctimas se destacan nombres como el de Luis Carlos Galán Sarmiento, fuerte opositor del narcotráfico y candidato con mayores posibilidades de ganar en la campaña electoral de 1989 y 1990. Este tipo de asesinato, no aclarado aún por la justicia, expresa el oscuro surgimiento de coaliciones entre los "narcos" y ciertos sectores políticos, interesados en contar con sus aportes, para lo cual se prestan a bloquear los esfuerzos gubernamentales en contra del negocio de las drogas. El crimen se produjo el 18 de agosto de 1989 en Soacha. Otro candidato presidencial, Bernardo Jaramillo, de la Unión Patriótica, fue asesinado el 22 de marzo de 1990 en el aeropuerto internacional de El Dorado, Bogotá. Su sucesor, Carlos Pizarro, candidato a la Presidencia por el antiguo grupo guerrillero M-19, apoyado por una coalición centroizquierdista, la Alianza Democrática, fue asesinado el 26 de abril de 1990. Finalmente, Pablo Escobar Gaviria, jefe del cartel de Medellín, fue asesinado el 2 de diciembre de 1993. Era tal el poder político que ejercía que para su eliminación se asociaron el Bloque de Búsqueda de la Policía, los Pepes (grupo que asesinaba a parientes y asociados de Escobar que llegó a matar 300 personas) y las autoridades estadounidenses. Se estaba debatiendo en el Congreso el incremento de la violencia en Colombia, cuando, el 2 de noviembre de 1995, fue asesinado Álvaro Gómez Hurtado, director del periódico *El Nuevo Siglo* y fundador del Movimiento de Salvación Nacional. Gómez Hurtado siempre se manifestó en contra del narcotráfico, la guerrilla y la corrupción política.

Desde el final de la Segunda Guerra Mundial hasta la actualidad, han sido seis los presidentes latinoamericanos asesinados mientras se encontraban en ejercicio de su mandato. La lista, en orden cronológico, es la siguiente:

Gualberto Villarroel, presidente de Bolivia, asesinado el 21 de julio de 1946 en las calles de La Paz; Carlos Delgado Chalbaud, presidente de la Junta Militar de Venezuela, muerto el 13 de noviembre de 1950 en una emboscada tendida en una calle residencial de Caracas; José Antonio Remón, presidente de Panamá, asesinado el 2 de enero de 1955 por una ráfaga de ametralladora en el hipódromo Juan Franco; Anastasio Somoza García, dictador de Nicaragua, ultimado el 21 de septiembre de 1956 en un acto proselitista; Carlos Castillo Armas, presidente de Guatemala, asesinado el 26 de julio de 1957 (un guardia militar, Romeo Vázquez Sánchez, le disparó cuatro tiros y luego se suicidó); Rafael Leónidas Trujillo, dictador de la República Dominicana, cayó asesinado el 30 de mayo de 1961.

Pero los presidentes en ejercicio no fueron las únicas víctimas de la violencia política latinoamericana. La lista de magnicidios incluye también a ex presidentes y candidatos.

Entre los primeros figura un argentino: Pedro Eugenio Aramburu. El ex gobernante de facto fue secuestrado el 29 de mayo de 1970 y posteriormente asesinado por Montoneros. Anastasio Somoza Debayle, ex dictador nicaragüense, cayó en un atentado, el 17 de septiembre de 1980, en Paraguay. Era hijo de Anastasio Somoza García.

En 1983, el asesinato del primer ministro Maurice Bishop, en Granada, dio lugar a la posterior invasión por tropas estadounidenses para imponer un gobierno más "amistoso".

En Nicaragua, fue notorio el asesinato del editor Joaquín Chamorro, quien hubiera sido candidato presidencial de haber habido elecciones limpias, pero su esposa Violeta lo reivindica después del derrocamiento de Somoza por los sandinistas y el mediocre gobierno de Daniel Ortega.

El cardenal Posadas Ocampo, arzobispo de Guadalajara, México, cayó asesinado a balazos en el año 1993 dentro de su automóvil. Se le atribuye el asesinato al narcotráfico mexicano. Según se filtró en junio de 1999, el testigo Marco Enrique Torres García, ex militar que supuestamente participó en los hechos, declaró que el asesinato de Juan Jesús Posadas Ocampo fue producto de un plan orquestado por destacados políticos, entre los que se menciona a altos funcionarios que pretendían recuperar documentos que una mujer había entregado al cardenal, los cuales demostraban la relación de ese grupo con diversos cárteles de la droga.

México ha sido pródigo en asesinatos políticos. La violencia se llevó consigo a los primeros presidentes de la Revolución y también a los líderes populares Pancho Villa y Emiliano Zapata. En tiempos más recientes, han caído bajo las balas del asesinato político José Francisco Ruiz Massieu, secretario general del PRI, en 1994, y el candidato a la presidencia Luis Donaldo Colosio, acribillado el 24 de marzo de 1994.

Juan José Torres, que había sido presidente de Bolivia, también fue asesinado. Su mandato presidencial, de carácter populista y antiimperialista, intentó instaurar un régimen democrático, pero fue derrocado en 1971 por un golpe militar encabezado por el coronel Hugo Bánzer Suárez. Exiliado en Chile y en la Argentina, fue un destacado líder de la oposición en el exilio. En 1976, un comando de extrema derecha, seguramente relacionado con el Plan Cóndor, lo secuestró y asesinó en Buenos Aires.

Igual destino iba a sufrir Andrés Selich. El presidente de la República, Hugo Bánzer Suárez, presionado por la fuerte crítica proveniente de diversos sectores políticos, policiales y hasta militares, debió acceder finalmente a desprenderse de su ministro del Interior, el coronel Selich. Al regresar este a La Paz desde Asunción, fue apresado bajo la acusación de encabezar una conspiración de extrema derecha para derrocar al gobierno. Poco después de haber sido detenido, murió víctima de brutales golpes propinados por los agentes de seguridad encargados de interrogarlo.

Es notable la declaración de los torturadores. Dijeron que "nunca tuvimos la intención de darle muerte" y pedían "perdón a Dios por lo ocurrido". Invocando la comprensión de las autoridades por lo que llamaron "celo funcionario" para lograr la confesión, los tres torturadores suscribieron un informe del que extraemos estos párrafos:

"Ante la negativa del detenido para narrar la forma en que había ingresado en Bolivia (desde el Paraguay) y las personas que habían intervenido en la conspiración juntamente con él, le propinamos algunos golpes, sin el ánimo de causarle mayor daño y sí para amedrentarlo y hacer que de este modo nos respondiera al interrogatorio, el detenido cayó al suelo y lo levantamos y estando ya recuperado, lo volvimos a interrogar.

"Al poco tiempo, unos quince minutos aproximadamente, vino el médico, quien al examinarlo, abriéndole los ojos, dijo que estaba vivo. Pero luego de examinarle el corazón manifestó que había fallecido.

"Nuestra sorpresa fue mayúscula y nos confundimos por el hecho. Queremos expresar nuestro dolor y poner en evidencia que solo queríamos obtener una declaración del coronel Selich, para lo cual hicimos uso de la fuerza, dando algunos golpes al detenido...". Estos "algunos golpes" le reventaron el hígado al ex embajador de Bolivia en el Paraguay.

Otros victimarios se erigieron en jueces y verdugos de sus víctimas elegidas, como los miembros del grupo guerrillero Montoneros, que secuestraron y asesinaron al ex presidente de facto de la Argentina, general Pedro Eugenio Aramburu. Consideraron que el acto fue una pena impuesta en nombre del pueblo que ellos decían representar.

La última dictadura argentina, a su vez, eligió el silencio y la desaparición como método de eliminar al enemigo. Y este enemigo no siempre fue la guerrilla armada. Tal el caso de Elena Holmberg y Marcelo Dupont, quienes, por sus vinculaciones con el régimen, se enteraron de cosas que no debían saber. Lo pagaron con la muerte.

Una sección especial debe ser dedicada a la política exterior de los Estados Unidos en la región, tal como la entendió la CIA y en especial la Escuela de las Américas.

Escuela de las Américas

Durante más de 50 años, los Estados Unidos han estado entrenando a militares latinoamericanos y mirando para otro lado cuando se trata de sus crímenes. La más notable institución para el entrenamiento de esas personas es la Escuela de las Américas, que funciona actualmente en Fort Benning, Georgia.

En 1948 el anticomunismo se había convertido no sólo en el tema central de la política exterior de los Estados Unidos, sino también en la religión secular del país. En este marco había que integrar a América Latina.

Ya desde la Doctrina Monroe del siglo XIX, el gobierno de los Estados Unidos ha considerado que todo lo que queda al sur del río Bravo está dentro de su "esfera de influencia", como si se tratara de su "patio trasero" propio. Después de la Segunda Guerra Mundial, numerosas políticas fueron llevadas a la práctica para asegurar que América Latina continuara siendo un lugar pacífico, obediente.

Una manifestación específica de esta amplia política fue la Escuela de las Américas (SOA). Fundada en Panamá en 1946, la SOA pronto dejó de ser una inocente instalación de entrenamiento técnico, para convertirse en una avanzada agencia de entrenamiento para lo que se llamó "contrainsurgencia", tal vez mejor descripta como control de la población y del terrorismo doméstico. Todos los años, oficiales militares de toda América Latina hacían su entrenamiento en la SOA. En total, esta escuela ha producido más de 60.000 graduados, que fueron esparcidos en las fuerzas armadas de toda América Latina y construyeron los basamentos de sucesivas dictaduras.

Entre 1961 y 1966, nueve gobiernos latinoamericanos fueron derrocados por golpes militares. En todos esos golpes intervinieron graduados de la SOA. Desde 1968, diez graduados de la SOA se han convertido en jefes de estado en seis países de América Latina por medios no democráticos. Notorios graduados de la SOA fueron: Manuel Noriega y Omar Torrijos, ambos se alzaron con el poder en Panamá; Leopoldo Galtieri y Roberto Viola, presidentes de facto de la Argentina; Juan Velasco Alvarado, dirigió un golpe de Estado en Perú para convertirse él en presidente; Guillermo Rodríguez gobernó Ecuador y Hugo Banzer Suárez, Bolivia.

Lamentablemente, el derrocamiento de gobiernos democráticos no es el peor de los crímenes atribuibles a la SOA. También allí fueron aprendidos los métodos empleados por sus graduados para conseguir y mantener el poder político. Al regresar a sus países de origen, con frecuencia estos oficiales se han convertido en miembros de la policía secreta o de las unidades llamadas "escuadrones de la muerte". Sus tácticas incluyen el secuestro, la tortura, el asesinato, la infiltración y espionaje.

Si bien la mayoría de las víctimas simplemente "desaparecían" y jamás se volvía a saber de ellas, cada vez son más los casos que van saliendo a la luz. Algunos de los incidentes con oficiales graduados de la SOA mejor conocidos son:

—19 de los 27 oficiales salvadoreños responsables del asesinato de ocho personas en la Universidad de América Central, en El Salvador, eran graduados de la SOA, como también lo eran casi las tres cuartas partes de los oficiales salvadoreños involucrados en otras siete masacres.

—También eran graduados de la SOA seis oficiales peruanos integrantes de los escuadrones de la muerte que asesinaron a nueve estudiantes y un profesor cerca de Lima.

—19 oficiales relacionados con el infame escuadrón de la muerte hondureño "Batallón 16" eran graduados de la SOA.

—Diez de los doce oficiales salvadoreños implicados en la masacre de 900 personas en el pueblo de El Mozote eran graduados de la SOA.

—El graduado de SOA Roberto D'Aubuisson ordenó el asesinato del arzobispo salvadoreño Oscar Romero en 1980. Romero fue asesinado en medio de la celebración de una misa. Dos de los tres asesinos habían sido también entrenados en la SOA.

El 17 de enero de 2001 la Escuela de las Américas fue cerrada y luego inmediatamente reabierta en Fort Benning como Instituto del Hemisferio Occidental para la Cooperación sobre Seguridad. Este traslado fue un débil intento de crear la ilusión de cambio y evitar que se siguiera mencionando en todo el país el ya conocido nombre de Escuela de las Américas. Los programas de estudio de la institución siguen siendo los mismos.

El Plan Cóndor

No hace mucho tiempo salieron a la luz documentos secretos del Departamento de Estado en los que se daba cuenta de que militares latinoamericanos involucrados en la Operación Cóndor, un esfuerzo conjunto de los gobiernos dictatoriales de la década de 1970 para aplastar a la oposición de izquierda, usaban instalaciones estadounidenses de comunicaciones para compartir información.

El Plan Cóndor significó un nuevo nivel de represión coordinada alcanzado por las fuerzas anticomunistas de la región. Los miembros clave de este plan fueron Chile, Argentina, Uruguay, Bolivia, Paraguay y Brasil. El plan permitía a los gobiernos militares compartir información para perseguir, atrapar y ejecutar a los opositores políticos en operativos combinados que cruzaban las fronteras. Estos gobiernos militares desafiaban la ley internacional y las tradiciones de refugio político para llevar adelante su cruzada mesiánica.

El Plan Cóndor era en realidad un sistema paraestatal que usaba métodos ilegales para eliminar subversivos sin tener que someterse a las instituciones de la ley y la constitución, que ignoraba el debido proceso violando toda clase de derechos humanos. Al querer luchar contra el terrorismo subversivo se volvieron terroristas ellos mismo y cometieron el peor de los crímenes políticos: el terrorismo de Estado.

Este plan debe ser comprendido en el contexto del anticomunismo global encabezado por los Estados Unidos. Ahora se sabe que altos funcionarios y organismos gubernamentales estadounidenses, incluidos el Departamento de Estado, la CIA y el Departamento de Defensa, conocían muy bien las actividades realizadas al amparo del Plan Cóndor desde el mismo momento de su organización en 1975, o antes.

El primer gran asesinato en el marco del Plan Cóndor se produjo en 1974, poco antes de que el Plan fuera formalmente organizado desde la DINA chilena. El general Carlos Prats, opositor al golpe de Estado de Pinochet, y su esposa, fueron asesinados en Buenos Aires.

Otro asesinato cometido al amparo de esta organización fue el de Orlando Letelier, político y economista chileno, ministro del gobierno de Salvador Allende. Cuando se produjo el golpe militar del 11 de septiembre de 1973, Letelier, después de permanecer un año en prisión, se exilió en los Estados Unidos, donde en septiembre de 1976 fue asesinado por tres oficiales de la DINA. Junto con Letelier cayó Ronni Moffit, su colaboradora. De la misma manera cayeron en Roma el dirigente demócrata cristiano chileno Bernardo Leighton y su esposa. Ya se ha mencionado el asesinato del ex presidente de Bolivia Juan José Torres, en Buenos Aires. También cayeron de esta manera dos legisladores uruguayos opositores al régimen militar, Zelmar Michelini y Héctor Gutiérrez Ruiz, en Buenos Aires. La ejecución, según las circunstancias, estuvo a cargo de agentes de inteligencia locales, de delincuentes a sueldo y de miembros de organizaciones de extrema derecha.

Los acontecimientos criminales que se relatan en este libro han sido ordenados con un sentido práctico, no jerárquico. No hay asesinatos mejores ni peores que otros. El asesinato político es una forma de terrorismo, y todo terrorismo es abominable. La muerte por fuera del devenir natural es abominable.

Presidentes

Los primeros magistrados y ex primeros magistrados –dictatoriales o democráticos– han sido siempre blanco favorito de los magnicidas. Los métodos elegidos son variados. Entre los seleccionados para este libro se destacan los atentados directos realizados por individuos con mente obnubilada. Así, el presidente de México Álvaro Obregón cayó víctima de un fanático católico. Fanático era también el poeta autor de la muerte de Anatasio Somoza García, dictador nicaragüense. Todo asesinato conlleva su dosis de dramatismo y tragedia, pero ninguno alcanza los niveles de lo ocurrido en la pueblada que terminó con la vida del presidente ecuatoriano Eloy Alfaro, para luego quemar sus restos en una hoguera pública. El atentado planificado fue el método usado por los guerrilleros argentinos al servicio del gobierno sandinista de Nicaragua para eliminar al último dictador de la dinastía Somoza, Anastasio "Tachito" Somoza Debayle, en su exilio paraguayo. Sin embargo, otros guerrilleros argentinos, montoneros, optaron por la ficción de un juicio político contra el ex presidente de facto de la Argentina Pedro Eugenio Aramburu, y su ejecución sumaria. La traición llevó a la muerte a los presidentes de la Revolución Mexicana Francisco Madero y Venustiano Carranza y el complot apoyado por la CIA fue el método elegido para eliminar al dictador dominicano Rafael Trujillo. Estas son las historias de cada uno de ellos.

1912: Eloy Alfaro,
presidente de Ecuador

La gloria y la tragedia de Eloy Alfaro comenzaron con un escandaloso negociado en 1894 y terminaron con su muerte a manos de una turba enardecida en 1912. Los dos extremos del último período de su vida fueron marcados por acontecimientos que provocaron en su momento tanta indignación como estupor. El primero fue un descarado negociado con repercusiones internacionales; el último constituyó un hecho de barbarie que avergonzó a la sociedad de su época.

La venta de la bandera

Después de mucho tiempo de lucha contra la elite oligárquica que gobernaba su país, finalmente se daban las condiciones para que este viejo luchador –así comenzaban a llamar a Eloy Alfaro– regresara una vez más del exilio para ponerse a la cabeza de las fuerzas populares. Hacía 30 años que buscaba por todos los medios la modernización y la democracia para su país, y hacía poco más de 12 meses que un nuevo exilio lo había llevado a Panamá y a Nicaragua en busca de refugio.

La última etapa de su lucha comenzó cuando importantes, pero no por ello probos, funcionarios del gobierno en Quito y Guayaquil, en octubre de 1894, fueron protagonistas de un hecho que, además de producir un gran escándalo internacional, iba a tener consecuencias inimaginables en ese momento, como el regreso triunfal del liberal Eloy Alfaro. La historia de Ecuador registra el acontecimiento con el bochornoso nombre de "Venta de la Bandera".

Japón acababa de declararle la guerra a China y, a través de la banca estadounidense Morgan, se disponía a adquirir diversos pertrechos bélicos, entre los cuales se contaba una nave de guerra de bandera chilena, el crucero *Esmeralda*. Pero Chile había firmado con China un acuerdo de neutralidad que le impedía llevar a cabo semejante operación. Hacía falta un tercero dispuesto a facilitar las cosas. La banca Morgan lo encontró en Ecuador. Alguien allí se encargaría de hacer el trabajo sucio. En ese momento el país estaba gobernado por una elite oligárquica y corrupta conocida con el nombre de La Argolla. Este grupo estaba compuesto por hombres siempre dispuestos a sacar provecho, sin importar de qué manera. Ellos sabían muy bien cómo ejercer presiones y distribuir sobornos, razón por la cual la banca Morgan recurrió a la casa Flint, empresa financiera muy bien conectada con lo mejor de La Argolla. El primer contacto sería con un ex presidente, por supuesto miembro de esa elite, José María Plácido Caamaño, gobernador de la provincia de Guayas.

La casa Flint, el 16 de octubre de 1894, por intermedio del cónsul de Ecuador en Nueva York, le envió un cable a Caamaño con una propuesta: Ecuador debía tomar "bajo su nacionalidad al barco *Esmeralda* para en Honolulu traspasar la nacionalidad a otro país", Japón. Nueve días más tarde, Ecuador le comunicaba a Chile que estaba dispuesto a comprar el buque en 220.000 libras esterlinas. Japón pagaría 300.000, o sea, que quedaban 80.000 libras esterlinas para los intermediarios.

Antes de hacer efectiva la compra a Chile, el 23 de noviembre, Ecuador cerró la operación de venta del *Esmeralda* a Japón. Con el dinero recibido le pagó a Chile el 30 de noviembre y desde ese momento el crucero *Esmeralda* izó la bandera ecuatoriana. Por supuesto, semejante maniobra sólo podía haber sido llevada a cabo con la complicidad de los representantes consulares y diplomáticos ecuatorianos, debidamente organizados por la banca Morgan.

Pero el secreto no pudo ser mantenido y comenzaron a circular rumores sobre el negociado. Un exiliado ecuatoriano en Chile, Juan

Murillo Miró, fundador del periódico *El Telégrafo* de Guayaquil, vio que el *Esmeralda* se paseaba por la rada de Valparaíso con la bandera ecuatoriana izada en el mástil. Murillo Miró hizo la denuncia a la prensa y a los políticos ecuatorianos de la oposición. La noticia produjo un escándalo internacional, a la vez que la opinión pública de Ecuador levantaba su voz de protesta.

El 9 de diciembre se realizó en Guayaquil una Asamblea Popular que pidió explicaciones al gobierno y nombró un Comité en defensa de la honra nacional. Acostumbrados a gobernar a su antojo, los funcionarios no dieron explicaciones satisfactorias ni tomaron medidas para rectificar el rumbo. Las protestas aumentaron hasta convertirse en rebelión. Desde su destierro en Panamá, Eloy Alfaro llamó a la insurrección: "Os falta arrancar de esas manos impuras el arma fratricida que tienen levantada sobre el pecho del pueblo. Sólo a balazos dejarán nuestros opresores el Poder que mantienen únicamente por la violencia".

En la provincia de Los Ríos aparecieron nuevamente las montoneras liberales, por lo que el Ejecutivo declaró al ejército en "estado de campaña" y otorgó facultades extraordinarias al gobernador de esa provincia. El régimen intentó acallar el descontento con descargas de fusiles.

–Disparen a matar –ordenó en Quito el ministro de Guerra al jefe del Cuerpo de Artillería.

Por cientos se contaron los muertos y por miles los heridos. Para 1895, las manifestaciones populares ya eran incontenibles. La gente se negó, el 3 de febrero, a celebrar el primer centenario del nacimiento del general Sucre, porque la bandera que él glorificó había sido mancillada. En Guayaquil y Quito hubo luto. El 12 de febrero se produjo en Milagro un alzamiento armado. Fue el comienzo de la guerra civil.

El fin de La Argolla

Para la defensa de la honra nacional se habían unido distintos sectores liberales y conservadores ajenos a La Argolla, grupos "progresistas" y hasta elementos del gobierno contrarios a las prácticas de corrupción que habían quedado expuestas por este negociado. Pero el gobierno seguía controlando el ejército. Su única respuesta fue una represión más fuerte, que llevó a prisión o al destierro a los enemigos y la clausura de periódicos. El resultado fue desastroso.

La guerra civil se extendió hacia el norte y el centro de la Sierra, así como a todas las provincias del Litoral. El Miércoles Santo, 10 de abril, los conservadores y las unidades militares dirigidas por Camilo Ponce Ortiz se levantaron en Quito contra el gobierno pero fueron derrotados por las fuerzas encabezadas por el propio presidente Cordero. Sin embargo, la presión continuó hasta que, el 19 de abril de 1895, el Presidente se vio forzado a presentar la renuncia. El vicepresidente Vicente Lucio Salazar asumió el poder.

Se produjo entonces un cambio en la situación política. Los conservadores se consideraban dueños del poder y quisieron consolidarlo. Para ellos la lucha terminaba allí. Pero los radicales y los liberales se habían puesto a la cabeza de un movimiento popular que, además de luchar por la defensa de la honra nacional, tenía también como objetivo poner fin al antiguo régimen para reemplazarlo por una propuesta que conjugaba democracia y progreso.

Recrudeció la guerra civil y se organizó el ejército liberal. Los distintos alzamientos se fueron coordinando hasta formar el estado mayor general del Ejército Revolucionario del Litoral. Este ejército se había ido formando con gente de toda clase que provenía de las haciendas, de las aldeas y de los pueblos tanto como de las ciudades.

El pueblo de Chone fue el primero en proclamar el triunfo de Alfaro y del liberalismo el 5 de mayo. Treinta días después la gente común, obreros y campesinos, en Guayaquil, tomó los cuarteles por asalto. El Acta de Pronunciamiento de esta importante ciudad fue firmada por 15.784 ciudadanos. En ella se rechazaba la constitución de 1883, se desconocía al gobierno anterior para proclamar las ideas liberales y nombrar Jefe Supremo al general Eloy Alfaro, con amplias facultades para la reconstrucción del país.

De inmediato Alfaro desde el exilio anunció su decisión de asumir el liderazgo. A bordo del buque *Centaur* llegó a Guayaquil el

18 de junio de 1895 y se puso a la cabeza de las fuerzas para la victoria de la Revolución Liberal.

Alfaro y las Montoneras

La movilización social en la República Ecuatoriana durante el siglo XIX encontró su más importante manifestación en las "montoneras". Estos grupos populares surgieron en la región costera a partir de 1825. No sólo luchaban por reivindicaciones de los derechos populares; también se convirtieron en una fuerza de resistencia a los atropellos cometidos por los hacendados o por las mismas autoridades de la naciente organización del país.

Estas montoneras estaban constituidas por peones de hacienda, pequeños propietarios y trabajadores rurales independientes. Con el tiempo fueron también adquiriendo connotaciones políticas de carácter liberal militante. Lo habitual era que fueran conducidas por los mismos hacendados o por "caciques" políticos locales que no temían ponerse a la cabeza de sus hombres y luchar codo a codo con ellos. Casi todos estos jefes se atribuían el rango de "coronel", que les era confirmado por aclamación.

Las montoneras se caracterizaban por el hábil manejo que sus componentes hacían del caballo y por el uso de tácticas de guerrilla, lo que les permitía una gran movilidad operativa y rápida desmovilización. La proximidad con la gente del lugar facilitaba el aprovisionamiento. Estas mismas características hacían difícil su localización y represión por parte de las tropas gubernamentales. Estas provenían, por lo general, de las sierras, de modo que veían limitado su accionar al tener que luchar en un medio extraño, además de carecer de respaldo social en la región costera.

Un joven revolucionario de la provincia de Manabí, Eloy Alfaro, supo explotar a fondo todas estas ventajas y pronto se convertiría en el más famoso de los insurgentes liberales. Hijo de una familia de pequeños comerciantes, su voluntad, inteligencia y capacidad de mando lo llevaron a ocupar el liderazgo del liberalismo, primero en su provincia y luego en toda la costa ecuatoriana.

Durante su adolescencia, Alfaro, siguiendo las ideas de su padre, un español que había salido exiliado de su país por propiciar actos revolucionarios en La Rioja, después de haber participado en las guerras carlistas, no estuvo ajeno a la vida política de su provincia.

Promovidas por Inglaterra y Francia, las ideas liberales se expandían por el mundo demandando la consolidación del "libre mercado", bajo la tutela de estados modernos, donde, además, se respetaran las libertades individuales. En Ecuador, el general José María Urbina encabezaba el movimiento que prometía realizar en el país profundas transformaciones que él mismo había iniciado cuando, siendo presidente, abolió la esclavitud.

En la provincia de Manabí no sólo existían campesinos que querían consolidar sus derechos individuales atropellados por los gobiernos conservadores, como el de Gabriel García Moreno. También se estaba desarrollando una clase agro-exportadora cobijada por el auge de los precios del cacao y de otras materias primas. José María Albán era el líder urbinista más importante en esa provincia y entre sus seguidores se encontraba el joven Alfaro. Su primera participación pública ocurrió el 5 de junio de 1864, cuando a la cabeza de una montonera emboscó y secuestró al gobernador, el general Francisco Javier Salazar. El episodio se cerró con el fusilamiento de los compañeros de Alfaro y con el que sería su primer exilio.

Para mediados de 1882 estaba ya en condiciones de lanzar desde Esmeraldas una primera campaña militar contra la dictadura de Veintimilla. Aunque el intento fracasó, los liberales ecuatorianos volvieron a la lucha a fines de ese mismo año y Alfaro fue proclamado, en 1883, Jefe Supremo de Manabí y Esmeraldas, posición desde la cual contribuyó decisivamente al triunfo militar del movimiento nacionalista, llamado La Restauración, sobre la dictadura de Veintimilla.

Pero los revolucionarios liberales, triunfantes en el campo militar, fueron derrotados en el campo político por una coalición de hábiles funcionarios de gabinete, conservadores y liberales, que instauraron el llamado Período Progresista. El viejo régimen oligárquico lograba un alivio para sí: iba a durar 11 años.

El Progresismo logró nuclear a su alrededor a buena parte de la clase política ecuatoriana de entonces, pero la toma de decisiones quedó reservada a la nueva alianza oligárquica consolidada en el poder y de la que formaban parte sólo algunas de las grandes familias propietarias de Quito, Guayaquil y Cuenca. Esta es la alianza que sería conocida en la historia de Ecuador como La Argolla.

Pese a su proclamada vocación política antiextremista, el régimen progresista resultó ser uno de los más represivos y corruptos de la historia del país. Esto fue particularmente cierto durante la presidencia de Caamaño, que rigió los destinos de la nación con estado de sitio permanente y las nunca claras negociaciones de la deuda externa. Fue este Caamaño, después de dejar la presidencia y hacerse elegir gobernador de Guayas, quien protagonizó el episodio de "Venta de la Bandera".

Campaña de la Sierra y la Guerra Civil

Después del escándalo del crucero chileno *Esmeralda*, Alfaro regresó de su exilio en calidad de Jefe Supremo. Al poco tiempo la Asamblea Constituyente lo nombró presidente interino.

Alfaro inició su gobierno bajo el lema "Perdón y Olvido". Pero la oligarquía clerical-terrateniente de la Sierra resultó irreductible por medios pacíficos y, con apoyo de la Iglesia, se preparó para la guerra, haciendo colectas públicas y reclutando tropas en las provincias, para una "guerra santa" contra el liberalismo.

Frustrados todos sus esfuerzos de paz, el "Viejo Luchador", como se lo llamaba a Alfaro en reconocimiento por su larga lucha en favor de las ideas liberales, se dispuso a hacer la guerra. Con una velocidad de verdad asombrosa y respaldado por un sólido equipo de colaboradores, en apenas tres semanas organizó el reclutamiento y entrenamiento de miles de voluntarios que acudían a los cuarteles. Movilizó a las Guardias Nacionales para crear una fuerza de reserva, levantó un empréstito de 200.000 sucres para financiar los gastos de la campaña, adquirió armas, consiguió cabalgaduras, puso a punto el sistema logístico y preparó el plan de operaciones. Al mismo tiempo saneaba las finanzas de la provincia, organizaba la administración de otras ciudades y pueblos y hasta dictó un decreto que autorizaba a las mujeres a acceder a la educación superior.

El 16 de julio de 1895, una vez afirmado el poder radical en las provincias de la costa y puesto a punto el ejército revolucionario, Alfaro inició la campaña que habría de llevarlo a la sucesiva conquista de pueblos y ciudades en la Sierra hasta llegar a Quito, la lejana capital.

La efervescencia revolucionaria no sólo provenía de la costa sino que también se extendía a las provincias del interior, donde los pronunciamientos liberales contra el gobierno conservador de Quito y a favor de la Jefatura Suprema de Eloy Alfaro se sucedían uno tras otro. El ejército radical se iba enriqueciendo a lo largo de su marcha con la incorporación de nuevos voluntarios. El 4 de septiembre, luego de recibir la adhesión entusiasta de los pueblos del centro del país, Alfaro ingresaba finalmente en la capital en medio de los aplausos de la multitud.

Los restos del ejército de La Argolla se internaron ese mismo día en territorio colombiano, recibiendo la protección del gobierno conservador de Bogotá y la bienvenida de las autoridades locales. Empero, ese acto no marcaba el fin de la guerra civil ecuatoriana sino el inicio de su segunda fase, que habría de durar varios años más, a través de continuos alzamientos armados de los conservadores, que incluso llegaron a retomar Cuenca el 5 de julio de 1896, siendo finalmente vencidos por el ejército liberal.

El 14 de enero de 1897 se aprobó la primera constitución alfarista en Quito, que establecía la libertad de cultos, abolía la pena de muerte e imponía la igualdad de todos los ciudadanos ante la ley. Tres días después José Eloy Alfaro Delgado se convertía por primera vez en presidente constitucional.

Sus planes transformadores se fueron convirtiendo en leyes como la que protege la libertad de pensamiento y la de Instrucción Pública, que pone la educación, incluida la universitaria, bajo el control del Estado y declara que la educación primaria sea obligatoria, gratuita y laica. A mediados de junio se firmó el contrato para la construcción del ferrocarril entre Guayaquil y Quito.

Hacia fines de 1898 se produjo un intento de restauración conservadora, pero los militares insurgentes fueron dominados en diversos enfrentamientos. Estas intentonas por volver al antiguo régimen se repitieron con el aporte de fuerzas exiliadas que venían tanto desde Perú como desde Colombia. Mientras, las reformas liberales en la educación y en los distintos departamentos de la administración del Estado fueron completándose con la creación del Registro Civil para la inscripción de nacimientos, casamientos y muertes, hasta entonces monopolio de la Iglesia.

El regreso al poder

En 1901 se realizaron elecciones presidenciales y Alfaro patrocinó la candidatura de Leonidas Plaza, que resultó electo. Pero el nuevo presidente se fue alejando poco a poco de las ideas liberales radicales, por lo que muchos de los antiguos amigos se apartaron. El sucesor de Plaza, Lizardo García, no fue mejor en este sentido, por lo que, en 1906, Alfaro decidió volver a la lucha y lideró un golpe de Estado que lo proclamó nuevamente Jefe Supremo y como tal gobernó hasta 1911, año en que Emilio Estrada ganó las elecciones. Después de un fallido intento de controlar este gobierno y llevar a cabo el genuino proyecto liberal, Alfaro se exilió voluntariamente en Panamá.

La Revolución Liberal conducida por el general Eloy Alfaro, fue un proceso caracterizado por violentos enfrentamientos, no solo contra los sectores políticos conservadores, sino también contra los sectores del propio liberalismo profundamente fraccionado entre alfaristas y placistas. Uno de los episodios más dramáticos de esta disputa tuvo lugar cuando, al término del primer período presidencial del general Leonidas Plaza, llegó el momento de escoger al nuevo presidente.

De un lado Alfaro veía el momento para retomar la conducción política del Estado para continuar con su obra revolucionaria iniciada en 1895; desde el lado opuesto, Plaza no disimulaba su intención de elevar a la primera magistratura a quien le permitía continuar gobernando tras bastidores para evitar el radicalismo alfarista. Estas dos posiciones representaban las fuerzas sociales, ideológicas y económicas que en aquel momento se disputaban la hegemonía política.

A pesar de los intentos de Alfaro por unificar al liberalismo tras una sola candidatura, fue imposible evitar que Leonidas Plaza terminara imponiendo la candidatura oficial de Lizardo García, quien fue declarado electo con 74.369 votos, en una de aquellas típicas elecciones forjadas por el gobierno en funciones. El 1º de septiembre de 1905 García asumió la presidencia y su mentor Leonidas Plaza viajó a Washington en calidad de ministro plenipotenciario.

La fuerza histórica de la Revolución Liberal estaba latente en sectores muy representativos y no podía ser ignorada, contenida o desvirtuada por la simple sagacidad de Plaza. El naciente gobierno de García no tenía la robustez ni la energía para oponerse al vigoroso liderazgo del Viejo Luchador, que nunca dejó desmayar su voluntad de dirigir a su país por el sendero del progreso.

Rupturas internas

Plaza llevó a cabo las reformas liberales más radicales. Al fin de su gobierno intentó impedir la vuelta de Alfaro, pero el viejo caudillo llegó una vez más al poder, por vía del golpe. En la segunda administración alfarista (1906-1911) se promulgó una nueva Constitución, la Carta Magna liberal, y se concluyó la titánica obra del Ferrocarril Transandino. Luego de dejar el poder en 1911, y de un efímero paso por América Central, Alfaro volvió al Ecuador intentando ejercer el arbitraje en una situación conflictiva.

Las transformaciones implantadas por el liberalismo (separación de la Iglesia y el Estado, educación laica, libertades de conciencia y culto, etcétera) fueron innovaciones políticas e ideológicas orientadas a consolidar diversos engranajes destinados a la reproducción del sistema capitalista emergente en la región. Con tales reformas la burguesía comercial aseguró su control del Estado, garantizando condiciones favorables a la integración de los mercados internos y a la vinculación cada vez más estrecha con el capital monopólico internacional. Con ello se acentuaba la situación dependiente del país respecto al imperialismo dominante de entonces. Creadas estas condiciones, el impulso ascendente de la revolución liberal se volvió peligroso para las estructuras de dominación vigentes.

En diciembre de 1905 estuvo en plena marcha el proyecto alfarista para tomar por segunda vez el poder político. La noche del 31 fue la ocasión propicia para la insurrección. Mientras en el Palacio de Gobierno tenía lugar el baile de fin de año, a la 1 a.m. del 1º de enero de 1906, el coronel Emilio María Terán, en Riobamba, asumió el control del batallón Quito y mediante telegrama informó al propio presidente García la proclamación de la Jefatura Suprema de Eloy Alfaro.

A partir del primer día del nuevo año empezó una cruenta lucha, que el historiador Roberto Andrade llamó "Campaña de 20 días", con violentos enfrentamientos en distintas zonas. Las fuerzas gubernamentales avanzaron desde Quito con dirección a Riobamba al mando del comandante Antonio Espinar y desde Guayaquil con el comandante Manuel Andrade Lalama. A las 11 de la mañana del 4 de enero estas tropas del gobierno se enfrentaron con los insurgentes en Chancahuán, cerca de Licán, en la provincia del Chimborazo, y lograron derrotar a los insurgentes, mas el espíritu revolucionario no se detuvo.

En la madrugada del mismo 1º de enero Eloy Alfaro salió de Guayaquil con rumbo a la sierra por la provincia de Bolívar. En Ambato el coronel Ulpiano Páez, jefe del regimiento "Pichincha", se pronunció por Alfaro y avanzó a Latacunga, desde donde, el 4 de enero, logró que las tropas del batallón "Carchi" se unieran a la causa rebelde. El general Nicanor Arellano, desde Tulcán, también se sumó y avanzó a Ibarra, donde el batallón "Esmeraldas" el día 5 se unió a la revolución.

A las 11 de la mañana del 15 de enero la zona del Chasqui, provincia de Cotopaxi, se convirtió en el escenario de un feroz combate en el que cayeron más de 200 defensores del gobierno. Al conocer este resultado, Lizardo García firmó su renuncia y el 16 buscó asilo en la legación de Colombia.

El día 17 Eloy Alfaro entró victorioso en Quito y asumió la Jefatura Suprema, pero aun quedaba un obstáculo que superar. El general Leonidas Plaza llegó a Guayaquil el 18 y desesperadamente intentó organizar sus fuerzas contra la flamante administración. Primero proclamó un gobierno aparentemente constitucional en torno a la figura del vicepresidente y designó su correspondiente gabinete. Sin embargo, en ese mismo momento, la policía de Guayaquil se pronunció por Eloy Alfaro, liberó a los presos políticos y junto a los revolucionarios liberales combatió en las calles de la ciudad hasta derrotar a las huestes de Plaza que, abatido, fugó con rumbo a Panamá.

Alfaro convocó una Asamblea Constituyente que lo designó presidente constitucional. Tomó posesión del cargo el 1º de enero de 1907. De este segundo período quedaron importantes obras y leyes, como la Constitución Política de 1906 que institucionalizó el laicismo y la libertad de cultos, la primera Ley de Protección Industrial, la Ley de Marcas y Fábricas, la llamada "ley de manos muertas", en virtud de la cual, las propiedades del clero pasaron a la beneficencia pública. Además, el 25 de junio de 1908 llegó por fin el ferrocarril a Quito.

También se registraron violentos acontecimientos como la muerte del coronel Antonio Vega Muñoz el 9 de diciembre de 1906 en Cuenca, la represión a los estudiantes universitarios de Quito el 25 abril de 1907, el intento de asesinato de Eloy Alfaro el 19 de julio del mismo año en Guayaquil. Los líderes del complot fueron ejecutados por un pelotón de fusilamiento y, además, una persona de alto nivel elegida al azar fue fusilada por cada ocho guardias caídos.

En abril de 1910, en Guayaquil, el consulado del Perú y un barco mercante de la misma bandera anclado en el puerto fueron atacados por la gente y Alfaro asumió el comando directo de la Armada para defender el golfo de Guayaquil en caso de una invasión peruana. La intervención diplomática de los Estados Unidos, la Argentina y Brasil evitó la guerra.

En julio de 1911 el general Emilio María Terán, que se oponía a la reelección de Alfaro, fue asesinado en Quito por el coronel Luis

Quiroga. Finalmente Emilio Estrada ganó las elecciones. En esos días también el coronel Quiroga fue asesinado en la prisión por partidarios de Terán.

El 11 de agosto una revuelta popular obligó a Alfaro a renunciar y asumió el control del gobierno Carlos Freile Zaldumbide, quien, como presidente del Congreso, fue nombrado Encargado del Poder hasta que el 1º de septiembre asumió como presidente constitucional Emilio Estrada Carmona. Antes de fin de año, en forma inesperada, el nuevo presidente murió de un ataque cardíaco y nuevamente se hizo cargo del poder Freile Zaldumbide. Pero la provincia de Esmeraldas no lo reconoció y declaró al general Flavio Alfaro, sobrino de Eloy, como Jefe Supremo. El 28 de diciembre, otro general, Pedro J. Montero, se declaró a sí mismo Jefe Supremo en Guayaquil y le pidió a Eloy Alfaro que regresara de su exilio en Panamá "para devolverle su ejército".

Las tropas del gobierno, el 31 de diciembre, conducidas por el general Leonidas Plaza partieron hacia Guayaquil para sofocar la insurrección. El 5 de enero de 1912 Flavio Alfaro se reunió allí con Montero. Pocos días después, las tropas del gobierno derrotaron a las fuerzas de Montero y Flavio Alfaro. El 12 de enero Eloy Alfaro desembarcó en Guayaquil y dos días después las tropas de Montero fueron derrotadas en Naranjito por el general Leonidas Plaza. Una semana más tarde Montero y Flavio Alfaro fueron nuevamente derrotados por Andrade y Plaza. La campaña militar dejó un saldo de 3000 muertos, la mayoría de los cuales cayó debido al novedoso uso de la ametralladora.

El 22 de enero Montero y Plaza llegaron a un acuerdo por el cual se daba por terminada la guerra y se proveía de salvoconductos a los derrotados alfaristas. Por su parte, el gobierno desconoció el acuerdo y los dirigentes alfaristas fueron detenidos en Guayaquil, incluido el mismo Eloy Alfaro. Con él también fueron arrestados los generales Flavio Alfaro, Medardo Alfaro, Pedro Montero, Ulpiano Páez, Manuel Serrano y el coronel Belisario Torres. El 25 de enero el general Montero fue asesinado por las tropas del gobierno en Guayaquil. Tres días después, por orden de Freile Zaldumbide, los Alfaro, Páez, Serrano y el periodista Luciano Corral fueron encerrados en la cárcel de Quito. No era precisamente el gobierno quien iba a protegerlos.

La "Hoguera Bárbara"

Al acercarse la terminación de su segundo período, Alfaro tropezó otra vez con el problema de la sucesión. Fracasado su anterior intento de formar un Consejo Partidario que escogiera al candidato liberal, esta vez se vio obligado a escogerlo él mismo y lo hizo en la persona del guayaquileño Emilio Estrada, antiguo guerrillero liberal y empresario de grandes méritos personales. Ello le ganó el resentimiento de su sobrino Flavio, quien también aspiraba a la candidatura oficial.

Poco después, enterado de que Estrada era un enfermo cardiaco y que no resistiría vivir en la altura de Quito, Alfaro temió que este muriese pronto y estallase una nueva guerra civil entre los caudillos militares que aspiraban a sucederlo. Otra vez, como en 1901, quiso corregir su error con otro más grave: pretendió que Estrada renunciase a su elección, a lo que este se negó. Siguieron algunas maniobras para destituir "legalmente" a Estrada, pero todas fracasaron y finalmente dieron paso a un golpe de Estado preparado por los "estradistas", el 11 de agosto de 1911. Alfaro se asiló en la legación de Chile, renunció a la presidencia y salió del país luego de comprometerse a no regresar antes de un año.

Se encargó provisionalmente del mando el presidente del Senado, Carlos Freile Zaldumbide, hasta que Estrada asumió el poder, el 1º de septiembre de 1911. Inició su mandato con bríos y despliegue de iniciativas, pero falleció el 22 de diciembre de ese mismo año, a menos de cuatro meses de asumir el mando. Entonces, de pronto, se hicieron realidad todos y cada uno de los temores del "Viejo Luchador": el general Flavio Alfaro se alzó en armas en Esmeraldas, proclamándose Jefe Supremo del país. Otro tanto hizo en Guayaquil el general Pedro J. Montero, quien luego telegrafió a Alfaro y le pidió que regresara para encabezar la nueva insurgencia.

Alfaro abandonó su exilio, pero no para liderar la rebelión sino a fin de promover un arreglo pacífico entre las diversas facciones liberales. Pese a todos sus esfuerzos de negociación la guerra civil estalló una vez más, sangrienta, brutal, incontenible.

Flavio Alfaro y Montero unieron sus fuerzas para enfrentar a las del gobierno, comandadas por los generales Leonidas Plaza y Julio Andrade, las que bajaron hacia la costa y triunfaron en Huigra, Naranjito y Yaguachi (11, 14 y 18 de enero de 1912). Los insurrectos tenían todavía en su poder la gran plaza de Guayaquil: vencerlos era todavía tarea más que difícil, improbable si se considera que, aun siendo época invernal, los soldados serranos se hallaban agobiados por el calor y las enfermedades del trópico.

Entonces don Eloy propuso una capitulación, que Plaza y Andrade aceptaron, garantizando la vida y libertad de los vencidos. Parecía que con esto se había evitado la continuación de la sangrienta campaña (sólo en Yaguachi hubo más de 400 muertos) y la paz se hacía posible.

Esta capitulación fue mediada por los cónsules de los Estados Unidos y Gran Bretaña. Contemplaba la rendición de las fuerzas alfaristas y el exilio voluntario de don Eloy en un buque asignado por el gobierno. No habría represalias.

Como era de esperarse, la Capitulación no fue respetada y el general Leonidas Plaza, Jefe de las fuerzas oficialistas, ordenó la detención de Alfaro y sus seguidores.

Estimulado por la reacción clerical-conservadora, el gobierno de Quito desconoció los acuerdos de armisticio firmados por sus generales en campaña y ordenó el apresamiento y enjuiciamiento de los jefes insurrectos. Entre ellos incluyó al "Viejo Luchador", que ninguna participación había tenido en esta revuelta pero era el símbolo mayor del liberalismo, tan odiado por el clero y la oligarquía. Montero fue procesado sumariamente en Guayaquil y asesinado durante el juicio; luego su cadáver fue arrastrado por las turbas. Los demás presos fueron conducidos a Quito por órdenes del gobierno, con igual horrendo propósito. Junto a Flavio Alfaro, autor y líder de la revuelta, figuraban también todos aquellos líderes liberales a los que la derecha temía y quería eliminar aunque fuesen inocentes: los generales Medardo Alfaro, Manuel Serrano, Ulpiano Páez y el coronel y periodista Luciano Coral, cuyos artículos causaban escozor a los conservadores.

Los presos llegaron a Quito el 28 de enero y, tras la formalidad de entregarlos en el panóptico, fueron masacrados por una turba asalariada, dirigida por un funcionario menor de la casa presidencial. Luego sus cuerpos fueron arrastrados por la turba enloquecida hasta el Parque del Ejido, donde se los incineró en una pira que el escritor Alfredo Pareja Diezcanseco bautizó para la posteridad la "Hoguera Bárbara".

Entre los autores intelectuales del crimen se destacaron la prensa conservadora, que desde días atrás clamaba por la sangre de las futuras víctimas, y muchos beneficiarios de la revolución liberal que habían trepado hasta las alturas del poder bajo la sombra generosa del radicalismo. A la cabeza de estos figuraban el Encargado del Poder Carlos Freile Zaldumbide, el ministro de Gobierno Octavio Díaz, y el de Guerra, general Juan Francisco Navarro.

Controvertido es aún hoy el tema relativo a los responsables materiales e intelectuales del asesinato. La historia oficial endilga tal vergüenza a la plebe. El historiador Roberto Andrade, contemporáneo de Alfaro, acusa a Leonidas Plaza; otros investigadores lo exculpan.

He aquí parte de la versión del historiador Roberto Andrade sobre el asesinato de Alfaro.

"Enseguida desembarcó Plaza con su ejército. El primer paso de él en Guayaquil fue la violación de las Capitulaciones. En algunos de sus telegramas manifestó sorpresa porque los generales no habían fugado: esta es declaración de que él lo hubiera hecho, porque para él nada importa un compromiso. En la mejor acción de este hombre se deja vislumbrar la estofa de una canalla. Mandó prender a los generales Eloy Alfaro y Ulpiano Páez, quienes se hallaban juntos, esperando la designación del vapor en que debían embarcarse.

"[...] Plaza había tenido buen cuidado de incorporar en el populacho a soldados disfrazados y escogidos, para que mataran a los generales en la calle, cuando los conducían a prisión [...] Y a su cómplice Valverde le telegrafiaba a Manabí en las mismas horas: 'El hecho de haber caído prisioneros todos los cabecillas está revelan-

44

do que una justicia superior va a destruir el mal de una manera radical y para siempre'."

Este telegrama lo adjunta Roberto Andrade, como prueba de la conspiración de Plaza contra Alfaro.

El día de la muerte

Guardaban la Penitenciaria el Regimiento Nº 4, los batallones "Quito", "82" y secciones de policía. Uno de estos cuerpos (dicen que el de Quito), fue escogido y aleccionado por Navarro, antes de su viaje a Guayaquil. Fatigados, los generales prisioneros empezaban a recostarse sobre las macabras losas de sus respectivos calabozos. El general Eloy Alfaro había pedido un cajón, que no le llevaron. Rumores alarmantes serpenteaban por entre las callejuelas de la ciudad, llegando a los oídos de los prisioneros junto a órdenes entrecortadas de los oficiales, movimientos de soldados en diferentes lugares de la prisión, hasta que algunos fueron acercándose a los calabozos. Las puertas estaban abiertas. Cuando el general anciano sintió un ruido se puso de pie y se acercó a la puerta en ademán de imponer silencio. Un soldado lo apuntó con el rifle y disparó directo al cráneo. La muerte fue instantánea.

Numerosas leyendas relatan la tragedia, mas la de mayor verosimilitud cuenta que un cierto coronel de apellido Sierra salió del panóptico a la calle y arengó al populacho allí reunido con estas palabras instigadoras:

–Yo he cumplido con mi deber; ahora le toca al pueblo.

En la versión de Andrade, fue un tal Pesantes quien llamó al pueblo y abrió las puertas, entregó los cadáveres y ordenó que los arrastrasen y quemasen.

Ayala Mora, autor contemporáneo de una moderna historia del Ecuador, señala: "No hay elementos suficientes para acusar a Plaza, pero es, en cambio, incuestionable que fueron los placistas junto a los conservadores y clérigos quienes azuzaron a la multitud enloquecida".

1913: Francisco I. Madero,
presidente de México

"**P**rometo a usted, señor Presidente, que mañana todo habrá terminado" afirmó con adusta solemnidad Victoriano Huerta, cuya misión era la defensa de la ciudad capital de México, a Francisco Madero la mañana del 18 de febrero de 1913. Hábil militar, Huerta ya había dado muestras de su capacidad profesional en diversos combates. En aquellos antecedentes había confiado el primer magistrado cuando, un par de días antes, decidió nombrarlo para tan importante tarea. Toda la reconocida inteligencia y el patriotismo de Madero no eran suficientes para evaluar con sutil trazo ni la personalidad ni las intenciones de las tantas personas que circulaban en su derredor. Esta limitación –tal vez característica del Poder, quién sabe...– hizo que fuera esta, de todas las cruciales decisiones que debió tomar, la menos acertada y la que resultó fatal para él mismo, poniendo en peligro el destino mismo de la Revolución.

Hacía nueve días que la rebelión estaba en marcha. No fue la única que el primer presidente de la Revolución Mexicana debió enfrentar. Abundaban los militares y hacendados que añoraban los tiempos del viejo dictador Porfirio Díaz, quien durante más de 30 años había gobernado el país con mano de hierro. Hombre severo, con sangre india en sus venas, había terminado por gobernar a favor de rancheros y financistas en desmedro de nativos y campesinos. Hasta que Madero, codo a codo con líderes populares como Pancho Villa y Emiliano Zapata, encabezó el movimiento que llevaría a Díaz al exilio y a él mismo a la presidencia en 1911. No le iba a resultar fácil gobernar al país en medio de tantas fuerzas divergentes. Asonadas, rebeliones y alzamientos de revolucionarios disidentes se sucedían con tanta frecuencia como las rebeliones de los militares nostálgicos. Tanto, que más que manifestaciones de cabezas díscolas y anárquicas, aquello parecía una verdadera guerra civil.

El primer cañonazo del levantamiento fue disparado a las 10 de la mañana del 11 de febrero de 1913. La sangre volvía a manchar las calles de la ciudad de México. Y esta vez con lujo de muertes inocentes. Desde que Hernán Cortés asedió durante 80 días a la ciudad de Tenochtitlan en 1521 para conquistarla definitivamente, no se veía tal despliegue de violencia en la capital. La Ciudadela y el Zócalo –hoy como ayer, epicentro del casco urbano– se convirtieron en campos de batalla. Los enfrentamientos entre las fuerzas leales al presidente Francisco I. Madero y los rebeldes no respetaron vidas humanas ni tesoros arquitectónicos. Los muertos por doquier, los heridos que se desangraban, las mujeres y los niños que buscaban a sus familiares, sumaron decenas. El complot para derrocar el gobierno establecido llegaba a su apogeo.

En las oficinas de la embajada de los Estados Unidos, situada en la Ciudadela misma, el embajador Henry Lane Wilson conversaba con sus pares de Alemania, España y Gran Bretaña. La preocupación de los diplomáticos apuntaba a la seguridad de los extranjeros más que a la estabilidad del gobierno. Por encima de la masacre que se desarrollaba ante sus narices, a Wilson le preocupaban sobre todo las fuertes inversiones que sus compatriotas habían realizado en suelo azteca.

Dos días antes el general Manuel Mondragón se había sublevado contra el gobierno para luego liberar a los rebeldes generales Bernardo Reyes, ex gobernador del estado de Nuevo León, y Félix Díaz, sobrino del dictador depuesto. A las dos de la mañana del día siguiente los refuerzos de cañones y soldados que los amotinados esperaban ingresaron a la capital por el Parque de Chapultepec. Comenzaba lo que iba a ser una cruenta batalla de 10 días, la famosa "Decena trágica".

Además de rebelión, traición

A la una de la madrugada del 9 de febrero de 1913, los somnolientos aspirantes de la escuela militar de San Fernando recibieron órdenes de prepararse para el combate. Debían marchar sobre la capital de la república. Se les dijo que era para reprimir una asonada. Falso. Iban a luchar contra las autoridades constitucionales. Una hora después, los artilleros del 2º Regimiento de guarnición en Tacubaya despertaban al toque de diana. Ellos también debían tomar sus equipos de combate para dirigirse a la ciudad de México. El general Manuel Mondragón, cabeza de este levantamiento, había elegido a esas dos guarniciones para llevar a cabo sus planes. Mondragón empujaba al ejército hacia el precipicio de la felonía. La adusta cara del militarismo volvía a hacer su aparición en el escenario político de México. Una vez caído el dictador Porfirio Díaz, no había encontrado este general otro camino para encumbrarse que el de la conspiración. Sólo así podría regresar a un lugar de poder donde el oro volviera a pasar por sus manos.

Los artilleros y los aspirantes de San Fernando llegaron con la salida del sol a la prisión de Santiago. Exigían la liberación de Reyes, quien había atentado contra la estabilidad institucional y purgaba allí su delito. Ante la negativa, los rebeldes incendiaron el edificio de la cárcel militar y aquella mañana fueron muchos los muertos entre guardias, soldados y otros reclusos. Una vez liberado el general marcharon hacia la Penitenciaría de la ciudad de México donde, a fuego de metralla, lograron la libertad de otro general rebelde, Félix Díaz. La proximidad de los sublevados hizo que el intendente del Palacio Nacional se comunicara con el ministro de la Guerra y con el comandante militar de la plaza, general Lauro Villar, para organizar la defensa.

A las 7:20 de la mañana los uniformados leales procedieron a apostar a sus hombres en lugares estratégicos desde donde repeler la agresión de los amotinados. Reyes, a la cabeza de la columna rebelde, se dirigió al Zócalo, donde esperaba que la guarnición del Palacio lo secundara. El general Villar, cuando el enemigo estuvo a distancia conveniente, ordenó a sus fusileros abrir el fuego. Uno de los primeros en caer fue el amotinado ex gobernador de Nuevo León. Luego, el mismo Villar fue herido de cierta gravedad. No pasó mucho tiempo antes de que los aspirantes que ocupaban la Catedral depusieran las armas para ponerlas al servicio del gobierno federal.

Apenas llegó la noticia del golpe militar a la residencia del presidente Madero, este se dispuso a partir de inmediato hacia el lugar de los hechos. A caballo se dirigió hacia el Palacio Nacional. Lo acompañaban sus propios hermanos Ernesto y Gustavo, el ministro de Comunicaciones, ingeniero Manuel Bonilla y el mayor López Figueroa. Cadetes del Colegio Militar formaban la escolta.

Mientras se desplazaban por la avenida Juárez, a la altura del Teatro Nacional, una patrulla de revoltosos disparó sus armas sobre el grupo que rodeaba al Presidente: hubo que lamentar sólo algunos heridos leves. Los atacantes huyeron y la comitiva presidencial continuó su marcha por la avenida de San Francisco en dirección al Palacio.

Cuando Madero y los suyos llegaron a la sede del gobierno nacional, Félix Díaz y Mondragón ya habían tomado la Ciudadela, donde se atrincheraron. De inmediato el Presidente convocó a una reunión de emergencia con todos sus ministros. Este consejo extraordinario dispuso enviar a la Ciudadela al mayor López Figueroa a fin de exigir la rendición de los rebeldes. La destemplada respuesta de los militares sublevados consistió en hacer prisionero al emisario.

Ante la gravedad de la situación y con Villar herido, el Presidente decidió nombrar un nuevo jefe militar para la defensa. Victoriano Huerta, el hábil general que había derrotado el año anterior la sublevación de Pascual Orozco, se ofreció para repetir la hazaña contra estos nuevos rebeldes. Huerta era famoso por los desplantes y su contundente desprecio por la democracia. Tampoco era ningún secreto que su admiración por el dictador Porfirio Díaz seguía intacta. No obstante Madero prefirió confiar y, contra la opinión de casi todos sus consejeros, lo puso al mando de las fuerzas leales. Craso error.

Para concentrar las fuerzas militares alrededor del Poder Ejecutivo en peligro se llamó a los generales de las guarniciones cercanas y al numeroso cuerpo de voluntarios que comandaba en el estado de Puebla el coronel Ocaranza. A las 2 de la tarde el titular del Ejecutivo puso rumbo a Cuernavaca con la intención de regresar al día siguiente una vez ganado el apoyo del general Felipe Ángeles, gobernador de Morelos. De inmediato llamó a una reunión con los militares que él creía leales a fin de resolver las acciones a seguir y, asimismo, desarrollar un plan de combate para el día siguiente. Por supuesto, entre los presentes se encontraba el funesto Victoriano Huerta.

Con las primeras luces del día 11 se dispuso el ataque sobre la Ciudadela. A las 10 de la mañana la ciudad escuchó el primer cañonazo, inicio del sangriento combate de ocho días que parecieron multiplicarse en cada explosión, en cada escaramuza, en cada agonía. De acuerdo con el plan, cuatro poderosas columnas habrían de atacar en forma simultánea la fortaleza desleal. Por el norte iba el general Cauz; por el sur el general Mass y las otras dos columnas, la de oriente y la del oeste, comandadas por los generales José M. Delgado y Felipe Ángeles. Huerta se encargó de debilitar esa embestida. La lucha continuó sin definiciones, con muchos civiles muertos, durante varios días.

Mientras resonaban los cañonazos en pleno centro de la ciudad, el embajador de los Estados Unidos exigía el fin de la violencia y la renuncia del propio Presidente. Los contactos entre Henry Lane Wilson y los generales sublevados se hacían cada vez más intensos. La red de traiciones comenzaba a tejerse. El embajador estadounidense, acompañado por los ministros de España, Alemania e Inglaterra, se dirigió al secretario de Relaciones, el poco confiable Pedro Lascurain, para preguntar si el gobierno podía ofrecer garantías a los extranjeros. Por otra parte, Félix Díaz conferenciaba con un representante de Huerta. Enterado de tales negociaciones, Gustavo A. Madero, hermano del Presidente, confirmó sus sospechas de que tanto el embajador norteamericano como Victoriano Huerta eran parte de la conspiración.

Un grupo del Senado, en sesión privada, acordó pedir la renuncia de Madero y del vicepresidente Pino Suárez. El mensaje lo iba a transmitir nada menos que el embajador Wilson, quien se dirigió al Palacio acompañado por el ministro español Bernardo Cólogan y Cólogan. La respuesta de Madero fue tan obvia como clara: los diplomáticos foráneos no debían inmiscuirse en asuntos nacionales. Después de lo cual, Wilson, esta vez con Von Hintze, el embajador alemán, trató de hablar con Huerta, pero Madero sólo permitió que el encuentro se realizara en presencia de Pedro Lascurain. Sin embargo, lo que el Presidente entendió como una medida de cautela, no fue más que una burla a su confianza. Tanto Lascurain como Huerta estaban ya conspirando con Wilson y con Félix Díaz.

En vista de que la situación militar se mantenía adversa al gobierno, pese a la superioridad de sus fuerzas, Gustavo A. Madero, que tenía una visión más clara de la situación que su hermano, hizo detener a Huerta. Cuando el Presidente tuvo noticias de ello ordenó que el general se presentara para responder a las acusaciones de Gustavo Madero, quien en vano intentaba hacer ver al Presidente que Huerta tramaba la derrota de sus propias fuerzas. No vaciló el general en jurar fidelidad. El Presidente reprendió a su hermano por impulsivo. Una vez más la credulidad del Presidente conducía inexorablemente a la tragedia. Esto ocurría el 17 de febrero.

Cerca del mediodía del día 18 de febrero el número de muertos en la capital sumaba varios centenares. El tránsito se había interrumpido en muchas calles y eran frecuentes los bombardeos, los cañonazos y las ráfagas de ametralladora. Esa misma mañana, Huerta pronunciaba las ambiguas palabras que a Madero le sonaron a promesa de rebelión aplastada, aunque su trágico sentido era otro. Por cierto, al día siguiente todo iba a terminar. Pero no como Madero imaginaba.

Empecinado en esa falsa certeza el Presidente permaneció un par de horas más reunido con los principales miembros de su gabinete, ignorando que apenas unos momentos antes, Huerta, en connivencia con otros generales hasta ese momento leales, había decidido agregar al cuartelazo del 9 un nuevo golpe más bajo y traicionero todavía. El del pacto con los enemigos del día anterior.

La traición de Huerta al asociarse con el rebelde Félix Díaz y otros militares desleales es conocida con el nombre de Pacto de la

Ciudadela o Pacto de la Embajada, debido a que fue firmado en el edificio de la representación diplomática de los Estados Unidos, en presencia del propio embajador anfitrión. Por este pacto, el general se comprometía a desconocer al Poder Ejecutivo y a hacer prisioneros tanto al presidente como al vice, después de lo cual Huerta asumiría el poder, con un gabinete formado por elementos rebeldes. Acto seguido el presidente provisional debía llamar a elecciones, las que tendrían como ganador al general Félix Díaz.

Antes de que esto aconteciera, el hermano del Presidente fue hecho prisionero por los hombres de Huerta en el restaurante Gambrinus, donde se hallaba reunido con un grupo de amigos. De inmediato fue conducido a la Ciudadela y entregado a la tropa. En medio del más cruel salvajismo, Gustavo Madero fue sometido a las peores torturas. Luego, los soldados lo convirtieron en juguete de sus bayonetas hasta que su cuerpo cayó sin vida.

A todo esto, en la sala de reuniones del Palacio de Gobierno continuaban las deliberaciones del Presidente con sus más altos funcionarios. De pronto las puertas de la sala se abrieron con violencia. En el vano aparecieron los enviados de los generales facciosos, un teniente coronel y un mayor, que exigían en nombre del Ejército la prisión de Madero. Se entabló una breve discusión que terminó cuando los ayudantes de Madero respondieron con disparos de revólver que acallaron a los intrusos. De inmediato Madero se dirigió al balcón a arengar a la guardia, ignorando que esta había sido sustituida por elementos del ahora enemigo Huerta. Comenzó a caer en la cuenta de la gravedad de su situación. Bajó por el ascensor al patio de honor. Allí lo esperaba el general Blanquet quien, pistola en mano, lo puso bajo arresto.

–Usted es mi prisionero –dijo el general mientras lo tomaba de un brazo. A lo que Madero respondió:

–Usted es un traidor.

Los ilustres prisioneros fueron encerrados primero en uno de los departamentos de la Comandancia Militar, para luego ser trasladados a las celdas de la Intendencia del Palacio. Allí permanecieron hasta el día 22.

Madero y su gabinete fueron obligados a firmar la renuncia a cambio de la promesa de permitírseles salir del país con sus familias. El documento completo dice: "Ciudadanos secretarios de la Honorable Cámara de Diputados: En vista de los acontecimientos que se han desarrollado de ayer acá en la Nación, y para mayor tranquilidad de ella, hacemos formal renuncia de nuestros cargos de presidente y de vicepresidente, respectivamente, para los que fuimos elegidos. Protestamos lo necesario. México, 19 de febrero de 1913. Francisco I. Madero. José María Pino Suárez".

La dimisión fue llevada al Congreso, donde se la sometió a votación en la sesión de la tarde del 19, para ser aprobada por mayoría; 123 votos aceptaron la renuncia y sólo cinco se opusieron. En la misma sesión se nombró presidente interino a Pascual Lascurain, ministro de Relaciones Exteriores, quien renunció media hora más tarde para dejar espacio a Huerta.

Simultáneamente, el embajador de Cuba en México, Manuel Márquez Sterling –uno de los pocos diplomáticos que no actuaron bajo la influencia del norteamericano Wilson– obtenía la confirmación verbal del gobierno de que se respetarían las vidas de Madero y Pino Suárez. Los buenos oficios del cubano fracasaron y jamás pudo entrevistarse con los prisioneros.

Sara Pérez de Madero, mujer del depuesto presidente constitucional, intentó infructuosamente entrevistarse con Huerta para salvar a su esposo. En su desesperación por hacer algo que ayudara al prisionero, llegó a entrevistarse, el 20 de febrero, con el embajador de los Estados Unidos.

–Muy bien, señora –le dijo Wilson–. ¿Y qué es lo que usted quiere que yo haga?

–Quiero que usted emplee su influencia para salvar la vida de mi esposo y demás prisioneros.

–Esa es una responsabilidad que no puedo asumir ni en mi nombre ni en el de mi gobierno.

Todos sabían que Wilson no sólo detestaba a Madero, sino que también había conspirado con los rebeldes. Circunstancia que, según Márquez Sterling, no le impidió manifestar, durante una recepción en la embajada por esos días, que la partida de los prisioneros sería respetada por el gobierno, de lo contrario, el mismo

Huerta sería considerado responsable de lo que ocurriera. Una vez que el usurpador lo consultó para decidir qué debía hacer con Madero y Pino Suárez, el embajador Wilson respondió, en el mejor estilo de Poncio Pilatos:

–Haga usted lo que considere mejor para el país.

El 22, con el pretexto de llevarlos a la Penitenciaría de la ciudad, Madero y los otros detenidos fueron sacados de sus celdas. Se dispuso que el traslado se hiciera en la oscuridad de la noche con la intención de evitar manifestaciones populares. Huerta, con la seguridad de que las palabras de Henry Lane Wilson le garantizaban absoluta libertad de acción, había ordenado la ejecución de los detenidos.

El relato del asesino

Poco antes de la medianoche del 22 de febrero de 1913, Madero y Pino Suárez dejaron el Palacio Nacional para ser trasladados, supuestamente, a la Penitenciaría, en vehículos separados.

El mayor de las fuerzas rurales Francisco Cárdenas fue el encargado de ultimar a Madero. La versión oficial ofrecida por los periódicos al día siguiente se refería a un intento de liberación de los prisioneros por un grupo de seguidores, el cual –fabulaban– derivó en un enfrentamiento entre estos últimos y los custodios, resultando muertos Madero y Pino Suárez. Según esa versión, todo había ocurrido en las cercanías de la Penitenciaría, el tristemente célebre Palacio Negro de Lecumberri (por el apellido de la familia originariamente dueña del predio) y en la actualidad, Archivo General de la Nación, en el extremo este de la ciudad de México.

El sicario Francisco Cárdenas, quien ya había cumplido misiones semejantes, en una de sus declaraciones, aparecida en el número 4, del 20 de febrero de 1916 de la *Revista del Ejército y Marina*, de México, describe fríamente cómo ocurrieron las cosas:

"Ese día como a las 6 de la tarde, me mandaron llamar a los salones de la Presidencia y hablé con mi general Mondragón, quien me dijo: 'Sabemos, Cárdenas, que usted es hombre y sabe hacer lo que se le manda. El que mató a un Santanón debe con facilidad matar a un Madero'." Se refiere acá el general al revolucionario Santana Rodríguez Palafox, El Santanón, asesinado el 17 de octubre de 1910.

"El general, después de escuchar mi contestación afirmativa", continúa Cárdenas, "me indicó que podía retirarme y que estuviera listo con mis hombres, escogiéndolos de confianza, pues el primero que dijera una frase de lo que se iba a hacer sería fusilado. Como a las ocho y media de la noche, cuando ya tenía a mis hombres listos, se me mandó llamar por el mismo general Mondragón, quien me ordenó que sacásemos a los señores Madero y Pino Suárez de los alojamientos donde se encontraban y los lleváramos a la Penitenciaría para que allí, en uno de los patios, procediéramos a su ejecución. Después de recibida esta orden, yo y mis hombres nos dirigimos a tomar a los reos del lugar en que se hallaban. El señor Madero incorporándose, me dijo encolerizado: 'Qué van a hacer conmigo, cualquier atropello que se haga, no será a mí sino al Primer Magistrado de la Nación'. Nada contesté, me limité a poner al Presidente entre los rurales y poco después hacía lo mismo con el licenciado Pino Suárez, quien no protestó, pidiendo solamente se avisara a su familia sobre el sitio a donde se le llevara.

"Salimos yo y mi gente con los prisioneros, cuando al pasar por uno de los pasillos que hay en el patio de honor, el señor Madero protestó con energía y hubo un momento en que dio un bofetón en el rostro a uno de los guardias que estaba más cerca de él. Los gritos de protesta continuaban y entonces me apresuré a participarlo al general, comprendiendo que era expuesto sacarlo de allí con escándalo.

"En uno de los salones de la Presidencia, creo que fue en el Amarillo, me encontré a los generales Victoriano Huerta y Manuel Mondragón, así como a otras personas que no conocía y enseguida expuse lo que pasaba. Mi general Mondragón mesándose con ira los cabellos, se levantó de su asiento y me dijo: 'Llévelos a una caballeriza y allí los remata'. Esta orden la aceptaron las personas que con él estaban, agregando Huerta esta frase: 'Lo que ha de ser... que sea'. Esperaba nuevas órdenes cuando el general Mondragón, encolerizado, exclamó: 'Sobre la marcha'; luego salí de allí y poco después entrábamos a una de las caballerizas. Los prisioneros, al ver aquello, comprendieron lo que les esperaba y protestaron con frases duras para mi general Huerta. Más como la orden tenía que cumplirse, a empellones los hice entrar al interior de la caballeriza donde los puse al fondo para que mis muchachos tiraran.

"El Vicepresidente fue el primero que murió, pues al ver que se le iba a disparar comenzó a correr, di la orden de fuego y los proyectiles lo clarearon hasta dejarlo sin vida, cayendo sobre un montón de paja. El señor Madero vio todo aquello y cuando le dije que a él le tocaba, se fue sobre mí, diciéndome que no fuéramos asesinos, que se mataba con él a la República. Yo me eché a reír y cogiéndolo por el cuello, lo llevé contra la pared, saqué mi revolver y le disparé un tiro en la cara, cayendo enseguida pesadamente al suelo. La sangre me saltó sobre el uniforme.

"Muertos los dos, así lo participé al general Mondragón, quien metió la mano al bolsillo y me dio un rollo de billetes agregando: 'Eso es para usted y su gente'.

"Después los pusimos en el automóvil y al llegar a las calles de la Penitenciaría de Lecumberri, bajé a mis guardias y ordené que dispararan sobre el vehículo. Los muchachos así lo hicieron y poco después entregué los cadáveres al director de la Penitenciaría."

De acuerdo con Roque González Garza, amigo y colaborador de Madero, en esos momentos difíciles, el Padre de la Revolución se lamentó: "Como político he cometido dos graves errores que son los que han causado mi caída: haber querido contentar a todos y no haber sabido confiar en mis verdaderos amigos".

Su vida

Francisco Madero era un hombre bueno. Tal vez demasiado. Tanto, que esa característica terminó por volvérsele en contra. Era ingenuo, confiado y misericordioso con quienes no lo merecían. Fue traicionado y asesinado por aquellos en quienes equivocadamente había depositado su confianza. Jesús Silva Herzog, en su ensayo *El gobierno de Madero y la Decena Trágica* apunta que a Madero también le faltó un mayor conocimiento de los hombres y de los problemas del país.

Era hijo de una familia muy rica, aunque entre sus seguidores había bandidos y asesinos. Sus amigos y muchos de sus acólitos lo llamaban "Panchito". Era abstemio y vegetariano en una sociedad dominada por un machismo en el que beber en exceso era un mérito y el consumo de carne casi una obligación moral. Además, sus devociones se inclinaban por el espiritismo en una comunidad que manifestaba una casi fanática veneración por las imágenes de los santos y las vírgenes de la tradición católica de los conquistadores. Era tan diferente de quienes lo rodeaban que el terrible destino que terminó con él parece casi inevitable. Con todo, Madero se convirtió en una figura histórica que alcanzó la reivindicación en el martirio y la muerte. Hoy, los conspiradores que terminaron por asesinarlo han sido olvidados o se los evoca con desprecio. Por el contrario, el recuerdo de Francisco Madero es celebrado en todas partes. No hay ciudad o pueblo en México que no tenga una calle que lleve su nombre y son numerosas las estatuas que lo recuerdan.

Su carrera estuvo tan llena de contradicciones como la sociedad en la que le tocó vivir. Era un hombre blanco que condujo un movimiento de indios oprimidos contra un gobierno que representaba a una sociedad de origen europeo, pero liderada por un dictador con sangre nativa, Porfirio Díaz. Rico por nacimiento, condujo una rebelión de pobres y oprimidos contra una estructura de poder codiciosa y avara, muchos de cuyos dirigentes habían nacido en la pobreza.

Como ya se ha señalado, la familia Madero era una de las más ricas de México. El origen portugués y judío era remoto, y los Madero eran católicos desde hacía muchísimas generaciones. Al llegar al Nuevo Mundo se establecieron en el norte, en el estado de Coahuila, donde hicieron fortuna en diversos rubros: tierras, algodón, bancos, minas, fábricas, industria del vino y bebidas destiladas.

El futuro libertador había llegado al mundo en Parras de la Fuente, en el sur de Coahuila, el 30 de octubre de 1873. Aunque en general es conocido con el nombre Francisco Indalecio, sus papeles legales y su certificado de matrimonio lo registran como Francisco Ignacio: parece que el cambio del segundo nombre se encontraría vinculado a aquellas creencias espiritistas.

Al igual que muchos jóvenes de la clase alta de su tiempo, Madero recibió parte de su educación en el extranjero: en una escuela católica en Baltimore, en un liceo en París y una breve estadía en la Universidad de California, en Berkeley.

Aunque jamás dio muestras de carecer de coraje, una escasa estatura y una voz tan temblorosa como aguda no conformaban precisamente la imagen del típico macho que los mexicanos asocian con sus poderosos líderes.

Resulta casi inevitable interrogarse acerca de cómo un hombre de estas características y nacido para ser un privilegiado se vio arrastrado por la política revolucionaria. Parte de la respuesta hay que hallarla en una naturaleza que desbordaba de bondad y sensibilidad. Cuando estudiaba en París, al joven Madero se lo conocía como "el loco de los caramelos" por su costumbre de distribuir golosinas entre los niños pobres del vecindario. A tales peculiaridades es menester sumarle que Madero también se había sentido afectado por las injusticias de las que había sido testigo en México. Una de ellas fue la violenta represión de una manifestación política en Monterrey, en 1903, ordenada por el general Bernardo Reyes, gobernador del vecino estado de Nuevo León y futuro enemigo.

Tampoco es ocioso aventurar que a la ideología iluminista que Madero había absorbido en su época estudiantil le perturbaba el desmesurado período de Porfirio Díaz en el poder y su consiguiente política dictatorial. En 1904, don Porfirio había modificado la duración del mandato presidencial, llevándolo de cuatro años a seis. Al mismo tiempo eligió a un oscuro político de nombre Ramón Corral, hombre despreciado por la comunidad, como candidato a vicepresidente. Acción de encumbramiento con la que el poderoso dictador ponía en práctica el cínico principio de "miren lo que les espera si se deshacen de mí".

Madero creía en una forma moderada de democracia más que en ideas revolucionarias. La oportunidad de comenzar a actuar se presentó cuando Porfirio Díaz se propuso nombrar a Frumencio Fuentes, un adicto al régimen, como gobernador del estado de Coahuila. Decidido a impedir tal imposición, Madero se puso en contacto con los personajes influyentes de la región y fundó el Club Democrático Benito Juárez, con una propuesta de reformas que iban más allá de las políticas locales. También participó en la creación de un partido político en Coahuila, entre 1904 y 1905, con la frustrada intención de convertirse él en gobernador del estado. Pronto se dio cuenta de que cualquier esfuerzo para poner fin a la dictadura de Porfirio Díaz requeriría un movimiento democrático de alcance nacional. Con ese objetivo en mente se asoció con algunos periodistas independientes y orientó sus esfuerzos a la organización política.

Sin proponérselo, el mismo don Porfirio aceleró los acontecimientos cuando, en 1908, dijo en una entrevista realizada por James Creelman, periodista de la popular publicación estadounidense *Pearson's Magazine*, que México estaba listo para la democracia y que esperaba contar con una oposición seria para las elecciones de 1910, si es que decidía volver a presentarse como candidato.

Madero también creía que México podía ser un país democrático. Sólo era necesario terminar con el fraude y la reelección permanente. Después de leer la nota de Creelman, de inmediato se puso a escribir su libro *La sucesión presidencial de 1910*, en el que deslizaba elogios a la actitud del dictador y pedía elecciones limpias para elegir al vicepresidente. El libro tuvo una gran difusión y en las siguientes dos ediciones fue endureciendo su posición contra Porfirio Díaz, hasta que finalmente manifestó su convicción de que el país necesitaba una honesta elección presidencial en la que él mismo sería candidato. Y así lo hizo con el apoyo del Partido Antirreeleccionista bajo el lema "sufragio efectivo, no a la reelección".

Al principio el dictador había considerado a Madero como apenas algo más que una broma y se refería a él como "el loquito". En una reunión entre don Porfirio y el candidato de la oposición, el Presidente manifestó con cinismo su seguridad de que "un hombre debe ser algo más que honesto para poder gobernar México". Muy pronto cayó en la cuenta del acelerado crecimiento del apoyo popular al antirreeleccionismo. El 6 de junio de 1910, antes de las elecciones, hizo arrestar a Madero acusado de incitar a la rebelión. A los pocos días la poderosa familia del detenido logró que fuera dejado en libertad bajo fianza.

El 4 de octubre la sumisa Cámara de Diputados hizo los esperados anuncios y declaró a Díaz y Corral ganadores de las amañadas elecciones, con un millón de votos para el oficialismo y la irrisoria suma de 196 para la oposición. Había llegado el momento.

Madero, violando su libertad condicional, huyó a los Estados Unidos y dio a conocer su Plan de San Luis de Potosí, en el que se proclamaba a sí mismo presidente legítimo y hacía un llamado a la revolución, que debía comenzar el 20 de noviembre. Stanley Ross, en su libro *Francisco Madero, Apostle of Mexican Democracy*, opina que "Madero no creó la Revolución. La Revolución Mexicana ya tenía sus propios fundamentos y habría estallado con este plan o sin él". De todas maneras el plan sirvió para darle una fecha concreta. Poco y nada decía el documento acerca de la reforma agraria, e ignoraba por completo los problemas laborales, temas centrales en las preocupaciones de revolucionarios como Emiliano Zapata. Esto iba a ser fuente de conflictos posteriores.

Aunque el 20 de noviembre es la fecha en que se festeja el nacimiento de la Revolución Mexicana, lo cierto es que esta no comenzó ese día, cuando Madero regresó a su país, sino en diferentes fechas y en diferentes lugares. Entre fines de 1910 y principios de 1911, varios hombres, como Emiliano Zapata en Morelos y Pascual Orozco con Pancho Villa en Chihuahua, fueron alzando el estandarte de la revolución. El adormecido ejército nacional no estaba en condiciones de dominar las rebeliones que se producían en todo el país. Para febrero de 1911 Madero estaba en Chihuahua con su séquito y un ejército completo. En abril arribaron a Ciudad Juárez dos representantes del gobierno porfirista para negociar la paz con Madero, con la intención de evitar la renuncia de Díaz. Ofrecían a cambio la renuncia del vicepresidente Ramón Corral y cuatro carteras ministeriales, así como el cargo de gobernador en

14 estados. Semejante confesión de debilidad selló el destino del porfiriato y muchos de sus generales se pasaron al bando de los revolucionarios.

Francisco I. Madero estuvo a punto de ceder a la propuesta oficial, encontrándose con la férrea oposición de Carranza y otros jefes revolucionarios. Estos finalmente lo convencieron para que exigiera la renuncia del dictador, con lo que quedaba roto el diálogo de paz.

El enfrentamiento continuó hasta que Orozco y Villa capturaron Ciudad Juárez el 10 de mayo de 1911. Fue en esta ocasión que la naturaleza confiada y misericordiosa del futuro presidente democrático se enfrentó por primera vez con aquellos que creían en la mano dura. Villa y Orozco habían querido ejecutar al general Navarro, el comandante federal en Juárez, puesto que este había dado la orden de matar a bayonetazos a los prisioneros rebeldes. Madero, por su parte, considerando que Navarro tenía 80 años, se inclinó por su liberación. Después de una violenta escena en la que Orozco lo amenazó con una pistola, Madero finalmente impuso su punto de vista y Navarro fue liberado. Pancho Villa, que admiraba mucho a Madero, se disculpó por la insubordinación, pero Orozco no ocultó su resentimiento y no pasaría mucho tiempo antes de que lo manifestara en actos.

El 17 de mayo Madero firmó el Tratado de Ciudad Juárez, en el que se reclamaba la renuncia de Díaz y de su vicepresidente como condiciones para un armisticio. A muchos jefes revolucionarios no les satisfizo el tono conciliatorio del tratado ya que en él se aceptaba la permanencia como presidente interino del porfirista Francisco León de la Barra, quien debía convocar a elecciones de acuerdo a la Constitución de 1857. El Tratado también incluía el cese de hostilidades en el territorio nacional y el licenciamiento y desarme de las tropas revolucionarias. Enfrentado ante lo inevitable, el anciano dictador renunció el 25 de mayo de 1911 y las aguas se aquietaron.

Porfirio Díaz salió de Veracruz rumbo a Europa el 31 de mayo de 1911 a bordo de la nave *Ipiranga*. Dice la leyenda que sus palabras de despedida al alejarse del país fueron: "Madero ha desatado a un tigre; veremos si puede dominarlo". Murió en París en 1915. No hay en su país ningún monumento que lo recuerde.

Dos errores trágicos

El nombramiento de Francisco León de la Barra constituyó, sin lugar a dudas, uno de los grandes errores políticos de Francisco Madero. Cuando el presidente interino nombró un gabinete conservador en su totalidad para neutralizar la efervescencia del movimiento, Emiliano Zapata y otros jefes se apartaron definitivamente de Madero acusándolo de traición.

Cuando este y Pino Suárez finalmente asumieron el poder en noviembre, la división entre los revolucionarios era irremontable, de modo que muchos comenzaron a mirar al nuevo gobierno con desconfianza. El mismo Madero oscilaba entre las fuerzas conservadoras y las revolucionarias, y aunque terminó inclinándose por estas últimas, no advirtió la urgente necesidad de satisfacer las exigencias de la revolución.

Según el historiador Stanley Ross, Madero consideraba que su triunfo electoral era una victoria de los principios democráticos y esperaba introducir otros cambios con el correr del tiempo. Su deseo de que todo ocurriera "dentro de la ley" es discutible, o por lo menos ilusorio, ya que "la ley" no había sido cambiada y quienes integraban el Congreso no eran más que parte de la comparsa del espectáculo montado por Porfirio Díaz.

Después de la batalla de Ciudad Juárez, Madero hizo una entrada triunfal en la capital en junio de 1911. En octubre fue elegido presidente por un amplio margen en la que probablemente haya sido la elección más limpia de la historia mexicana. Asumió el poder con su amigo José María Pino Suárez como vicepresidente el 6 de noviembre de 1911. Ese mismo mes quedó restituido el principio antirreeleccionista en la Constitución.

Pero la euforia pronto habría de desvanecerse. Las rebeliones no tardaron en brotar. En marzo de 1912 el resentido Pascual Orozco, armado y financiado por los barones ganaderos de Chihuahua, encabezó una contrarrevolución. Para aplastar a Orozco, Madero llamó a una de las más siniestras figuras de la historia del país, el general Victoriano Huerta. Era un general capaz, gran bebedor. Pero también era un intrigante traicionero que finalmente se convertiría en déspota.

Protagonista de una brillante campaña, Huerta derrotó cinco veces consecutivas a los orozquistas, cuyo jefe cruzó la frontera con los Estados Unidos en septiembre. Zapata, quien se había negado a desarmar a su tropa, desconociendo así el Tratado de Ciudad Juárez, fue también reprimido. Los hermanos Vázquez Gómez se levantaron en armas en Ciudad Juárez, donde prontamente fueron dominados. Los también sublevados Francisco "Pancho" Villa y Félix Díaz fueron vencidos y condenados a muerte, pero no ejecutados. Madero felicitó a Huerta por su desempeño militar, y también le pidió que rindiera cuentas de los fondos usados en la campaña. Molesto, el general le respondió que él era general, no contador. De inmediato el Presidente lo hizo pasar a retiro y desde entonces Huerta se dedicó a conspirar para la caída de Francisco Madero.

Aunque se hicieron algunos modestos avances en materia de reforma agraria, estos no fueron suficientes para satisfacer las expectativas de los revolucionarios. Los zapatistas no demoraron en rebelarse proclamando el Plan de Ayala. De todas maneras, la historia le ha reconocido a Madero un lugar en el desarrollo de las soluciones al problema del campo.

La insatisfacción de sus antiguos seguidores y la fuerte crítica de la prensa conservadora hicieron que el nuevo gobierno se viera envuelto en lo que de hecho era una cruenta guerra civil. También tuvo que luchar contra las presiones del embajador de los Estados Unidos, Henry Lane Wilson.

Había sido aclamado en todo México como el "apóstol de la democracia". Sin embargo, la administración de Madero terminó en un desastre personal y nacional. Con poca experiencia política y un idealismo optimista en exceso, no atinó a darse cuenta de que muchos de sus funcionarios tenían muy distintos objetivos en mente. Pronto el país se encontró otra vez gobernado por administradores corruptos.

En su preocupación por proporcionar al país condiciones democráticas, Madero no dejaba conforme a ningún sector. Fue atacado tanto por los más recalcitrantes seguidores del régimen dictatorial, que se oponían a toda clase de cambios, como por los elementos revolucionarios que insistían en poner en práctica amplias reformas sociales y económicas. Hasta que, finalmente, el militarismo reingresó en la política mexicana. En un ambiente de desconfianza generalizada, Madero cometió su segundo gran error político, el de más trágicas consecuencias. A pesar de las advertencias de sus consejeros, entre ellos su propio hermano Gustavo, el Presidente insistió en recurrir nuevamente a Victoriano Huerta para nombrarlo jefe del Ejército. Era lo que este esperaba para llevar a cabo sus planes.

El fin llegó con la revuelta militar de febrero de 1913 y el comienzo de la Decena Trágica.

El embajador Wilson

Uno de los conspiradores contra los que tuvo que lidiar el siempre confiado Madero fue Henry Lane Wilson, quien seguramente puede ser considerado como el embajador estadounidense más canallesco en los anales de la historia de la diplomacia de su país. Wilson, al servicio de los grandes negocios a cualquier precio y apóstol de la diplomacia del dólar, añoraba los buenos viejos tiempos dorados de Porfirio Díaz, en los que se respiraba un clima favorable al primitivo capitalismo internacional de la época, a la vez que se contenía con mano firme a las masas descontentas. La admiración por Díaz era algo que Wilson compartía con Huerta, quien había derramado lágrimas cuando el viejo dictador fue depuesto y él quedó a cargo de la custodia del tren que lo llevó al exilio. Otro lazo de unión entre ambos hombres era su afición al alcohol.

La actitud del embajador sacaba de quicio al presidente Madero, quien no pudo menos que alegrarse por la elección, en 1912, de Woodrow Wilson como presidente de los Estados Unidos. "Es un amigo", dijo alguna vez Madero de él. "Cuando se haga cargo de la presidencia le pediré que cambie al embajador." Pero el presidente mexicano no viviría para verlo. El representante norteamericano ya había decidido que Madero debía caer. Con ese objetivo en mente enviaba exagerados informes acerca del descontento que reinaba en el país. También conspiraba con Bernardo Reyes y con Félix Díaz, quien por esos días comenzó una revolución en Veracruz. Pronto fue arrestado. Habría sido fusilado, pero, una vez más, la intervención del benévolo Presidente detuvo la ejecución e hizo que lo encerraran en la Penitenciaría de la ciudad de México.

Dean Acheson, secretario de Estado del presidente Truman, en un libro fundamental sobre el arte de la diplomacia y las relaciones internacionales en el siglo xx, *Present at the Creation*, evoca numerosos ejemplos de "intervenciones norteamericanas contraproducentes", para usar la expresión de Carlos Fuentes. Uno de los casos mencionados por Acheson es el de la administración del presidente Taft, quien, a través de su embajador, propició el asesinato del presidente Madero y el golpe de estado de Victoriano Huerta.

El siguiente acto de la tragedia de Madero fue la rebelión que provocó la Decena Trágica y terminó con su propia muerte. Si bien la batalla había sido puesta en escena para acelerar la caída del gobierno, no había nada de teatral e imaginario en el alto precio pagado en bajas civiles. El terror predispuso a la población para un rápido fin de las hostilidades. Huerta aprovechó este estado de ánimo e hizo arrestar a Madero el 18 de febrero. Ese mismo día le envió un telegrama al presidente Taft: "Tengo el honor de informarle que he derrocado a este gobierno... de ahora en más, reinarán la paz y la prosperidad".

Henry Lane Wilson fue cómplice de este magnicidio. Él sabía que había un complot y nadie ignoraba su desprecio por Madero, así como su amistad con Huerta. Pero lo que más resalta en su ensangrentada foja de servicios es el hecho de haber ignorado los pedidos que se hicieron para salvar la vida de Madero y de haber tratado con desdén a la mujer del prisionero.

El cinismo de Wilson quedó expuesto una vez más cuando el gobierno atribuyó a un intento de escape las muertes de Madero y Pino Suárez. El embajador, para dar credibilidad a la mentira de

Huerta, dio a conocer una declaración en la que confirmaba la veracidad de la versión oficial. Igualmente sórdido fue el reconocimiento del pacto entre Huerta y su supuesto "enemigo" Félix Díaz, al anunciarse que este iba a sucederlo en la presidencia de la Nación. El hecho de que Huerta traicionara a Díaz más adelante no altera el cinismo de toda la situación.

Por esos días el embajador alemán enviaba mensajes como este a su gobierno: "El embajador norteamericano, sin demasiado cuidado por guardar las apariencias, gobierna a través del gobierno provisional, cuyas principales figuras dependen moral y financieramente del apoyo norteamericano".

El mismo día del asesinato de Francisco I. Madero, el 22 de febrero, es también aniversario del nacimiento de George Washington. Para celebrarlo, esa misma noche Wilson invitó a Huerta a una recepción en la embajada de los Estados Unidos. Allí los conspiradores brindaron con champán por el padre de la independencia estadounidense mientras se consumaba el asesinato del padre de la Revolución Mexicana.

1920: Venustiano Carranza,
presidente de México

El sol caía sobre la sierra de Puebla. Tonalidades rojizas invadían las laderas aledañas a veces abruptas, que se hacían marrones, casi negras, en los lugares donde no llegaban los últimos rayos de luz. Entre ellas, el tren presidencial avanzaba con cautela. Ya había sido atacado varias veces por los ejércitos rebeldes, pero las fuerzas leales que acompañaban a Venustiano Carranza habían logrado repeler los embates enemigos. El Presidente se dirigía a Veracruz escapando de los insurrectos que ponían en peligro su seguridad en la ciudad de México. Quería establecer su gobierno en aquella ciudad-puerto que alguna vez le sirvió de trampolín hacia el triunfo.

Durante aquellos primeros meses de 1920 Carranza no pudo menos que advertir cómo el país que apenas si podía controlar, comenzaba a escapársele de las manos. Jaqueado política y militarmente, el otrora Primer Jefe de la Revolución hizo trasladar las arcas del tesoro nacional a un tren que debía ponerlo a salvo. El tren se llamaba Olivo, aunque algunos lo rebautizaron con el mote de "el tren del oro" en alusión no sólo a los 150.000 pesos en metal precioso que oficialmente transportaba, sino también al producto de los saqueos y negociados que impunemente la camarilla que rodeaba al Presidente sacaba de la capital. Lo custodiaban las tropas federales leales a don Venustiano.

Tren de lujo que las empresas de ferrocarriles hicieron construir para comodidad de las clases altas porfirianas, el Olivo consistía en un suntuoso convoy que causaba admiración por la riqueza de los materiales con que estaba hecho y por las terminaciones de sumo refinamiento que lo embellecían. Tamaña fastuosidad se materializaba en amplios y cómodos sillones de cuero bajo elegantes arañas con adornos de madera y marfil que pendían sobre las mesas del vagón comedor. Los ultramodernos camarotes aislaban de cualquier ruido, salvo del inevitable traqueteo metálico de las ruedas.

Durante la Revolución, el Olivo había sido desmantelado y algunos de los vagones separados jamás volvieron a su lugar original. Cuando Carranza lo usó para transportar el tesoro, de las viejas glorias del Olivo no quedaban más que los buenos materiales en pésimas condiciones. El tren había cargado ejércitos enteros, incluidas las soldaderas que viajaban con sus cocinas enteras, sin olvidar cerdos y gallinas.

Hacía ya 10 años desde que Madero había lanzado el Plan de San Luis Potosí con el que inició la revolución que obligaría a la renuncia del dictador Porfirio Díaz. Desde entonces, las palabras del tirano al emprender el camino del exilio –"Madero ha desatado a un tigre; veremos si puede dominarlo"– parecían haberse convertido en una maldición que se iba cumpliendo inexorablemente. El padre de la Revolución, Francisco I. Madero, fue asesinado antes de terminar su misión revolucionaria. El presidente constitucionalista Venustiano Carranza no lograba poner las fuerzas revolucionarias bajo un solo mando y la lucha de facciones se generalizaba. Emiliano Zapata, el líder agrarista sureño, había caído asesinado en un oscuro incidente en el que hasta el mismo Carranza pareció estar involucrado. Y hasta el carismático general Álvaro Obregón, que había ayudado a Carranza a vencer a Pancho Villa –también disgustado con las políticas del gobierno central– se alejaba del viejo caudillo.

Diez años de guerra impregnaban el aire de pólvora y la matanza era tal que hasta el general Eulalio Gutiérrez, otro fugaz presidente de la Revolución, llegó a afirmar que la tierra de México comenzaba a oler a sangre. Habían sido dos lustros de luchas entre porfiristas y revolucionarios primero, y entre constitucionalistas y federales fieles al usurpador Huerta después, para luego lanzarse maderistas, villistas, carrancistas o zapatistas unos contra otros en todas las combinaciones posibles de alianzas y traiciones. La revolución se había convertido en guerra civil. El mismo presidente Carranza en realidad no presidía sobre todos los mexicanos, pues eran muchas las regiones que no se mostraban dispuestas a reconocerlo. La paz parecía lejos todavía.

Su última esperanza era refugiarse en Veracruz y comenzar otra vez desde allí. Nunca llegó a destino.

Una vida política

Venustiano era uno de los 15 hijos de Jesús Carranza y María de Jesús Garza. El padre había comenzado su vida siendo soldado y como tal luchó primero contra los indios y luego sirvió en la fuerzas de Benito Juárez. Cuando se retiró con el grado de coronel compró importantes propiedades rurales en el estado de Coahuila, en las cercanías de la pequeña ciudad de Cuatro Ciénagas. Allí nació el futuro presidente en 1859.

Sus primeros estudios los realizó en el Ateneo Fuente de Saltillo, la capital del estado, y después en la Escuela Preparatoria de la ciudad de México. Dado que padecía de problemas en sus ojos, decidió que lo mejor para un plácido futuro sería dedicarse a la vida de campo más que a alguna carrera profesional. De inmediato se hizo cargo de los ranchos Las Ánimas y El Fuste, propiedad de su familia.

Participó por primera vez en política a los 28 años y, con la influencia del importante clan al que pertenecía, fue elegido presidente del municipio de su ciudad natal dos veces consecutivas, hasta 1898. En ese momento se unió con tres de sus hermanos al movimiento que se había alzado contra el gobernador de Coahuila, José María Garza Galán. Como era habitual en aquellos tiempos, este era un hombre designado directamente por Porfirio Díaz, pero de ninguna manera puede interpretarse este alzamiento como una protesta contra el régimen de Díaz. Los hermanos Carranza sencillamente creían que la "reelección" de Garza había sido fraudulenta. Lo cierto era que los Carranza respetaban a don Porfirio, de la misma manera que este los respetaba a ellos.

El procónsul del dictador en el nordeste de México era el general Bernardo Reyes, gobernador del vecino estado de Nuevo León, y a él Díaz le encargó que se ocupara del asunto hasta restablecer la paz en la zona. Simple y contundente fue la solución arbitrada por el pragmático gobernador de Nuevo León: cortó por lo sano y nombró a otro gobernador más del gusto de los Carranza, medida que sirvió de basamento a una amistad entre estos y el general Reyes, vínculo que fue al mismo tiempo alianza política. Con el apoyo de su nuevo aliado, Venustiano Carranza se convirtió primero en diputado en la legislatura del estado, luego en legislador nacional y finalmente en senador, hasta 1908, cuando fue nombrado gobernador provisional de Coahuila. Tan meteórica arremetida en la política no le resultó, sin embargo, suficiente. Quería ser elegido por la gente para el cargo que ocupaba de manera interina. Para ello tenía dos opciones: o bien trataba de conseguir el favor de don Porfirio, o bien unía sus fuerzas a las del recientemente formado partido antirreeleccionista de Madero.

Carranza eligió la vía de la adulación al régimen y, con la esperanza de congraciarse con el anciano dictador, le escribió una carta en la que le informaba que había hecho sacar a Madero de una comisión que se ocupaba de una disputa sobre aguas de riego del río Nazas. La misiva concluía afirmando: "Espero que este acto encuentre vuestra aprobación y sirva como prueba de mi inamovible adhesión al buen progreso de vuestro gobierno, en la actualidad criticado por una persona (Madero) de ninguna significación política". No obstante, la adulación de nada le sirvió, ya que Díaz apoyó a otro candidato. La reacción del frustrado Carranza fue pragmática, por decirlo de algún modo, y de inmediato buscó la alianza con Madero, aunque la relación nunca sería muy estable. En suma, Carranza, que ya había cumplido 50 años, se convertía en revolucionario no por convicción sino por despecho.

No desempeñó un papel particularmente activo contra la dictadura, pero su experiencia política lo llevó a presentarse con sus propias fuerzas en el sitio a Ciudad Juárez. Después de la renuncia de Porfirio Díaz, el flamante mandatario Francisco I. Madero lo nombró secretario de Guerra y Marina en su gabinete provisional, a pesar de ser un civil. Además, fue ratificado como gobernador de Coahuila, cargo para el que más adelante iba a resultar finalmente electo en comicios democráticos.

Semejante acumulación de cargos otorgados a un civil que poco había intervenido en la lucha irritó a revolucionarios activos como Pancho Villa y Pascual Orozco, quienes terminaron por rebelarse.

Para 1912 las relaciones entre el presidente Madero y el gobernador Carranza se habían deteriorado. Una vez elegido gobernador de Coahuila, Carranza criticaba con frecuencia la efectividad de Madero como presidente, lo cual no le impedía aspirar a algún puesto importante en el gabinete. Pero jamás recibió ofrecimiento alguno en este sentido, ya que Madero lo ignoró.

–Dejemos que ese viejo "pachorrudo" se quede en Coahuila –aseguran que respondió cuando alguno de sus hombres de confianza quiso interceder en nombre de Venustiano Carranza–. Las críticas de este a Madero por su ineficiencia eran respondidas por el Presidente con esta descalificación por su vejez y lentitud.

Otros motivos apartaban a ambos hombres. Carranza insistía en que los cuerpos de soldados irregulares del estado de Coahuila debían regresar a su lugar de origen, con la exigencia de que la federación siguiera pagando sus sueldos. Lo cierto es que don Venustiano sospechaba la inminencia de un cuartelazo contra Madero dirigido por miembros del antiguo ejército federal. La exigencia del traslado de tropas apuntaba a debilitar a los posibles golpistas y fortalecer sus propias defensas. Madero no coincidía con esta posición, de modo que decidió confiar en el hombre que a la postre, como era de prever, lo iba a traicionar.

No se equivocaba Carranza, pues pronto se rebelaron contra Madero los generales Bernardo Reyes y Félix Díaz. Al aproximarse el conflicto, Carranza ordenó a los jefes de los cuerpos irregulares que se concentraran en Coahuila y, además, trató de reunir a los gobernadores maderistas de Sonora, Chihuahua, San Luis Potosí y Aguascalientes. Aunque algunos no pudieron acudir personalmente, mandaron representantes. La reunión se efectuó en la segunda quincena de enero de 1913 en la sierra de Arteaga. Casi un mes más tarde, el 18 de febrero del mismo año, recibió el gobernador un telegrama del general Victoriano Huerta: "Autorizado por el Senado he asumido el Poder Ejecutivo, estando presos el Presidente y su gabinete". Pocos días después, el 22, Francisco I. Madero moría asesinado.

Carranza, como bien lo sabía Madero, era un hombre tranquilo y calculador, cualidades que se hicieron evidentes una vez más cuando Victoriano Huerta derrocó e hizo asesinar a Madero. Primero, don Venustiano denunció el golpe de Huerta por anticonstitucional, enviando telegramas a todos los gobernadores de los estados urgiéndolos a desplegar la "bandera de la legalidad y a sostener al gobierno constitucional surgido de las últimas elecciones". Luego pareció echar marcha atrás. El cónsul de los Estados Unidos en Saltillo, capital del estado de Coahuila, Phillip E. Holland, informó a Washington que Carranza había cambiado de idea y Henry Lane Wilson –el peculiar embajador norteamericano partidario de Huerta y enemigo de Madero–, declaró en su informe al Departamento de Estado que Huerta se negaba a aceptar los ofrecimientos de fidelidad de don Venustiano y estaba enviando tropas a Coahuila para restablecer el orden. Por segunda vez, un rechazo político empujaba a Carranza a los brazos de la Revolución.

Y por segunda vez también, la reacción del caudillo de Coahuila fue rápida y pragmática. Junto con los gobernadores, Carranza acordó desconocer a Victoriano Huerta como presidente de México y levantarse en armas para defender el gobierno constitucional. Para ello Carranza contaba con 200 hombres en Saltillo y contingentes esparcidos en distintas regiones del estado.

A finales de febrero salió de Saltillo con dirección al norte y el 25 de marzo de 1913 Carranza dio a conocer su Plan de Guadalupe, en una hacienda de este nombre. Carta fundacional de lo que desde entonces se ha conocido como Movimiento Constitucionalista, el documento constituía una franca declaración de guerra civil pues no sólo desautorizaba a Huerta sino también a todos los gobernadores de los estados que, después de 30 días, siguieran reconociendo al usurpador y, como si fuera poco, nombraba a Venustiano Carranza Primer Jefe del movimiento. Curiosamente, el único que no firmó el documento en el lugar que le dio el nombre fue su autor, quien lo hizo en el Hotel Internacional de Estación Monclova el 18 de abril de 1913, donde se había reunido con representantes de las fuerzas revolucionarias de Sonora y Chihuahua que lo reconocieron como Primer Jefe del Ejército Constitucionalista, rubricando un documento que se conoce como el Convenio de Monclova. El epíteto "Constitucionalista" se debe a que Carranza y sus seguidores se manifestaron dispuestos a defender la constitución de 1857. El Plan de Guadalupe también disponía que al ocupar la ciudad de México sería nombrado presidente interino con el propósito de convocar a elecciones una vez lograda la paz. Este fue el comienzo de los victoriosos 15 meses de campaña que terminaron en la presurosa renuncia de Huerta.

La ocupación de ciudad de México y el traslado a Veracruz

Pancho Villa, quien también se oponía a la usurpación de Huerta, se levantó en armas a fin de unirse a Carranza. En reconocimiento de su capacidad como jefe militar y guerrero, los líderes revolucionarios de Chihuahua, Coahuila y Durango lo proclamaron jefe de la División del Norte, que bajo sus audaces órdenes llegó a ser la más poderosa entre los ejércitos revolucionarios, como lo demostró en las campañas constitucionalistas donde alcanzó Villa sus mejores triunfos. Sin embargo, Carranza lo postergó, al preferir a Obregón y a otros jefes.

Para una mejor organización del ejército lo dividió en tres grandes unidades: el Cuerpo de Ejército del Noroeste, comandado por el general Álvaro Obregón; el del Noreste, encabezado por el general Pablo González, y la División del Norte, que continuó al mando de Francisco "Pancho" Villa. Pero el ex bandolero devenido revolucionario y estratega estaba cada vez más alejado del presidente y Primer Jefe de la Revolución.

Hasta que llegó el momento en que las discrepancias con el inteligente pero excesivamente cauto Carranza se hicieron irreversibles. Contra las instrucciones del Primer Jefe, Pancho Villa marchó hacia Torreón y Zacatecas e inició el avance victorioso hacia el sur del país.

La toma de Zacatecas apresuró la caída de Huerta, quien renunció a la presidencia el 15 de julio de 1914, acción con la que, de paso, franqueó el acceso a la ciudad de México. No fue suficiente la victoria para traer la armonía. Surgieron dos grupos antagónicos, uno formado por Villa junto a Zapata y el otro liderado por Carranza en alianza con Obregón.

Particularmente agudo era el antagonismo entre Villa y Carranza cuyas relaciones estaban cerca de la ruptura definitiva. Como Carranza no quería que el jefe de la División del Norte avanzara hasta la capital de la república, le negó el envío de abastecimiento de carbón para sus locomotoras, inmovilizando al nutrido contingente. Esto permitió a Obregón avanzar hacia la ciudad de México para, en los primeros días de agosto, establecer su cuartel general en Teoloyucán, donde pactó con las autoridades capitalinas la entrega de la ciudad y la rendición del ejército federal.

El objetivo final era la toma de la ciudad de México y durante la ofensiva final hacia el centro del país, Carranza, Obregón y algunos otros militares profirieron fuertes amenazas contra la capital y sus habitantes. Semanas más tarde, cuando ya era inminente la ocupación de la ciudad por las tropas constitucionalistas, según registra Jorge Aguilar Mora en *Un día en la vida del general Obregón* (Archivo General de la Nación, México, 1982) Carranza comentó: "Todo el país está hecho pedazos y sus pobres habitantes han sufrido lo indecible con la revuelta, sólo la Ciudad de México nada ha perdido y, sin embargo, es siempre cuna de todos los cuartelazos y todas las revoluciones; justo es que pague esta vez sus faltas y la vamos a castigar duramente, igual que a todos los que ayudaron a Huerta...".

Pero toda esa retórica intimidatoria, a pesar de sus floreos y pretensiones, quedó atrás y cuando llegó el momento de las definiciones, Carranza y Obregón trataron a la ciudad capital con menos dureza de la esperada. La firma de los tratados de Teoloyucán permitió la ocupación pacífica de la ciudad. El 20 de agosto Carranza entró a la capital y de inmediato se dio cumplimiento a las disposiciones del Plan de Guadalupe por las que el Primer Jefe de la Revolución pasaba a ocupar la presidencia interinamente.

El nuevo presidente no hizo más que seguir las costumbres de la guerra cuando permitió que sus hombres se apropiaran de las casas de los principales enemigos de la revolución. Obregón se alojó en la mansión de doña Lorenza Braniff, en el Paseo de la Reforma; el general Pablo González lo hizo en la de Ignacio de la Torre, yerno de Porfirio Díaz; el general Lucio Blanco ocupó la "casa de los héroes", la mansión de la familia Casasús. Subraya el especialista Juan Barragán en su *Historia del Ejército y de la Revolución Constitucionalista* (Editorial Stylo, México, 1946): "Había sido costumbre de la mayoría de los jefes constitucionalistas, a guisa de represalias, ocupar como cuarteles generales, las mejores residencias de los acaudalados provincianos a los que se consideraban enemigos de la Revolución [...] por qué iba a hacerse una excepción con los políticos aristócratas de la Ciudad de México, los que más habían ayudado o fomentado, o por lo menos, aplaudido al asesino del presidente Madero".

El resto de las principales residencias fueron saqueadas; sus abundantes bodegas, rápidamente consumidas; las bibliotecas, desmembradas; los muebles y objetos de adorno, robados. No resultaba fácil para los habitantes de la capital creer que aquellos hombres pudieran restablecer el orden constitucional ya que sólo parecían estar guiados por sus ambiciones y su muy particular concepto de justicia. Aquello que para los mismos constitucionalistas parecía legítimo y justo, o por lo menos, acorde con las leyes de la guerra, para algunos intelectuales de la época, también revolucionarios, resultaba tan sólo vandalismo y latrocinio. Es verdad que el Primer Jefe de ningún modo compartía las costumbres vandálicas, pero ninguna medida adoptaba a fin de impedir que sus hombres se entregaran al saqueo. Del apellido Carranza, el ingenio popular de la época inventó el verbo "carrancear" como sinónimo de robar.

José Vasconcelos fue uno de los intelectuales que dejó testimonio de aquellos críticos días, cuando la ciudad de México quedó librada a los caprichos de los constitucionalistas. Aquello no era más que vandalismo revolucionario. "No sólo humillación sufrió la capital" dice José Vasconcelos en sus *Memorias*, "también, como todas las otras ciudades del país, estuvo sometida al saqueo. Todas las casas ricas fueron ocupadas por los militares [...] al capricho de cada cual y de acuerdo con denuncias sin comprobar, o sólo porque atraían la codicia de cualquier coronel. Todo se perdió por la apatía y la cobardía de Carranza. Pues hubiera sido mejor un decreto de confiscaciones, francamente ejecutadas, que la tolerancia culpable con que se permitió la prolongada sustracción de toda clase de objetos que, vendidos a vil precio, acabaron por caer en las manos del coleccionista extranjero. Así se explica que no sólo cuadros de familia, sino retablos de viejas iglesias, fueron a parar enteros a las casas de los ricos de los Estados Unidos."

Para septiembre de 1914, las fuerzas estaban ya irremediablemente escindidas. Álvaro Obregón trató de mediar entre ambos jefes revolucionarios, pero sólo logró ponerse al borde de ser fusilado por orden de Pancho Villa. Se realizó entonces un último intento por solucionar los conflictos entre las distintas facciones. Así nació una convención que inició sus tareas en la ciudad de México. Como Villa y Zapata temían una traición en la capital del país, que era territorio ocupado por Carranza y a pedido de algunos generales "neutrales", la Convención se trasladó a la ciudad de Aguascalientes. Allí Carranza fue despojado de sus poderes como Primer Jefe del Ejército Constitucionalista y encargado del Poder Ejecutivo. El general Eulalio Gutiérrez fue designado presidente provisional.

Villa aceptó reconocerlo, a lo que Carranza, apelando a toda clase de objeciones legalistas, se opuso. A este se le dio un ultimátum por el cual tenía cinco días para entregar el Poder Ejecutivo a Gutiérrez. El caudillo de Coahuila rechazó la intimación y denunció a la Convención calificándola de "junta" rebelde. La Convención a su vez lo declaró en rebeldía, entregándole el comando de las fuerzas militares a Pancho Villa. Irónico giro tomaba la tumultuosa política de la Revolución: un ex bandido y ladrón de ganado convertido en revolucionario era la cabeza legal de las fuerzas armadas de México, mientras que un ultra respetable miembro de la clase dominante del Porfiriato, también convertido en revolucionario, era declarado rebelde y fuera de la ley.

El 30 de octubre de 1914 Carranza, Obregón y algunos otros

generales se movilizaron hacia Veracruz para reorganizar sus fuerzas y esperar los movimientos de la Convención. Por su parte, el presidente Eulalio Gutiérrez avanzó hacia la ciudad de México. En diciembre, Villa y Zapata tuvieron un dramático encuentro en la capital de México mientras sus fuerzas la ocupaban pacíficamente. Como señal de respeto por Zapata, el abstemio Villa se obligó a tomar un sorbo de aguardiente para brindar por su aliado. Aquel fue el gran momento de ambos líderes populares.

Para finales de noviembre salían de la ciudad los últimos grupos militares constitucionalistas y los primeros batallones zapatistas comenzaron a ocupar la capital de la República. Los atribulados habitantes creyeron que su fin estaba cerca. Si la ocupación constitucionalista había dejado huellas de saqueo y robo, qué se podía esperar de las huestes villistas aliadas a los zapatistas, y de sus jefes. Villa traía consigo fama de asesino y Zapata era conocido por la prensa capitalina como el "Atila del Sur".

Sin embargo, nada grave ocurrió y la nueva ocupación fue muy ordenada y tranquila. La mayoría de los campesinos nunca había estado en una ciudad como la capital del país y la recorrieron con una mezcla de cautela, respeto y temor. Estaban impresionados y era obvio que no se sentían cómodos. "Por no conocer cuál era el papel que debían desempeñar, no saquearon ni practicaron el pillaje, sino que como niños perdidos vagaron por las calles, tocando las puertas y pidiendo comida", cuenta John Womack en su libro *Zapata y la Revolución Mexicana* (Siglo XXI, México, 1985).

Carranza, aliado con el talentoso Obregón, estableció su cuartel general en Veracruz, situación que le permitía disponer de la constante fuente de ingresos proveniente del control sobre la aduana. Obregón, que había estudiado las tácticas de guerra de trincheras de la Primera Guerra Mundial, aplastó a Villa en dos decisivas batallas en Celaya en abril de 1915. Siguieron otras victorias y para fines de año Villa, que alguna vez había comandado trenes de tropa, artillería e incluso una incipiente fuerza aérea, quedó reducido a lo que había sido al comienzo de la Revolución: un bandido en las sierras de Chihuahua. Finalmente, la política exterior de los Estados Unidos terminó de inclinar la balanza a favor de Carranza cuando, el 19 de octubre, reconoció de hecho al gobierno de Veracruz. Esto hizo que Villa, que siempre había sido fuertemente pro-norteamericano, se llenara de resentimiento contra los "gringos".

Carranza y Obregón también triunfaron contra las fuerzas de Zapata. El plan concebido entre este y Villa consistía en atacar la principal base del enemigo, Veracruz, con Villa presionando desde el norte y Zapata desde el sureste. Este llegó hasta Puebla, que tomó a mediados de diciembre de 1914. Sin embargo Obregón la recuperó fácilmente el 5 de enero del año siguiente. Muchos de los campesinos soldados de Zapata, incómodos en la desconocida geografía, y eficientes sólo en las selvas salvajes y las montañas de Morelos, desertaban para regresar a sus hogares.

La segunda batalla en las llanuras de Celaya le dio el triunfo definitivo a Carranza, quien de inmediato comenzó su importante tarea legislativa en Veracruz promulgando leyes como la del Municipio Libre, la de Restitución y Dotación de Ejidos, así como la del establecimiento obligatorio de escuelas en las fábricas y haciendas. Al año siguiente el gobierno se trasladó a Querétaro. Allí, por decreto, convocó a un Congreso Constituyente con el propósito de otorgar una renovada vida legal al país. Así, el 5 de febrero de 1917 nació la Constitución que aún sigue vigente. Las principales reformas introducidas a la Constitución de 1857 se refieren a las características de la educación, a la reforma agraria y a las condiciones de trabajo y previsión social.

De acuerdo con la nueva Carta Magna, se convocó a elecciones presidenciales para el período 1917-1920. El 11 de marzo de 1917, Venustiano Carranza fue elegido con 797.305 votos, contra los 11.615 del general Pablo González, principal enemigo de los zapatistas y los 4008 para Obregón.

El día en que Carranza asumió el mando, Obregón renunció como secretario de Guerra y se retiró a Sonora a cultivar garbanzos. Se abría así una nueva grieta en las fuerzas revolucionarias. El hecho seguramente no pasó inadvertido para Carranza, quien sabía muy bien que el hombre que lo había ayudado a derrotar a Villa era, lejos, la figura más capaz y respetada de la política mexicana, aparte de ser reconocido en forma unánime como el más talentoso militar de su época.

Fue en estos años que las disputas con Emiliano Zapata se agudizaron. El líder sureño atacó a su antiguo aliado revolucionario en una carta abierta dirigida al "Ciudadano Carranza" y en ella lo acusaba de haber aprovechado su posición para enriquecerse y enriquecer a sus amigos. También le reprochaba que jamás se hubiera ocupado de las masas para las que realmente se había hecho la Revolución.

Algo había de cierto en todas esas acusaciones y no era un secreto para nadie que quienes rodeaban al Presidente tampoco eran inocentes, precisamente, del delito de corrupción. De todas maneras, Zapata se había convertido en una molestia y los grupos gubernamentales, seguramente con el consentimiento de Carranza, comenzaron a pergeñar un plan para asesinarlo. El jefe militar encargado de sofocar los desbordes en el sur era el general Pablo González, y fue en su jurisdicción que uno de sus hombres, el coronel Jesús Guajardo, llevó a cabo la maniobra que terminaría con la vida de Emiliano Zapata.

La sucesión

A mediados de 1919, comenzó abiertamente la competencia por la sucesión presidencial. No quería Carranza que su lugar lo ocupara un militar, por lo que quedó muy preocupado cuando Álvaro Obregón anunció su candidatura a la presidencia el 1º de junio de 1919, a la vez que declaraba que la "histórica personalidad del Primer Jefe sufrirá si no permite que el país se libere de sus libertadores".

Estos "libertadores" formaban un círculo alrededor de Carranza y se los conocía como "los incondicionales", generales y políticos que se habían plegado a su estandarte y estaban muy atareados enriqueciéndose. Si bien Carranza era personalmente honesto, parecía indiferente a la descarada corrupción que lo rodeaba. En la vorágine, su natural conservadurismo se afirmaba cada vez más a medida que sin vacilaciones ni consideración alguna rompía huelgas y no hacía nada por poner en marcha la reforma agraria.

Cuando Obregón hizo su anuncio, Carranza ya había designado a un sucesor sin consultar con nadie. Se trataba de Ignacio Bonillas, embajador de México en los Estados Unidos. Era un graduado de MIT y había pasado la mayor parte de su vida en ese país. Sus enemigos políticos lo llamaban "Míster" Bonillas y se corrían rumores, probablemente exagerados, de que no hablaba bien el castellano. Durante la campaña algunos obregonistas obreros del ferrocarril hicieron descarrilar el tren de campaña de Bonillas obligándolo a no presentarse en un acto político. Obregón, dotado de un singular sentido del humor, de inmediato hizo circular por todo el país un informe fraguado en el que se aseguraba que Bonillas había cancelado la reunión debido a que estaba muy ocupado aprendiendo castellano.

La respuesta de Carranza no se hizo esperar, y fue dura. Lanzó una campaña de terror contra los trabajadores que militaban en las filas obregonistas. Algunos fueron fusilados y otros arrestados e incomunicados. La contienda electoral se volvió tan violenta que Obregón se dio cuenta de que le resultaría imposible ganar de manera legal, por lo que el 30 de abril de 1920 declaró en Chilpacingo, en el estado de Guerrero, que la única solución era la fuerza de las armas. Con él estaban los generales Plutarco Elías Calles y Adolfo de la Huerta. Había otro candidato en carrera, Pablo González, y el 4 de mayo también este se rebeló.

Los jefes militares proclamaron el Plan de Agua Prieta, que desconocía a Carranza. Entre ambos grupos obtuvieron el apoyo de la mayor parte del ejército y al día siguiente la capital estaba bajo el fuego de la artillería rebelde. Sitiado, el Presidente de inmediato organizó un convoy ferroviario, el Olivo, de 31 vagones, para que lo trasladara a Veracruz. Desde allí había lanzado su regreso triunfal en 1915 y calculaba repetir la hazaña. Muy diferentes resultaban esta vez las circunstancias. En lugar de tener el genio militar de Obregón a su lado, este era su enemigo y a su alrededor sólo pululaba una gavilla de parásitos que habían saqueado la ciudad antes de abandonarla.

La tragedia de Tlaxcalantongo

Por la sierra de Puebla en la que se internaba el Olivo también cabalgaban unos hombres con uniforme militar. Iban al encuentro del tren en plena noche cuando el grupo de jinetes se apeó en la estación Aljibes, en el estado de Puebla. El general Jacinto Treviño, comandante del grupo, ordenó a sus hombres que se repartieran en grupos alrededor de la estación y envió destacamentos unos kilómetros adelante y atrás. No tuvieron que esperar demasiado los uniformados. Antes de medianoche se pudo ver la luz de la máquina del tren presidencial que se desplazaba serpenteando entre las sierras, apareciendo y desapareciendo al ritmo de las curvas, ascensos y descensos que imponía el montañoso terreno.

Casi sin combustible el convoy llegó por fin a la estación de Aljibes, donde el general Treviño aguardaba con impaciencia. Algunas tropas montadas seguían la formación por tierra. Treviño, cumpliendo órdenes del general Pablo González, traía consigo un ofrecimiento de amplias garantías para el Presidente y sus acompañantes si renunciaba y salía del país. Don Venustiano ni siquiera alcanzó a responder al ofrecimiento. La negociación fue interrumpida por un fugaz ataque del ejército rebelde comandado por el general Guadalupe Sánchez, que obedecía las órdenes impartidas por el general Álvaro Obregón. Una vez repelido el ataque, el exhausto presidente se retiró a dormir.

Al amanecer del día 14 todo estaba tranquilo, sin enemigos a la vista. Comenzaron a abandonar el tren, hasta que a media mañana Guadalupe Sánchez volvió a atacar, contrariando las expresas órdenes del general Treviño. Esta vez el ataque se prolongó hasta el mediodía. La situación era insostenible y Carranza decidió partir hacia la sierra a caballo. Antes, dejó encargado de custodiar el tesoro a un hombre de confianza de Treviño, Adolfo Ruiz Cortínez.

–Dejo en sus manos el tesoro nacional. Yo seguiré a caballo –fue la escueta indicación. No hubo tiempo para solemnidades, el protocolo fue mínimo. Los hombres del Presidente llevaban más de una semana durmiendo mal y comiendo peor, siempre alertas a los ataques de las fuerzas insubordinadas que habían acosado constantemente al Olivo desde su presurosa salida de la capital. El Presidente y el grueso de los hombres a su disposición abandonarían los lujos desgastados del tren presidencial para internarse a caballo en la sierra.

Ruiz Cortínez, veracruzano de nacimiento, era entonces un joven contador que, incorporado al ejército, se ocupaba de la administración de su regimiento. Cumpliría él a conciencia con su misión al entregar oportunamente el oro sin que faltara un solo peso. Al despedirse del Olivo no estaba en sus planes volver a ocupar esos vagones. Muchos años después, sería otra vez pasajero del regio tren porfiriano cuando lo usó para recorrer todo el país como candidato a la presidencia de la República, cargo que efectivamente ocupó desde 1952 hasta 1958.

Mientras los atacantes del tren presidencial eran nuevamente rechazados y Carranza con sus hombres se internaban en la sierra, se iniciaban los preparativos para inventariar el contenido de la carga del Olivo.

A las 3 a.m. del día 15 el Presidente y su séquito llegaron a la hacienda de Zacatepec, donde comieron algo y volvieron a emprender la marcha antes de la salida del sol. Sin descanso continuaron hasta Temextla. Allí, después de 36 horas sin dormir, pasaron la noche. Al día siguiente continuaron la sinuosa marcha por la sierra hasta otro pueblo. En medio de la noche comenzó a llover, lo que no les impidió partir nuevamente hasta llegar a Tétela de Ocampo. En esos parajes, a media mañana del 17, descansaron y pudieron bañarse por primera vez después del presuroso abandono de la capital. Esa misma tarde comenzaron a subir la empinada cuesta. Tarde esa noche llegaron a Cuautempam y allí, el 18, Carranza dio órdenes para que parte de su séquito se separara y se dirigiera con el escuadrón de caballería del Colegio Militar que lo había acompañado hasta allí, hacia Zacatlan. El Presidente y un reducido grupo siguieron hasta Tlapacoya, adonde llegaron el 19 de mayo. Allí herraron a los caballos, comieron algo y siguieron hasta Tlaltepango, del distrito de Huachinango, donde pasaron la noche. Hasta aquí fue guía el licenciado Cabrera, que fue reemplazado por el general Francisco Mariel.

El 20 amaneció lloviendo y a las 4 a.m., después de tomar sólo un café caliente, comenzaron a subir por los resbalosos senderos que conducían a la cumbre de la montaña, para luego bajar y cruzar el río Necaxa. Llegaron a Patla al mediodía, donde almorzaron y por primera vez se encontraron con gente de Rodolfo Herrero. Salieron de Patla para proseguir la marcha por otra escarpada pendiente. A mitad del difícil ascenso los alcanzó el coronel Rodolfo Herrero en persona, quien, disimulando sus verdaderas intenciones, ayudó a Carranza en los pasos difíciles. A mediodía llegaron a La Unión, donde se separó la columna del general Mariel para explorar la situación más adelante.

El Presidente junto a su séquito continuó su rumbo hasta que a las cinco de la tarde llegaron a San Antonio Tlaxcalantongo en medio de otra fuerte lluvia. Allí el solícito Herrero distribuyó a Carranza y sus hombres en unas pobres chozas para que pasaran la noche. Poco después de las 11, Herrero, con el pretexto de visitar a un hermano herido, simuló salir de Tlaxcalantongo. Pronto el silencio cubrió el humilde caserío mientras todos se entregaban al descanso.

A las tres de la mañana del día 21, un soldado de Herrero con la aparente misión de "dar parte de novedades" entró a la choza donde dormía Carranza. Su verdadera misión era confirmar el lugar en que descansaba el Presidente. Media hora después, unos 20 ó 25 hombres de Herrero atacaron la choza presidencial. Los primeros disparos destrozaron las piernas del mandatario. La segunda descarga terminó con la vida de Venustiano Carranza. El testimonio de los acompañantes supervivientes asegura que el ataque se realizó al grito de "¡Viva Obregón!".

La confusión fue grande, ya que toda la acción se desarrolló demasiado rápido. Nadie pudo defender la choza donde se produjo el magnicidio. En la oscuridad de la noche algunos escaparon y el resto fue hecho prisionero. A estos, Herrero los llevó a un tenebroso paraje en las afueras, donde los intimó a firmar, a punta de pistola, un acta en la que se afirmaba que el señor Presidente se había suicidado.

El cadáver de Carranza fue llevado a Xico, donde se lo preparó para su conservación. El 23 de mayo desde Xico lo transportaron a hombros hasta Necaxa, donde llegaron a las dos de la tarde. De inmediato lo subieron a un pequeño tren de trocha angosta que los condujo hasta Berristain, donde llegaron bien entrada la noche. Allí lo trasbordaron al tren de trocha ancha que lo llevó hasta la capital de la República. El cadáver de Venustiano Carranza y los de sus acompañantes viajaron toda la noche y llegaron el 24 a la ciudad de México, donde fueron sepultado en el cementerio común, el Panteón Civil de Dolores.

Con todas sus limitaciones, Venustiano Carranza logró mucho. A pesar de sus dudas iniciales, encendió la resistencia a la usurpación de Huerta y desafió al tirano en un momento en que sólo contaba con un puñado de seguidores. Su legendaria obstinación y falta de flexibilidad le fueron adversas en la inquebrantable lealtad hacia sus corruptos subordinados, pero le fueron útiles en su diplomacia de celosa defensa de la soberanía de México.

Carranza fue un ardiente nacionalista y se vio involucrado en serias controversias con los Estados Unidos. Ya en abril de 1914 se había opuesto a la ocupación norteamericana de Veracruz, aun cuando esta se hallaba dirigida a su enemigo, Huerta. En marzo de 1916 había impedido que la expedición militar estadounidense del general John J. Pershing capturara a Villa después de su ataque a Columbus, un pueblo del estado de Nuevo México, Estados Unidos. Irritó también a este país con sus esfuerzos de 1918 para poner la industria petrolera del país bajo el control de los propios mexicanos. También fue él un elemento importante en la declaración de neutralidad de México en la Primera Guerra Mundial.

En homenaje a su labor constitucionalista y revolucionaria, al cumplirse 25 años de la promulgación de la Constitución de 1917, el 5 de febrero de 1942, los restos de don Venustiano Carranza fueron exhumados del Panteón Civil de Dolores para ser depositados en el Monumento a la Revolución de la ciudad de México.

1928: Álvaro Obregón,
presidente de México

Turbulenta, la Revolución Mexicana tuvo en Francisco Madero el líder con la energía y el coraje necesarios para derrocar al viejo tirano Porfirio Díaz. Dotado de una singular pujanza, Madero no obstante fue a la vez su propio y peor enemigo dado que cierta ingenuidad y su naturaleza confiada abrieron paso al golpe encabezado por otro tirano, Victoriano Huerta. Los otros jefes revolucionarios, Pancho Villa, Venustiano Carranza, Emiliano Zapata y Álvaro Obregón, a su vez, conformaron una alianza con el propósito de derrocar al usurpador. Al modo de un trágico destino, una vez logrado el objetivo y salvada la Revolución, el enfrentamiento entre ellos resultó inevitable, desatándose una cruenta guerra civil: Villa y Zapata por un lado, Carranza y Obregón por el otro. Estos últimos fueron victoriosos, y el triunfo se repartió con Carranza en la titularidad del Poder Ejecutivo y Obregón instalado estratégicamente en un lugar clave en el gabinete. La puja por el poder se extendió entre el nuevo mandatario y su más joven y talentoso ministro. Carranza fue derrocado y asesinado en 1920, a 10 años del comienzo de la Revolución, con lo que Obregón quedó solo en la cima del poder.

Al considerar sus cualidades personales y las de los otros jefes, parece casi inevitable que Obregón fuera el vencedor. Era tan astuto como Madero ingenuo; tan cauto y prudente como Villa implacable; supo ser flexible cuando Carranza era rígido y, a diferencia del provincialismo de Zapata, su visión abarcaba todo México.

Álvaro Obregón se caracterizó siempre por su manera de ser alegre y burlona, muchas veces a expensas de sí mismo. También se le reconocía una gran iniciativa aunque tenía fama de vengativo y rencoroso. Como presidente restauró el orden en México después de una década de inestabilidad política y guerra civil que siguieron a la revolución de 1910. Su gobierno se podría definir como el de las grandes reestructuraciones.

Obregón no pudo, durante su mandato, evitar algunos levantamientos encabezados por antiguas tropas revolucionarias, logrando aplacarlas políticamente, cuando no reprimirlas mediante la fuerza, cumpliendo su mandato constitucional hasta que en noviembre de 1924 entregó el poder a Plutarco Elías Calles. El final lo iba a sorprender en 1928, después de haber logrado, por única vez en la historia del México moderno, ser reelegido como presidente de la nación.

Revolucionario tardío y general talentoso

Álvaro Obregón nació en una granja cerca de Álamos, en el estado de Sonora, el 17 de febrero de 1880. Sus orígenes son misteriosos. Algunos historiadores aseguran que algunos de sus antepasados eran irlandeses y que el apellido de la familia era, en realidad, O'Brien. Su biógrafa Linda Hall, sin embargo, nada señala al respecto, registrando no obstante el rumor de que su abuelo era, efectivamente, irlandés, a la sazón capataz en una empresa de ferrocarril. De piel blanca con enorme bigote, Obregón podría haber pasado por un político o un banquero neoyorquino de principios del siglo XX. Ingenioso con las palabras al punto de engolosinarse con sus propios discursos públicos, grandilocuentes y ampulosos, en privado solía comportarse en forma más recatada, como lo que acaso realmente era: un hombre relajado y proclive a hacer agudos comentarios sobre todo el mundo, incluido él mismo. Cierta desmesura en su actividad social y política no sería improbable que hundiera sus raíces en la necesidad de defenderse tanto de los adversarios como de los advenedizos, abundantes por aquel entonces como siempre.

Su padre murió cuando era joven y la familia se trasladó a Huatabampo, una región costera y pantanosa sobre el golfo de California, poblada principalmente por indios mayo y yaquis. El joven aprendió a hablar correctamente la lengua local y se convirtió en un decidido defensor de los derechos de los aborígenes. Cuando se erigió como jefe militar algunos de sus más fieles seguidores –que iban a su vez a transformarse en duros guerreros– en su buena mayoría provenían de aquellas etnias del estado de Sonora. Aunque Obregón recibió muy poca educación formal, en estos años de formación aprendió mucho acerca de las necesidades y deseos de los mexicanos pobres. Como no había nacido en la riqueza, debió ganarse la vida aprendiendo el oficio de mecánico en un ingenio azucarero, así como también peluquero, pintor, maestro de escuela, vendedor y promotor de una pequeña orquesta. En 1906 comenzó a dedicarse al cultivo del garbanzo con gran éxito.

El ingreso de Obregón a la política se produjo en 1910, cuando se negó a firmar una declaración en apoyo de Porfirio Díaz, como quería uno de los caciques políticos del lugar. Al año siguiente, siendo ya Madero presidente, fue elegido para el cargo de alcalde de Huatabampo.

En su autobiografía, Obregón manifiesta vergüenza por no haber jugado un papel más activo en la revolución de Madero contra Díaz. En una dura autocrítica, considera sus propias justificaciones (tenía hijos que mantener) como cobardes y arteras.

Fue en 1912 cuando tuvo la oportunidad de reivindicarse y definir su posición revolucionaria. Organizó un cuerpo de 330 hombres, muchos de ellos indios mayo y yaquis, que puso a disposición del gobernador del estado para combatir a Pascual Orozco, quien se había levantado en contra del gobierno. A la cabeza de su batallón de irregulares de Sonora derrotó a un destacamento de caballería orozquista en San Joaquín, al norte de su provincia natal. Fue en esta acción que Obregón desplegó por primera vez sus cualidades de notable jefe militar. Había organizado un eficaz servicio de inteligencia, era realista al evaluar sus propios recursos, tenía dominio absoluto de las maniobras sorpresivas y contaba con una memoria fotográfica. Esta última habilidad lo convirtió también en un formidable jugador de póquer. Podía recitar de memoria todas las cartas de un mazo completo y en el orden en que las había visto, con sólo echarles un vistazo. Para el combate, retenía cada detalle del terreno de cualquier lugar que hubiera elegido como campo de batalla.

Sin embargo la victoria sobre Orozco no trajo la tranquilidad a México. El general Huerta, el mismo hombre que había conducido las fuerzas de Madero contra los orozquistas, encabezó un golpe de Estado contra su presidente en febrero de 1913, y a la traición siguió el asesinato de Madero.

El 5 de marzo de 1913 el Congreso de Sonora se negó a reconocer a Huerta como sucesor de Madero. Obregón fue nombrado jefe de las fuerzas militares en Sonora, aunque algunos jefes revolucionarios se opusieron al nombramiento por considerarlo todavía un advenedizo. Tres semanas más tarde, Venustiano Carranza proclamaba el Plan de Guadalupe, un llamado a la destitución por la fuerza de Huerta. Al mismo tiempo, Pancho Villa organizaba su famosa División del Norte, que desempeñaría un importante papel en el derrocamiento de Huerta. La victoriosa campaña de 16 meses terminó con el exilio de Huerta en julio de 1914. Obregón, a la cabeza del recientemente creado Ejército del Noroeste, obtuvo decisivas victorias en Culiacán, Sinaloa y Guadalajara, la segunda ciudad del país. El 15 de agosto de 1914 sus tropas avanzaron hacia Ciudad de México.

Alianzas, cooptaciones y movimientos políticos en modo alguno fueron suficientes a fin de instalar la armonía entre los jefes revolucionarios. Desde el principio las relaciones entre Villa y Carranza se caracterizaron por un mutuo antagonismo y hostilidad. Este último, que había sido senador federal durante el porfiriato, veía a Villa como un bandolero indisciplinado. A su vez, Villa desconfiaba de Carranza al identificarlo como miembro de la clase alta. Veía en él a un conservador capaz de traicionar a la Revolución en la primera oportunidad.

Entre el 10 de octubre y el 18 de noviembre de 1914 se reunió una convención en Aguascalientes con el propósito declarado de conciliar las diferencias entre las facciones revolucionarias, pero lo único que consiguió fue acelerar la separación definitiva. Ni Villa ni

Carranza asistieron, aunque Obregón, hay que reconocerlo, hizo todo lo que pudo para acercar a los distintos grupos.

Sus esfuerzos fueron en vano: zapatistas y villistas llegaron a una alianza informal y la Convención, totalmente destruida por la rivalidad entre Villa y Carranza, terminó por elegir a un sujeto relativamente desconocido llamado Eulalio Gutiérrez como presidente provisional.

Carranza se negó a reconocer a Gutiérrez. Los convencionales, tal vez intimidados por la proximidad de las fuerzas de Villa, declararon al primero fuera de la ley y a Villa comandante de las fuerzas militares de la Convención. A partir de ese momento las facciones rivales fueron conocidas como "constitucionalistas", seguidores de Carranza, y "convencionalistas", fieles a Villa y Zapata.

Si bien Obregón tenía sus reservas acerca del autoritarismo y la poca flexibilidad de Carranza, para no mencionar los celos que sentía este por su capacidad militar, decidió que entre Villa y Carranza, este era el menor de dos males. Tenía todavía menos razones para querer a Villa que a Carranza. No olvidaba que en septiembre de 1914, mientras estaba en una misión en el cuartel general de Villa, este había ordenado que se lo fusilara, pero de manera caprichosa (o aconsejado por algún asesor prudente), cambió de idea.

A finales de noviembre Obregón condujo a los constitucionalistas en la retirada de Ciudad de México hacia Veracruz. Pocos días después Villa y Zapata capturaron la capital, donde se produjo el histórico encuentro de ambos caudillos. Los zapatistas, en un avance hacia Veracruz, capturaron Puebla a mediados de diciembre, en tanto Obregón recuperaba la ciudad el 5 de enero de 1915. Pero el verdadero enfrentamiento se produciría recién en abril, cuando el día 13 Francisco Villa y su División del Norte enfrentaron a los constitucionalistas dirigidos por Obregón en una lucha que duraría 48 horas. Obregón perdió 200 soldados, mientras que las bajas de Villa sumaban alrededor de 14.000 hombres. El jefe constitucionalista puso en juego sus sólidos conocimientos de estrategia y tácticas defensivas contra la impetuosidad suicida de Villa, y ganó. Entre mayo y junio derrotó nuevamente a Villa en León, encuentro que se transformó en legendario, dado que en su transcurso Obregón perdió su brazo derecho. Parece que semejante contingencia alcanzó a deprimirlo de tal modo que lo arrastró a un intento de suicidio que se frustró debido a una falla de la pistola.

Persiguió sin tregua a Villa hacia el norte obteniendo victoria tras victoria, mas en modo alguno alcanzó a terminar con su rival, aunque por lo menos había logrado reducirlo a lo que había sido al principio de la Revolución: un prófugo en las sierras de Chihuahua. Obregón se había convertido ya en un héroe nacional.

Carranza recibió de los Estados Unidos un reconocimiento de hecho el 19 de octubre. Villa, hasta ese momento a favor de los estadounidenses, se sintió ultrajado por lo que consideró una perfidia de los gringos y dirigió en marzo de 1916 una incursión al otro lado de la frontera con los Estados Unidos, a Columbus, Nueva México, en la que varios norteamericanos resultaron muertos.

Este acto dio como resultado la expedición punitiva de los Estados Unidos a México. La encabezó el general Pershing y al final sólo sirvió para aumentar el prestigio de Villa, quien se burló durante 11 meses de los esfuerzos estadounidenses para capturarlo.

Otra reputación beneficiada por la inútil campaña de Pershing fue la de Obregón. La presencia de tropas norteamericanas en suelo mexicano era una gran afrenta para el pueblo y Obregón fue muy elogiado por la habilidad con la que negoció la retirada en sus conversaciones con el general Hugh Scott.

A fines de 1916 y principios de 1917 se realizó un Congreso Constitucional en Querétaro, cuyo resultado fue la Constitución de 1917, un documento radical que restringía el poder de la Iglesia, declaraba los derechos de los trabajadores y declaraba que México tenía potestad soberana sobre los productos del subsuelo como el petróleo. Durante el transcurso de dichas reuniones surgieron –otra vez– dos facciones antagónicas: los Renovadores, relativamente moderados, apoyados por Carranza, y los Jacobinos, bajo el influjo de Obregón. Aunque Carranza, por única vez, flexibilizó su posición adoptando propuestas izquierdistas él también, el congreso sólo sirvió para exacerbar la creciente tensión entre ambos dirigentes.

Obregón venía ocupando el Ministerio de Guerra y Marina desde marzo de 1916. Carranza, elegido presidente el 11 de marzo de

1917, asumió en mayo y lo confirmó. Se lo recuerda, entre otras cosas, porque durante el ejercicio del cargo fundó las escuelas del Estado Mayor y Médico Militar, en un logrado afán por profesionalizar las hasta ese momento poco orgánicas fuerzas armadas. Las tensiones con el Presidente lo llevaron a renunciar al poco tiempo para retirarse a la actividad privada. Muchos se sorprendieron: jamás habían previsto que un hombre tan ambicioso adoptara tan tajante decisión. Una meteórica carrera primero militar y enseguida política opacaban el hecho de que sólo tenía 37 años, lo que le daba tiempo como para construir una segura base de poder en su nativo estado de Sonora. No menos importante resultaba que Obregón precisaba restaurar sus finanzas, y eso sólo podía lograrlo ocupándose personalmente de su exitoso cultivo de garbanzos. Finalmente, y casi en primer lugar, tenía que recuperar su salud, fuertemente deteriorada luego de la terrible mutilación que tanto le había hecho sufrir.

El regreso

A fines de 1917 realizó un tan prolongado como exitoso viaje a los Estados Unidos. Ya en 1915, el coronel House, un cercano consejero del presidente Wilson, había sentenciado que Obregón era el "hombre indicado para México" y el Presidente pareció compartir esa idea, ya que lo recibió con los brazos abiertos. La prensa sólo tuvo elogios para su persona en una actitud extensiva también a dirigentes sociales, empresarios y políticos que lo colmaron de agasajos. Advertido del resplandor encandilante que desata el éxito, nada de esto lo hizo perder de vista los negocios personales. Vendió la mayor parte de su cosecha de garbanzos de 1918 a los Estados Unidos.

Terminado el viaje se dedicó de lleno a preparar su nuevo desembarco en la política. Sabía que Carranza lo observaba con no menor detenimiento que desconfianza y hostilidad, de modo que se le imponía realizar una jugada destinada a imponer su candidatura a presidente en 1920. Para lograrlo tenía que convertirse en una figura querida en todo el país. Sólo así Carranza no tendría otra alternativa que reconocerlo como su sucesor. Con este audaz plan en mente, fortaleció sus lazos con los trabajadores, con los liberales y con los grupos agrarios. Para junio de 1919 se sintió con suficiente fuerza como para anunciar abiertamente su candidatura.

Sintiéndose demasiado seguro de su fuerza política, Carranza continuó tan inflexible como siempre. Á pesar de que perdía seguidores día a día, aunque presidía un régimen que todos sabían era corrupto y represivo, estaba decidido a imponer a su propio candidato. Eligió mal, claro. El designado sucesor, Ignacio Bonillas, era un graduado de MIT que en ese momento se desempeñaba como embajador en Washington. Sus enemigos decían que apenas si podía hablar castellano.

Para compensar las deficiencias del candidato, Carranza lanzó una campaña de acoso e intimidación contra los seguidores de Obregón. Este quería ganar legalmente, por más que cada día que pasaba crecía su convicción de que no sería fácil lograrlo. La situación se deterioraba con cada hora que pasaba. Carranza aumentó la presión enviando tropas a Sonora. Obregón estaba entonces en Ciudad de México, donde testificaba en el juicio a un subordinado a quien Carranza había acusado de preparar una rebelión. Como estaba seguro de que en cualquier momento podía ser arrestado, escapó hacia la selva tropical situada al sur de la capital. En Sonora, el gobierno del estado retiró el reconocimiento a Carranza el 10 de abril y el 23 los dirigentes locales que le eran partidarios anunciaron el Plan de Agua Prieta que exigía la destitución de Carranza.

El 7 de mayo este y sus hombres evacuaron la capital en el "tren del oro", llamado así debido a que estaba cargado con los tesoros saqueados al erario. Se dirigían a Veracruz, ciudad que en su momento había utilizado el Presidente como base para lanzarse contra Villa y Zapata en 1915. Los ataques rebeldes obligaron a Carranza a abandonar el tren y el 20 de mayo fue traicioneramente asesinado por órdenes de un cacique político local que había prometido darle refugio. Los historiadores especulan que los hombres de Obregón no habrían sido para nada ajenos al hecho.

Quedaba así Álvaro Obregón como único personaje en la cima. Tras el gobierno provisional de De la Huerta se convocó a elecciones, resultando neto triunfador el 5 de septiembre de 1920 y haciéndose cargo de la primera magistratura en diciembre.

Durante su mandato de cuatro años demostró ser más un reformador pragmático que un salvaje destructor de las estructuras políticas existentes. Se las ingenió a fin de imponer una paz relativa al país, otorgándole un respiro de prosperidad luego de 10 años de una destructora guerra civil. Reconoció oficialmente a las organizaciones de obreros y de campesinos al mismo tiempo que alentó las inversiones extranjeras y a las empresas privadas del país. Aunque distribuyó casi 10 veces más tierras a los campesinos que Carranza, se distinguió de los elementos más radicales en su administración argumentado que el reparto de los ejidos rurales habría de estar acompañado por el aprendizaje de técnicas agropecuarias.

También mostró prudencia en su trato con la Iglesia. Aunque era personalmente anticlerical, siguió la política de imponer las leyes tendientes a acotar el poder del clero de manera paulatina y moderada tanto como de dejar de implementarlas en aquellas regiones donde los sentimientos cristianos tradicionales continuaban con una fuerte vigencia.

Disminuyó el ejército a no más de 60.000 efectivos; reanudó las relaciones diplomáticas con los Estados Unidos; celebró el centenario de la Independencia y con ese motivo mandó acuñar monedas para sustituir los billetes de Carranza; mandó reparar el cableado telegráfico y las vías del ferrocarril; se establecieron normas para la formación y el funcionamiento de los cuerpos diplomáticos y consulares. Se inició también el funcionamiento de la Compañía Naviera Mexicana y la Escuela Nacional de Agricultura fue trasladada a Chapingo.

Las más audaces iniciativas las llevó a cabo en el campo de la educación. Su ministro del área, José Vasconcelos, era un brillante intelectual con abundancia de ideas innovadoras. Bajo su supervisión, el Ministerio realizó festivales y apoyó a cientos de jóvenes maestros idealistas que alegremente iban a enseñar a las más remotas regiones del país. Vasconcelos también se interesó por las artes y su ministerio proporcionó el empuje inicial para artistas que se harían famosos como Diego Rivera, David Alfaro Siqueiros y Gerardo Murillo. Con las obras de Rivera transformó un viejo cuartel en el espléndido Ministerio de Educación Pública. Fue en este período que nació el Instituto Técnico Industrial, antecesor del Politécnico Nacional.

Dado que en las apariencias su gobierno guardaba tintes que para la mentalidad estadounidense de entonces lo hacían aparecer demasiado izquierdista, el poderoso vecino al norte del río Bravo se negó a reconocerlo hasta la Conferencia Bucareli de 1923, en la que Obregón prometió no expropiar las acciones de las compañías petroleras estadounidenses en poder de ciudadanos mexicanos.

Se enfrentó a una sola revuelta militar de importancia durante su presidencia. Adolfo de la Huerta, el presidente provisional entre la muerte de Carranza y la asunción de Obregón, se rebeló, arrastrando consigo a más de la mitad del cuerpo de oficiales. El sedicioso se había desempeñado como ministro de Finanzas y se molestó cuando su sucesor, Alberto Pani, lo culpó del mal estado de las cuentas públicas. Digamos, de paso, que De la Huerta se enorgullecía de su honestidad personal, siendo un hombre relativamente pobre.

La asonada fue breve pero sangrienta. Obregón venció principalmente porque contaba con un amplio apoyo de los trabajadores y los campesinos. Una vez que todo terminó, demostró que podía ser implacable cuando la situación lo exigía. Con el recuerdo en mente de que la caída de Madero se debió en parte a su negativa de purgar el cuerpo de oficiales del antiguo régimen, ordenó que todos los mandos rebeldes con grado superior al de mayor fueran ejecutados. Uno de los condenados, abogado, protestó con el argumento de que era un civil y no podía ser juzgado por una corte marcial. De inmediato el ministro de Guerra le dio el grado de general, y lo hizo fusilar al día siguiente.

Obregón terminó su mandato el 1º de diciembre de 1924 y fue sucedido por Plutarco Elías Calle. De inmediato regresó a Cajeme, donde retomó su vida de agricultor para convertirse en el principal productor de garbanzo y arroz, aunque sin desaprovechar, por supuesto, la influencia política con la que amplió su actividad con otros productos agrícolas en las mejores tierras de cultivo de Sonora, Sinaloa y Coahuila. A las actividades agropecuarias sumó otras relacionadas con fábricas de jabón, equipos de maquinaria destinada al agro, distribuidoras de autos y empacadoras de mariscos.

La reelección

Aunque la no-reelección era un principio fundamental de la política mexicana establecido por Francisco Madero, Obregón alteró su definición con el propósito de forzar la interpretación de la herramienta jurídica y metamorfosearla en "no-reelección consecutiva", artilugio que le bastó a fin de presentarse nuevamente en 1928.

En modo alguno la maniobra redundó en un jardín de rosas, pues la pretendida reelección encontró obstáculos, como la oposición presentada por Luis N. Morones, líder obrero con una contundente presencia en los sindicatos, quien en las elecciones de 1920 había apoyado a Obregón. En esta oportunidad, no estaba de acuerdo con una reelección, lo que originó la creación del Partido Laborista Mexicano, cuya fuerza política no podía ser ignorada.

De todas maneras obtuvo el apoyo del Congreso, que reformó los artículos 82 y 85 de la Constitución de 1917 con el propósito de permitir la reelección presidencial después de un intervalo de un período y, de paso, extender el mandato presidencial de cuatro a seis años.

La campaña electoral también quedó marcada por el asesinato del candidato opositor, Francisco Serrano, junto con varios de sus amigos, en el camino a Cuernavaca, el 3 de octubre de 1927.

Otro motivo de oposición a su reelección lo presentaban algunas organizaciones católicas, que veían en él a un continuador de las políticas anticlericales y represivas de Calles.

Plutarco Elías Calles, a diferencia de Obregón que había sido un pragmático anticlerical, era un fanático anticatólico cuya persecución de la Iglesia desató en 1926 una terrible guerra religiosa, la Rebelión de los Cristeros. Focalizada en el centro-oeste del país, comprometió al ejército federal durante casi tres años, hasta que el fin de las hostilidades se alcanzó por medio de negociaciones.

El primer atentado

La tarde del domingo 13 de noviembre de 1927 un automóvil Essex se dirigió a la estación del ferrocarril donde se esperaba el arribo de Obregón a Ciudad de México. Fue saludado con aplausos y pancartas. Luego el general subió a un Cadillac muy bien protegido. Esa tarde, antes de asistir a una corrida de toros, quiso dar un paseo en automóvil por la avenida principal del Bosque de Chapultepec.

El Essex, que lo había seguido desde su llegada, aceleró la marcha. Al ponérsele a la par, desde la ventanilla fue arrojada una bomba hacia el vehículo de Obregón. El incidente arrojó como saldo la muerte de uno de los atacantes por obra de las balas de los custodios del Presidente, que había resultado levemente herido, lo que no le impidió exigir a gritos que se pagara cara la fechoría.

La investigación no lograba descubrir a los demás cómplices del atentado, pero había que encontrar un culpable. Alguien informó que, al parecer, uno de los hermanos del sacerdote jesuita Miguel Pro era el propietario del automóvil y por ello se les inculpó a ambos como cómplices, aunque, como se demostró después, fueran inocentes.

Después de un juicio apresurado, el 23 de noviembre por la mañana el general Roberto Cruz hizo formar la tropa en la inspección de Policía. Miguel Pro fue llevado a enfrentar al pelotón. El sacerdote de 29 años como último deseo pidió que lo autorizaran a entregarse a la oración, arrodillándose. Inclinó la cabeza, se santiguó y besó el pequeño crucifijo que llevaba en la mano, pendiendo del rosario. Luego se levantó y, con los brazos en cruz, lanzó el grito de guerra de los cristeros: "¡Viva Cristo Rey!". Una descarga ahogó su voz. Un oficial, con un rifle máuser, le dio el tiro de gracia en la cabeza.

El cuerpo del padre Miguel fue trasladado a la casa de sus familiares. Una muchedumbre creciente se agolpó para rezar ante los despojos mortales y acompañarlos hasta la sepultura. Entre la casa de la familia Pro y el Panteón de Dolores hay unos seis kilómetros. Filas interminables de fieles vieron pasar el ataúd y aproximadamente unas 30.000 personas formaron el cortejo.

Años después los restos de Miguel fueron trasladados a la parroquia de la Sagrada Familia de la Colonia Roma y algunos de sus huesos fueron depositados debajo del altar mayor de la Basílica de Guadalupe. Miguel Agustín Pro fue beatificado por el Papa Juan Pablo II el 25 de septiembre de 1988.

El asesinato

Luego del asesinato de Francisco Serrano, Álvaro Obregón quedó solo y ganó las elecciones de 1928. Pocas semanas después de los comicios, el 17 de julio, el presidente electo y algunos diputados de Guanajuato estaban sentados en un restaurante al aire libre en San Ángel, en el Distrito Federal, llamado La Bombilla.

Obregón llegó al lugar unos minutos antes de la una de la tarde. Bajó de su Cadillac acompañado por algunos amigos. Vestía un traje gris y daba muestras del buen humor que nunca lo abandonaba. Saludó a la concurrencia y para cada uno de los comensales tuvo una frase amable. Accedió a posar con un grupo de invitados y bromeó con ellos diciéndoles que sería mejor fotografiarse después de comer, ya que todos tendrían semblantes risueños y satisfechos. La placa, en efecto, se tomó en una glorieta del jardín, frente al gran kiosco.

El asesino había permanecido de pie cerca de la mesa, a la derecha del mandatario. Parecía absorto en su labor y ajeno a cuanto ocurría a su alrededor. Se trataba de un dibujante abocado a la realización de caricaturas de algunos de los parroquianos.

Una vez ubicados en torno a las mesas del agasajo, el caricaturista avanzó con lentitud hacia la mesa de honor. Los artistas callejeros son habituales en México y nadie pensó que era extraño que un joven se acercara a la mesa de Obregón y le mostrara sus papeles con dibujos. Llegó al extremo izquierdo, cerca de lugar donde se hallaba el diputado Ricardo Topete, que conversaba con otro invitado. El dibujante se le acercó diciéndole que había hecho dos caricaturas, una del general Obregón y otra de uno de los invitados.

–A ver qué le parecen a usted, señor Topete –le dijo–. Después haré su caricatura.

–Está bien –respondió con indiferencia el diputado.

–Voy a enseñárselas al general Obregón –replicó el artista–. A ver qué dice.

El asesino dio unos pasos rodeando un gran arreglo floral hasta llegar a ubicarse detrás del presidente electo, quien accedió complaciente a mirar lo que el joven le mostraba. Se volvió hacia su derecha, entregándose confiado a la contemplación de los dibujos. Eran las 2:20 de la tarde.

Contando con que todos charlaban distraídos y que nadie vigilaba sus movimientos ese fue el momento que aprovechó el asesino. La orquesta tocaba la popular pieza "El Limoncito". Dio un paso a su izquierda y violentamente tomó la cabeza de su víctima con la mano por la parte del temporal, en tanto con la derecha rápidamente extrajo del pecho una pistola automática Star calibre .35 y, colocando el cañón en el pómulo derecho de Obregón, hizo el primer disparo. El herido se apoyó en la silla con el brazo izquierdo y levantó el muñón de su brazo derecho tratando de cubrirse, pero el asesino le disparó cuatro veces más por la espalda, de arriba hacia abajo.

Obregón no tuvo tiempo de movimiento alguno para defenderse. La agresión fue inesperada. Todos los balazos hicieron blanco. La víctima se desplomó sobre la mesa, primero. Después se deslizó hacia su costado izquierdo y cayó al suelo. Se cree que murió instantáneamente y que ya estaba sin vida en el momento de caer.

El asesino era un dibujante de 23 años que dijo llamarse José León Toral, oriundo de Lagos, estado de Jalisco. Se trataba de un fanático católico que acusaba a Obregón de ser el responsable de las persecuciones religiosas. La Rebelión de los Cristeros se estaba desarrollando todavía y el joven atacante, aparentemente dirigido por una manipuladora monja, la Madre Conchita, había llegado a la conclusión de que Obregón era el Anticristo y debía ser eliminado de cualquier manera.

Toral inmediatamente fue detenido y conducido a la Inspección General de Policía. Allí fue torturado para que diera los nombres de sus presuntos cómplices. Los investigadores descubrieron en los días siguientes que era parte de un grupo católico encabezado por la Madre Conchita, como se la conocía a la monja María Concepción Acevedo y de la Llata, Superiora de Convento de Monjas Capuchinas Sacramentarias.

El 28 de noviembre se inició el juicio en el que Toral fue sentenciado a muerte. La madre Conchita fue condenada a 20 años de prisión, siendo enviada a la colonia penitenciaria de las islas Marías. En esa misma prisión se alojaba Carlos Castro Balda, también convicto por atentar contra la vida de Obregón. La presunta instigadora del asesinato abandonó los hábitos y se casó con Castro Balda.

Obregón tenía 48 años cuando fue asesinado. Fue un revolucionario tardío y un brillante militar de espíritu contemporizador. Su paso por el gobierno dejó la brillante estela de su ministro de Educación, José Vasconcelos. Más que anticlerical –que sí lo era– y antirreligioso –que también lo era–, fue un pragmático. Pero cayó asesinado por un fanático religioso que lo acusaba de los atropellos que en realidad había cometido su sucesor, Plutarco Elías Calles.

1956: Anastasio "Tacho" Somoza García,
dictador de Nicaragua

"Es un perfecto bastardo, pero es *nuestro* bastardo', eso
fue lo que dijo", repetía con suficiencia el dictador de
Nicaragua, Anastasio Somoza García, a quien todos llamaban
"Tacho". Se refería a una expresión atribuida al presidente de los
Estados Unidos Franklin D. Roosevelt. Le encantaba repetir la manera en que lo había caracterizado su colega estadounidense,
aunque seguramente la anécdota era apócrifa (no hay prueba alguna de que en efecto Roosevelt haya efectuado tamaña afirma-
ción, y por cierto tampoco era ese el lenguaje que él habría usado). Sin embargo, esas palabras pronunciadas con absoluta
complacencia por Somoza reflejaban no sólo la personalidad desmesurada y ostentosa del dictador, sino también la relación que
unía a Nicaragua con el poderoso vecino. Cabe indicar que esas
mismas palabras también le fueron atribuidas a un secretario de
Estado de los Estados Unidos para referirse al dictador dominicano Rafael Trujillo.

El indiscutido amo de Nicaragua durante 22 años fue, como
tantos otros déspotas de América Latina, un invento de los Estados
Unidos, y su larga permanencia en el poder fue posible gracias al
apoyo de los sucesivos gobiernos de ese país.

Su vida

Anastasio Somoza había nacido un 1º de febrero de 1896 en
San Marcos, Nicaragua. Era hijo de Julia García y Anastasio Somo-

za, un rico cafetalero. Recibió educación privada en su pueblo y asistió al Instituto Nacional de Oriente, en Granada. Luego estudió economía y administración en Filadelfia (Estados Unidos), en la Escuela de Administración Pierce. Allí conoció a Salvadora Debayle, de una importante familia nicaragüense, con quien al poco tiempo se casó.

Una vez que el joven matrimonio regresó a Nicaragua, el futuro dictador intentó hacer carrera como empresario, aunque sin demasiado éxito. Pero no tardaría mucho en encontrar su verdadera vocación, la política. Para ello contaba con la ayuda de su ya poderosa familia, como asimismo con el apoyo de sus amigos estadounidenses.

Después de ponerse del lado de los liberales en la revolución de 1926, Tacho estuvo en condiciones de aspirar a diversos cargos cuando regresaron al poder después de las elecciones de 1928. Fue administrador de impuestos y luego gobernador del departamento de León, más tarde embajador en Costa Rica, y finalmente ministro de Relaciones Exteriores.

En 1932, el dirigente liberal Juan Sacasa ganó las elecciones y en enero de 1933, los infantes de Marina norteamericanos se retiraron. Las fuerzas estadounidenses habían permanecido varios años en el país "para garantizar la seguridad de la región y los intereses de su país", según ellas misma lo aseguraban. La oposición a su presencia era fuerte y había sido liderada con el persistente Augusto César Sandino. Cuentan que la retirada fue tan rápida que el general Calvin Matthews, jefe de los infantes de marina y de la Guardia Nacional creada por las fuerzas de ocupación, apenas si tuvo tiempo de hacer el equipaje. Precavido, antes de abandonar el país hizo nombrar a Anastasio Somoza García en el cargo de jefe de la Guardia Nacional. Somoza aceptó con entusiasmo y le aseguró a Matthews antes de su partida:

–Le daré la paz a este país aun cuando tenga que matar a la mitad de los nicaragüenses para conseguirla.

Pronto tendría bajo su control también al Partido Liberal, a la vez que consolidaba su poder sobre la Guardia Nacional. Con el retiro de las fuerzas de los Estados Unidos, el jefe guerrillero de la resistencia, Sandino, hizo las paces con el gobierno. Tregua que no resultó suficiente para Somoza, y el 21 de febrero de 1934 ordenó a algunos miembros de la Guardia Nacional que lo secuestraran y asesinaran.

De esta manera el implacable jefe de la Guardia Nacional se abría paso inexorablemente hacia la presidencia del país. Hombre sociable, anfitrión expansivo y bebedor incansable, muy pronto estuvo en condiciones de sacar del poder al presidente Sacasa. Este solicitó en varias ocasiones la intervención o por lo menos el consejo de los Estados Unidos. Inútil solicitud, ya que la nueva política de no intervención instaurada por el presidente Hoover y continuada por la administración de Franklin D. Roosevelt lo impedía.

En junio de 1936, Sacasa fue obligado a exiliarse y, en diciembre, Somoza fue elegido presidente. Dos semanas más tarde retomó el control de la Guardia Nacional. Antes de concluir con su mandato introdujo cambios en la constitución que le permitieron asumir el poder por otro período "transitorio" hasta mayo de 1947.

Con diligencia se aplicó a consolidar su poder y a dividir a sus oponentes políticos. Parientes y amigos fueron nombrados en puestos clave dentro del gobierno y el ejército, llegando a controlar al Partido Liberal, y con él la legislatura y el sistema judicial. Hasta que por fin Somoza obtuvo el poder absoluto en todos los ámbitos de la política nicaragüense. La oposición política era formal y se la toleraba en la medida en que no amenazara la estabilidad de la elite gobernante.

La Guardia Nacional, además de reprimir toda oposición política seria y cualquier demostración adversa al gobierno, ejercía un poder cada vez mayor en las empresas del Estado, sobre todo en las redes de radiodifusión y telégrafos, los servicios postales, de inmigración, de salud y de recaudación impositiva, y también los ferrocarriles nacionales. En menos de dos años después de su elección, el dictador, desafiando al Partido Conservador, declaró su intención de permanecer en el poder una vez terminado su período presidencial. Así, en 1938 designó una Asamblea Constituyente que le dio al presidente amplios poderes y lo eligió por un nuevo período de ocho años.

El oportuno apoyo de Nicaragua a los Aliados durante la Segunda Guerra Mundial benefició la economía del país al recibir los muy necesitados fondos estadounidenses, que también sirvieron para fortalecer el poder militar de las fuerzas al servicio del gobierno. Somoza con entusiasmo integró las finanzas de su país al plan económico hemisférico de guerra, proveyendo materias primas. Las exportaciones de madera, oro y algodón ascendieron vertiginosamente. Más del 90% de todas las exportaciones iban a los Estados Unidos.

En la década de 1940 Somoza García y su familia se hicieron inmensamente ricos exportando café y ganado. Cuando el Estado confiscó las propiedades alemanas, el presidente y sus allegados las adquirieron a precio vil. Terminada la Segunda Guerra Mundial, su fortuna personal se había convertido en una de las más grandes de la región y se calcula que ascendía a unos 60 millones de dólares de la época.

Sin embargo, los vientos políticos comenzaban a cambiar y la oposición interna e internacional había aumentado, por lo que su decisión de presentarse a la reelección, en 1944, fue rechazada incluso por algunos de sus propios liberales, que crearon el Partido Liberal Independiente, y también por los Estados Unidos. Su respuesta a las cada vez más fuertes críticas fue la instalación de un gobierno títere que no pusiera en riesgo el propio poder. Se retiró de la contienda electoral, forzando a que el partido nombrara al anciano Leonardo Argüello, en la creencia de que podría controlarlo desde atrás de la escena. El nuevo mandatario asumió el 1º de mayo de 1947. El presidente saliente seguiría siendo jefe de la Guardia Nacional.

Argüello, que se tomó el cargo en serio y de ninguna manera estaba dispuesto a ser un títere, no vaciló en tomar medidas reformistas. Cuando se hizo evidente que las nuevas disposiciones ponían en peligro su poder como jefe de la Guardia Nacional, Somoza dio un golpe de Estado, depuso al gobierno e instaló en su lugar a un pariente, asegurándose esta vez de que se tratara efectivamente de alguien manejable.

La administración del presidente Harry S. Truman le negó al

nuevo gobierno el preciado reconocimiento diplomático del norte. En un esfuerzo por legitimar la situación y recuperar el apoyo de sus amigos norteamericanos, el hombre fuerte de Nicaragua designó una Asamblea Constituyente para redactar una nueva carta magna que le permitió nombrar un nuevo presidente, Víctor Román Reyes, su tío. La constitución de 1947 fue cuidadosamente elaborada con la fuerte retórica anticomunista cara a la política exterior estadounidense de la época. A pesar de estos esfuerzos, la oposición del gobierno de Truman no cesó y siguió negándose a reconocer al nuevo régimen. Fue sólo gracias a la presión diplomática del resto de América Latina que las relaciones diplomáticas formales entre Managua y Washington fueron restauradas a mediados de 1948.

En 1950 Somoza firmó un acuerdo con el general conservador Emiliano Chamorro Vargas, que le aseguraba al Partido Conservador un tercio de los delegados al Congreso y una representación limitada en el gabinete y en los tribunales de justicia. El dictador también prometió cláusulas que garantizaran la "libertad de comercio", medida prebendaria interna destinada a obtener un limitado apoyo de la elite tradicional al régimen que él encabezaba. Esa elite se benefició con el crecimiento económico de la década de 1950, especialmente en las exportaciones del sector del algodón y pecuarias. Somoza nuevamente fue elegido presidente en las elecciones generales de 1950. En 1955, el Congreso reformó una vez más la Constitución para permitir una nueva reelección.

Las advertencias

A Somoza le fascinaba aparecer entre la gente al solo efecto de demostrar a sus enemigos que el pueblo lo amaba. La noche del 21 de septiembre de 1956 (él siempre alardeaba diciendo que el 21 era su número de la suerte) asistió a una fiesta dada en su honor en la Casa del Obrero, en las afueras de Managua. Poco después de las 11 de la noche estaba rodeado de amigos y extraños bebiendo, mientras las parejas más jóvenes bailaban.

Antes de salir para la fiesta había recibido un par de avisos respecto de que alguien quería asesinarlo.

–Tacho, no vayas, que te van a matar –le había advertido el coronel González Cervantes, su amigo de infancia y testaferro en innumerables operaciones inmobiliarias y financieras, minutos antes de abordar el vehículo militar que lo conduciría a la Casa del Obrero de León.

–Mira, hijo, parece que hoy todos los locos andan sueltos –replicó burlonamente Somoza, dirigiéndose al joven Danilo Barreto, Jefe de Protocolo Presidencial.

González le pidió que por lo menos le permitiera registrar a todo el que asistiera a la fiesta de esa noche, a lo que el dictador se negó.

–Sería una ofensa para mis amigos obreros –dijo y marchó a la recepción.

Antes de esta conversación, Richard Van Winckle, un ex agente del FBI que Somoza había traído de los Estados Unidos con el objetivo de montar y organizar la siniestra Oficina de Seguridad Nacional (OSN), encargada de velar por la tranquilidad de la familia gobernante y del régimen dictatorial, también se le había acercado para pedirle que suspendiera su visita a León, ya que tenía información de que querían asesinarlo. El dictador rechazó de plano la advertencia. No era él hombre de acobardarse por unas simples amenazas.

En esa época, en Nicaragua, se oía decir con frecuencia que querían matar a Somoza y el dictador sabía cómo enfrentar a los presuntos magnicidas.

Una de las más recordadas amenazas fue el caso de un "jorobado", de quien se dijo que venía de Costa Rica para matarlo.

A mediados de la década de 1940 la OSN había recibido información de que un asistente del presidente costarricense José "Pepe" Figueres, de nombre Frank Marshall, había contratado a un jorobado para asesinarlo durante la inauguración del puente de Ocotal. El dictador dio una orden fulminante:

–Al primer jorobado que vean, me le meten plomo y después averiguamos.

Pero el acto oficial transcurrió sin contratiempos.

Meses después, el embajador de Nicaragua en Guatemala, Carlos Duque Estrada, informó que el gobierno del dictador Carlos Castillo Armas le había notificado que tenían detenido a un jorobado, el mismo que presuntamente atentaría contra Somoza. Por lo cual, de inmediato partió hacia Guatemala el coronel Heberto Sánchez, hombre que el dictador utilizaba para muchos servicios, a fin de negociar con el gobierno guatemalteco la extradición del presunto asesino. Concluidas las gestiones, se envió una avioneta de la Fuerza Aérea Nicaragüense al vecino país a fin de trasladar al desdichado.

En el aeropuerto de Managua los esperaba el coronel Carlos Silva, enlace entre Somoza y la Guardia Nacional. Era otro de los hombres de gran confianza de la dinastía. Esa misma noche el jorobado fue fusilado en Managua, en una finca llamada El Mango, propiedad de la Guardia Nacional. El lugar era usado con frecuencia para eliminar a los enemigos del régimen, de los que ni siquiera han quedado registrados sus nombres. Nunca se comprobó que el famoso jorobado tuviera intenciones de matar a Somoza.

El asesinato

Contra toda omnipotencia del dictador, aquella noche en León las cosas iban a ser diferentes. Entre quienes rodeaban al jovial y divertido Somoza se encontraba Rigoberto López Pérez, poeta y periodista de 27 años, delgado y bajo, conocido entre sus amigos por sus no disimuladas protestas contra el dictador. Bastaba mencionar al odiado gobernante para que se lanzara en interminables imprecaciones antisomocistas. Nada específico y mucho menos nada que pudiera sonar como amenaza, aunque no dejaba de ser obvio que Rigoberto no era un admirador de Somoza.

Llevaba consigo un revólver Smith & Wesson calibre 38. Se abrió paso entre la multitud. El ambiente era relajado. Todos, hasta los mismos guardaespaldas del dictador, se estaban divirtiendo. Tacho, con una camisa de cuello abierto y su habitual sombrero de ala ancha, participaba de esa alegría.

Nadie de la escolta presidencial sospechó de aquel joven, vestido de guayabera blanca y pantalón azul, que se aproximó hasta quedar a varios metros de la mesa presidencial. La música la proporcionaba la entonces famosa banda de Pérez Prado.

Doña Salvadora Debayle de Somoza, la primera dama, acababa de hacerle señas a Danilo Barreto, para que persuadiera a su marido y se retiraran temprano.

–¡Qué dictador que sos! –le dijo Somoza al joven Barreto–. Dejame bailar la última pieza.

La banda interpretaba "Caballo negro", eran cerca de las 11 de la noche del 21 de septiembre de 1956. El dictador tenía 60 años y llevaba casi 20 en el poder.

La sorpresa dejó paralizada por un instante a la escolta presidencial, que no pudo reaccionar a tiempo cuando Rigoberto López Pérez se colocó en posición de tiro y sacó el .38, Smith & Wesson. El asesino se había acercado lo suficiente como para no fallar. Disparó cinco veces y cuatro proyectiles dieron en el macizo cuerpo de Somoza. Una bala le rompió el brazo, otra se alojó en el hombro derecho y una tercera en el muslo de ese mismo lado. El dictador perdió el equilibrio. La cuarta herida era más seria. El proyectil había entrado por la parte superior del muslo derecho para detenerse en la base de la columna.

–¡Bruto animal! –se quejó Somoza al sentir los impactos–. ¡Ay Dios!

Su cuerpo se inclinó en el asiento. Un soldado de la Guardia Nacional le dio entonces un culatazo al atacante y el sargento Pedro Gutiérrez, de la escolta presidencial, desenfundó su arma y le disparó al rostro. El joven poeta cayó instantáneamente muerto. Por las dudas, el cadáver fue acribillado a tiros ahí mismo. Más de 50 proyectiles le fueron disparados a quemarropa. Como resultado del desorden y de los disparos sin sentido, murió además un ciudadano identificado como Gonzalo Zamora y resultaron heridas al menos tres personas, entre ellas Mariana Sansón, una de las ocupantes de la mesa presidencial.

–Bruto, has matado al general y me has matado a mí –le gritó al cuerpo inerte.

El primero que llegó a auxiliar al dictador fue el coronel Lisandro Delgadillo, jefe militar de León, a quien luego los hijos de Somoza implicaron en el atentado. En la limusina blindada trasladaron al herido al Hospital San Vicente, en la ciudad de León, donde ingresó en estado de shock. La mujer de Somoza, desconfiada, sólo permitió que el estudiante de medicina Ramiro Abaunza, liberal de pura cepa, lo atendiera en los primeros minutos. Al rato se agregaron los médicos Julio Castro, Gustavo Sequeira y Ernesto López, quienes alcanzaron a estabilizarlo en forma precaria hacia las cuatro y media de la madrugada.

Mientras tanto, Barreto, el joven funcionario del Protocolo Presidencial, se comunicaba con el embajador de los Estados Unidos en Managua, Thomas E. Whelan, quien tenía una relación muy estrecha con el dictador. El diplomático ordenó que no lo movieran del Hospital San Vicente, ya que enviaría un helicóptero para trasladarlo a Managua.

Escoltado por un equipo de Marines, Whelan llegó a León al despuntar el alba a bordo de un par de vehículos Cadillac. Se acercó a su entrañable amigo y compañero de póker, quien lo llamaba "Tom". Le tomó la mano y oyó que el herido decía en inglés:

—Mi amigo, se me acabó el tiempo. Estoy perdido.

El embajador estadounidense se conmovió. No se apartó de su lado hasta que tocó tierra el helicóptero que lo trasladaría a Managua.

En ese momento ya estaba en vigencia el estado de sitio, resuelto por un decreto presidencial que Somoza no pudo firmar debido a su brazo enyesado. De inmediato sus hijos hicieron encarcelar, interrogar y torturar a miles de opositores al régimen.

Al mediodía del 22 de septiembre, como resultado de una gestión personal del embajador Whelan con el presidente Eisenhower, aterrizó un avión Constellation de la Fuerza Aérea de los Estados Unidos, que traía consigo a un equipo sanitario de primera línea, entre ellos el médico personal de la Casa Blanca. También llegaron al lugar otros profesionales que cumplían funciones en los hospitales militares del Canal de Panamá. El herido tenía aún tres proyectiles incrustados en el cuerpo.

Los especialistas aconsejaron llevarlo al Hospital Gorgas, en la Zona del Canal, dado que los nosocomios nicaragüenses no les ofrecían las garantías necesarias. Una vez allí, lo instalaron en una suite de dos habitaciones junto con su esposa y su hija. Una junta de médicos decidió intervenirlo quirúrgicamente al día siguiente.

Minutos antes de entrar a la sala de operaciones, una de las enfermeras que lo preparaba, recibió un piropo presidencial.

–Qué manos más finas tiene, señorita.

Esas fueron las última palabras del dictador.

Somoza sufrió un paro cardíaco minutos después de ser anestesiado; trataron de revivirlo, pasaron unos minutos, los suficientes como para dejarlo clínicamente muerto. Mediante artificios tecnológicos lograron reanudar algunos signos vitales y el equipo siguió operándolo hasta extraerle los proyectiles. Nadie se atrevería a afirmar que no se hizo todo lo posible.

A pesar de esto, en Nicaragua, el periódico *Novedades* aseguraba que había salido muy bien de la operación y que Somoza García se recuperaba satisfactoriamente.

Los cadáveres de los otros caídos habían sido trasladados al Comando Departamental y los participantes de la fiesta, arrestados, fueron llevados al Parque Jerez, a la espera de los interrogadores de la Oficina de Seguridad. La Casa del Obrero fue revisada y se descubrieron, debajo de las mesas, en los rincones, y hasta en los inodoros, un total de 23 armas de fuego, 17 navajas, 4 punzones y un hacha de mango recortado.

El propietario y editor del periódico *El Cronista*, Rafael Corrales, fue conducido al Comando Departamental de León para identificar el cadáver acribillado de Rigoberto López Pérez. Una vez identificado el asesino, se envió una patrulla a arrestar a su familia, Soledad López, la madre, y sus hermanos Salvador y Margarita. De inmediato los trasladaron a la cárcel de La Aviación, en Managua, donde fueron salvajemente torturados sólo por su parentesco con el asesino.

Por su parte, el coronel Delgadillo se comunicó esa misma noche por teléfono con la Casa Presidencial para informar sobre el atentado a los hermanos Luis y Anastasio Somoza Debayle. Fue este último quien le ordenó que arrestara a todos los opositores notables de León para investigarlos, así como a los presuntos cómplices. Luego amplió la orden para que también se detuviera a los opositores en todo el país, quienes empezaron a ser trasladados a la Casa Presidencial en vehículos policiales. Llegaron a sumar más de 3000 detenidos. Entre ellos el doctor Emilio Álvarez Montalbán, dirigente opositor y Pedro Joaquín Chamorro, periodista y notable enemigo de la dictadura.

Los hijos de Somoza

Luis Somoza Debayle, el hijo mayor del hombre fuerte de Nicaragua durante dos décadas, se convirtió, al morir su padre, en el hombre más rico y poderoso de América Central. Él y su hermano Anastasio, "Tachito", no estaban preparados para asumir el poder y con la intención de resolver la transición ocultaron al pueblo de Nicaragua la gravedad de la situación. Anunciaron con toda la pompa que, gracias a la Providencia divina, Somoza se había salvado, triquiñuela que apuntaba a darle tiempo a Luis Somoza para que negociara con el Congreso su propio nombramiento como presidente interino y de tal modo concluir el período de su padre. Contrariamente, los legisladores argumentaron que no podían, ya que, según se había informado, el Presidente estaba en vías de recuperación. El heredero trató de conseguir un certificado firmado por los médicos del Hospital Gorgas, pero estos se negaron. Decidió intentarlo entonces con el cirujano panameño González Revilla, quien le extendió un certificado que decía que Somoza García había entrado en un "proceso irrecuperable". Con ese documento logró que el Congreso lo nombrara presidente interino. Finalmente, el 29 de septiembre, a las 4.05 de la mañana, murió oficialmente Somoza García.

Fue sucedido por su hijo mayor. Graduado como ingeniero en los Estados Unidos, este había sido elegido delegado del partido en 1950 y para 1956 era presidente del Congreso. Como indicaba la Constitución, después de la muerte de su padre asumió la presidencia interina. Su hermano Anastasio "Tachito" Somoza Debayle, graduado en West Point, continuó al frente de la Guardia Nacional.

Después del asesinato se desató una fuerte campaña de represión política. Muchos de los opositores fueron llevados a prisión y torturados por los guardias a las órdenes del menor de los Somoza. Además, para reforzar la represión, el gobierno impuso la censura de prensa y suspendió las garantías constitucionales. Cuando el Partido Conservador se negó a participar en las elecciones de 1957 –como protesta por la falta de libertad impuesta por el régimen–, los hermanos Somoza crearon un partido de oposición títere, el Partido Conservador Nacional, destinado a ofrecer una fachada democrática a la campaña política.

Luis Somoza Debayle fue elegido presidente en 1957 con poca oposición. Durante el transcurso del mandato de seis años, desde 1957 hasta 1963, su gobierno devolvió algunas libertades a los ciudadanos y aumentaron las esperanzas de una liberalización política. En un esfuerzo por abrir el gobierno, Luis restauró la prohibición constitucional para la reelección. En 1960 Nicaragua se unió a El Salvador, Guatemala y Honduras (Costa Rica se incorporó más adelante) para crear el Mercado Común Centroamericano. El principal objetivo de este grupo económico regional era promover el comercio entre los países miembros. Dentro de esta asociación, el comercio y la industria crecieron, lo cual estimuló el crecimiento económico.

En el terreno internacional, la actitud anticomunista de Luis Somoza Debayle le significó el favor y apoyo de los Estados Unidos. En 1959 Nicaragua estuvo entre los primeros países en condenar la Revolución Cubana y acusó a Fidel Castro de tratar de derrocar al gobierno nicaragüense. El gobierno de Luis Somoza Debayle tuvo un papel importante en la invasión de Bahía de Cochinos, Cuba, en 1961, cuando permitió a la brigada de exiliados que usara bases militares en la costa del Caribe para lanzar la fallida maniobra.

Desde 1963 hasta 1967, la presidencia estuvo en manos de amigos cercanos de la poderosa dinastía. En 1963 René Schick Gutiérrez ganó las elecciones presidenciales, pero Anastasio "Tachito"

Somoza seguía siendo jefe de la Guardia Nacional y ejercía su poder desde los cuarteles. Cuando el presidente murió en 1966, fue sucedido por otro amigo, Lorenzo Guerrero Gutiérrez.

La debilitada salud le impidió a Luis Somoza presentarse nuevamente como candidato, por lo que Anastasio ocupó su lugar en las elecciones presidenciales de 1967. Para enfrentar esa candidatura, los conservadores, el Partido Social Cristiano y otros grupos antisomocistas crearon la Unión Nacional Opositora (UNO) que designó a Fernando Agüero como candidato. Por supuesto el elegido fue Anastasio Somoza Debayle en medio de una campaña represiva contra los opositores. Dos meses más tarde Luis Somoza Debayle murió de un ataque al corazón.

Anastasio "Tachito" Somoza se había convertido en presidente y seguía siendo el jefe de la Guardia Nacional, doble función que le otorgaba en forma plena el control político y militar sobre su país. La corrupción y el uso de la fuerza aumentaron, lo que incentivó a la oposición de los grupos empresariales y populares. Aunque su período de cuatro años debía terminar en 1971, reformó la Constitución para permanecer en el poder hasta 1972. La creciente presión de la oposición y de su propio partido, sin embargo, llevó al dictador a negociar un acuerdo político por el que se disponía que una junta de tres miembros gobernara desde 1972 hasta 1974.

La Junta se hizo cargo en mayo de 1972, con la oposición encabezada por Pedro Joaquín Chamorro y su periódico *La Prensa*. El descontento popular también se hizo sentir como reacción al deterioro de las condiciones sociales. El analfabetismo, la desnutrición, los ineficientes servicios de salud y la falta de viviendas adecuadas también encendieron las críticas de la Iglesia Católica, cuya cabeza era el arzobispo Miguel Obando y Bravo, quien comenzó a publicar una serie de cartas pastorales con fuertes críticas al gobierno de Anastasio Somoza.

El terremoto

El 23 de diciembre de 1972 un terrible terremoto conmovió a Nicaragua y destruyó gran parte de la ciudad capital. El saldo fue de unos 10.000 muertos y unas 50.000 familias sin techo. El 80% de los edificios comerciales de Managua quedó destruido. Inmediatamente después del sismo, la Guardia Nacional se unió al saqueo masivo de lo que quedaba de los negocios destruidos. Cuando comenzó la reconstrucción, la pésima administración y la apropiación ilegal de los fondos de la ayuda internacional por parte de la familia Somoza y algunos miembros de la Guardia Nacional, conmovió a la opinión internacional, desatando una mayor intranquilidad en la misma Nicaragua. La capacidad del Presidente para sacar ventajas de los sufrimientos de su pueblo resultó ser ilimitada. Algunos cálculos de su fortuna personal estiman que ascendió súbitamente a 400 millones de dólares en 1974. Como resultado de tanta codicia, la base de apoyo de Anastasio Somoza Debayle en el sector empresario comenzó a desmoronarse. Un renacido movimiento obrero aumentó la oposición al régimen y a las cada vez más deterioradas condiciones económicas.

La intención de Somoza de presentarse otra vez como candidato a presidente en 1974 fue resistida aun dentro de su propio partido. La oposición política, encabezada por Pedro Joaquín Chamorro y el ex ministro de Educación Ramiro Sacasa, formó la Unión Democrática de Liberación (UDEL), que incluía a la mayoría de los elementos antisomocistas. La UDEL era una amplia coalición de grupos empresarios, cuya representación incluía tanto a miembros de la elite tradicional como a los sindicatos obreros. El partido promovió un diálogo con el gobierno para alentar el pluralismo político. El Presidente respondió con un aumento de la represión política y una mayor censura de la prensa y otros medios. De todas maneras, en septiembre de 1974, Anastasio Somoza Debayle fue reelegido presidente.

El asesinato de Chamorro

Pedro Joaquín Chamorro, dueño y director del periódico independiente *La Prensa*, uno de los jefes de la alianza opositora, fue asesinado en las calles de Managua el 10 de enero de 1978. Su violenta muerte provocó sucesivas manifestaciones que estuvieron cerca de convertirse en una guerra civil y marcaron el comienzo del fin del régimen autoritario de la familia Somoza.

Nacido en Granada, Nicaragua, el 23 de septiembre de 1924, Chamorro se había convertido en el principal opositor a la dinastía. Cuando todavía era estudiante de leyes, comenzó a participar en manifestaciones contrarias a Somoza García y fue encarcelado por un tiempo en 1944 después de pronunciar un discurso opositor. Ese mismo año, el diario de la familia, *La Prensa*, fue cerrado por el régimen y la familia Chamorro debió exiliarse en México, donde Pedro comenzó a estudiar periodismo. Regresó a Nicaragua en 1948 y se convirtió en director de *La Prensa* después de la muerte de su padre en 1952.

Su constante oposición al gobierno dictatorial resultaba demasiado irritante y en 1954 fue detenido, torturado y condenado a prisión acusado de rebelión. En 1955 su condena fue conmutada por arresto domiciliario. Al año siguiente fue nuevamente encarcelado durante la sangrienta represión que siguió al asesinato de Tacho Somoza. Se lo acusó de complicidad en el asesinato, pero luego sólo fue acusado de rebelión y en 1957 fue enviado a San Carlos, una remota localidad en el norte del país. De allí huyó hacia Costa Rica con su esposa Violeta Barrios y en ese país organizó una expedición en 1959 para derrocar el gobierno de Luis Somoza Debayle. Descubierta la asonada, los miembros de la expedición fueron capturados y Chamorro fue llevado por tercera vez ante un tribunal militar, que lo condenó a nueve años de prisión por traición a la patria. Al ser liberado en 1969, retomó la dirección de *La Prensa* y desde allí continuó atacando al régimen, en ese momento encabezado por Anastasio Somoza Debayle.

Su diario se convirtió en la principal plataforma de oposición desde la que se ponía en evidencia la corrupción del régimen ante la opinión mundial. Durante este período, Chamorro y *La Prensa* fueron censurados constantemente.

Como si presintiera su prematura muerte, ya en 1975 Chamorro escribió una carta al presidente Somoza: "Estoy esperando con una conciencia tranquila, y paz en el alma, por el golpe que vas a asestar". Tres años más tarde, en enero de 1978, Chamorro era asesinado por pistoleros anónimos, quienes le dispararon con una escopeta desde un automóvil. Miles de personas acompañaron el féretro desde el hospital hasta el hogar de la familia Chamorro, turnándose para cargarlo.

Luego de este crimen aproximadamente unas 30.000 personas se amotinaron en las calles de Managua. Fueron incendiados automóviles y algunos edificios pertenecientes a la familia Somoza resultaron atacados. Se llamó a una huelga general. Fuera de la capital, varias ciudades se levantaron, particularmente en las áreas donde la Guardia Nacional se había ensañado dando muerte a granjeros y campesinos. Durante 1978, hubo siete ataques con ametralladoras y atentados con bombas contra el periódico *La Prensa*, que continuó trabajando bajo la dirección de la viuda de Chamorro, Violeta. Inexorablemente se acercaba el final de la dinastía de la familia Somoza, la Estirpe Sangrienta, como la había llamado Pedro Joaquín Chamorro. Para 1979 el derrumbe era inminente.

Huida y muerte de Tachito

Managua estaba ya en manos del Frente Sandinista de Liberación Nacional, salvo algunos reductos en los que se refugiaba lo que quedaba del gobierno de Somoza. Cuando la caída del gobierno era ya inevitable, buena parte de los jerarcas del régimen huyó a Miami. Otros funcionarios, militares de alta graduación, ministros de gabinete y legisladores se refugiaron en el Hotel Intercontinental, el único que, por su ubicación, ofrecía cierta protección ante el avance de la insurrección sandinista que se extendía por todo el país.

Un grupo de diputados y senadores se reunió en el Salón Rubén Darío del hotel poco después de la medianoche del 17 de julio. El dictador, refugiado en su fortaleza en La Loma de Tiscapa, a pocas cuadras de allí, había presentado la renuncia, aunque lo que quedaba del Congreso no llegaba a formar el quórum necesario para aceptarla o para elegir un sucesor constitucional. El documento, fechado el 16 de julio, estaba mal escrito a máquina, en mayúsculas, en una hoja de papel con sello presidencial.

Antes del amanecer, un helicóptero transportó a Tachito al aeropuerto Las Mercedes, en las afueras de Managua, donde lo esperaban tres aviones y algunos miembros de su séquito. En el compartimiento de equipajes de uno de los aviones, rodeados por un desordenado montón de maletas, había dos ataúdes de zinc con los restos de su padre, Anastasio Somoza García, y de su hermano mayor, Luis Somoza Debayle.

A último momento, ocho ruidosos papagayos de alegres colores, integrantes del zoológico particular del flamante ex dictador, fueron introducidos en su avión, un Lear Jet que despegó a las 5:10 de la mañana rumbo a Miami. Así terminaba la dinastía que había dominado el país durante 43 años.

Aterrizaron en la Homestead Air Force Base, en los Estados Unidos y de inmediato fueron conducidos a la imponente mansión que poseía el clan en Miami Beach. Unos minutos después sonó el teléfono. Era el subsecretario de Estado estadounidense Warren Christopher con un mensaje breve, claro y terminante: el presidente Jimmy Carter lo consideraba persona no grata.

Después de una breve estadía en Panamá, el ex dictador encontró refugio en el Paraguay, gobernado por otro veterano dictador, Alfredo Stroessner. No sería por mucho tiempo. El 18 de septiembre de 1980 un ataque con una bazuca y ametralladoras en las calles de Asunción iba a terminar con su vida.

El operativo fue llevado a cabo por un grupo de guerrilleros argentinos que había combatido en la lucha de los sandinistas contra la dictadura. El comando estaba dirigido por Enrique Gorriarán Merlo. Aunque al principio el gobierno revolucionario de Nicaragua lo negó, varios años después algunos ex funcionarios sandinistas reconocieron su participación en el hecho. La más completa reconstrucción del atentado es la realizada por la escritora nicaragüense Claribel Alegría y su marido, el diplomático norteamericano y también escritor, Darwin J. Flakoll, quienes después de extensas entrevistas con los guerrilleros involucrados publicaron el libro *Somoza: Expediente cerrado*, en 1993.

Los autores se dedicaron durante siete meses a recopilar los testimonios de "Ramón" (Enrique Gorriarán Merlo), "Julia", "Ana", "Susana", "Osvaldo" y "Armando". El séptimo integrante del comando guerrillero, Hugo Izurzún, "Capitán Santiago", había sido acribillado por la policía paraguaya en Asunción poco después del atentado.

El entrenamiento para el operativo lo realizaron en Colombia. La primera tarea fue la de localizar a Somoza en el Paraguay. Por los diarios y las revistas se enteraron de que en ese momento vivía en la Avenida Mariscal López, en Asunción, y que cada vez que se mostraba en público lo hacía en una limusina con chofer, seguida siempre por un Ford Falcon rojo con cuatro guardaespaldas adentro. Al tiempo se supo que Somoza había cambiado de domicilio. Para los primeros días de julio de 1980 ya lo habían ubicado en la Avenida España y pudieron establecer un sistema de vigilancia de la residencia, registrando los datos de los vehículos en los que se movía el dueño de casa. Tenía a su disposición dos limusinas Mercedes Benz (una blanca y otra azul), un Falcon rojo (para sus guardaespaldas) y un Cherokee Chief, de uso general.

Aquella avenida era muy transitada y no había sitios adecuados para la observación, por lo que al principio se vieron obligados a operar desde un supermercado y dos estaciones de servicio, más un recorrido a pie de 45 minutos de duración. Mientras un grupo establecía el cerco de vigilancia, otro se encargaba de trasladar las armas desde la frontera argentina a casas de seguridad utilizadas por los guerrilleros.

Después de 40 días de observación lograron ver a Somoza por casualidad el 22 de julio. Para facilitar el control decidieron comprar un kiosco de venta de revistas a 250 metros de la residencia del ex dictador. Allí, uno de los guerrilleros vendía revistas pornográficas a los policías, con quienes hizo amistad sin que sospecharan de él en absoluto. Pronto se planteó el principal problema de la operación: Somoza se movía sin seguir una rutina. Desde ese lugar pudieron advertir que uno de los pocos movimientos previsibles del objetivo era que siempre salía de su casa en uno de los Mercedes Benz y continuaba por la Avenida España sin doblar en la intersección donde estaban los semáforos.

Luego averiguaron que dos de las casas que estaban en ese trayecto estaban disponibles y alquilaron una de ellas con la estratagema de que era para el cantante Julio Iglesias, quien en su último disco había dedicado tres canciones al Paraguay. Lograron así establecer una base operativa por tres meses, al precio de 4500 dólares.

Cabe señalar que la Avenida España era lugar sumamente custodiado y peligroso. A 400 metros estaba el Estado Mayor del Ejército, a 300 la Embajada de los Estados Unidos. No lejos se alzaba la residencia de Stroessner, que tenía una fuerte custodia de seguridad permanente. "Tuvimos que cuidar mucho cada uno de nuestros movimientos para no despertar la más mínima sospecha", según explicó "Ramón" (Enrique Gorriarán Merlo) a Claribel Alegría y su marido.

Después de 21 días de ausencia, Somoza reapareció en su Mercedes Benz, escoltado, como siempre, por el Falcon rojo. Era el 10 de septiembre de 1980. Los guerrilleros entonces decidieron los últimos detalles: compraron una camioneta Chevrolet para la retirada. Para la mañana del 15 de septiembre, cada uno de los comandos estaba listo con sus respectivas armas: "Armando" con un Fal; "Ramón" con un rifle M-16 y 30 balas en el cargador, más una pistola Browning 9 milímetros. El arma del "Capitán Santiago" era un RPG-2, la bazuka.

Según relataron los irregulares al matrimonio Flakoll-Alegría, la señal de "Osvaldo" al ver la caravana de Somoza sería anunciar el color del auto en que vendría el dictador por el *walkie-talkie*. Luego, los demás tendrían 20 segundos para apostarse en sus respectivas posiciones.

La Hora Cero llegó. Pocos minutos después de las 10 de la mañana del 17 de septiembre de 1980, "Osvaldo" divisó la caravana desde el kiosco de revistas y transmitió la señal convenida.

–¡Blanco! ¡Blanco! –dijo.

El Mercedes lo manejaba Julio César Gallardo, antiguo chofer y guardaespaldas de Somoza. Atrás, junto al ex dictador iba Joseph Bainitin, su asesor norteamericano para asuntos económicos. De acuerdo al plan, "Ramón" se apostó con su M-16 en el jardín de la "casa de Julio Iglesias", mientras "Armando" salió con la camioneta Cherokee al borde de la acera, listo para interceptar la caravana. El blanco estaba a unos 100 metros, detenido por el semáforo en rojo, detrás de unos seis vehículos.

Cuando el semáforo dio luz verde, "Armando" calculó el tiempo para dejar pasar unos tres vehículos e interceptar al Mercedes, mientras "Ramón" esperaba para dar la señal de salir a "Santiago", con la bazuka. "Armando" irrumpió en la calle con la Cherokee haciendo frenar una Volkswagen Combi. El Mercedes se detuvo en forma abrupta. "Ramón" escuchó un ruido detrás de sí, se volvió y vio a "Santiago" luchando con la bazuka. Pensó que se había caído; giró sobre sus talones, levantó el M-16 a la altura del hombro y empezó a disparar. El plan inicial señalaba que "Santiago" dispararía la bazuka primero por si el Mercedes era blindado, pero se le atascó el proyectil y "Ramón" tuvo que abrir fuego. Al fallar el primer tiro de la bazuka, "Santiago" se arrodilló, sacó el proyectil defectuoso y la volvió a cargar, se puso de pie, tomó puntería de nuevo, pero no disparó.

Según el relato de los autores del libro, después de la primera ráfaga de M-16, "la limusina de Somoza con el chofer ya muerto, se había ido a la deriva hacia la casa operativa, deteniéndose junto a la cuneta, frente a Ramón, quien metódicamente seguía disparándole al asiento trasero. La limusina no era blindada y cada uno de los tiros entró a través de los cristales rotos de la ventanilla de atrás. Ramón estaba tan cerca del Mercedes que un proyectil de bazuka en ese momento lo hubiera matado".

Según "Ramón", en los siguientes instantes, la custodia de Somoza comenzó a disparar, hasta que le dio la señal a "Santiago"

122

para que disparara la bazuka. Eran las 10:35 de la mañana del 17 de septiembre de 1980

La explosión rompió la tranquilidad del barrio. El techo y una puerta delantera del Mercedes volaron en pedazos. "Pudimos ver el automóvil totalmente destrozado y la custodia escondida detrás de un murito de la casa de al lado. Ya no tiraban más", recordó "Ramón".

El vehículo quedó destrozado, parte del cadáver del chofer yacía en el pavimento a 30 metros, mientras los cuerpos de Somoza y su acompañante permanecían ensangrentados en el asiento de atrás.

Huyeron en la camioneta pero a pocas cuadras tuvieron que abandonarla, pues el motor se detuvo. Interceptaron un Mitsubishi-Lancer placa 61915 sobre la calle América, según relató su dueño Julio Eduardo Carbone, al periódico paraguayo *ABC*.

Cerca del cementerio de Asunción hicieron la primera parada para recoger un vehículo escondido y despistar a sus perseguidores. Allí se bajó "Santiago" (Hugo Irurzún), a la espera de "Osvaldo", quien llegaría a ese punto de reunión tras abandonar el puesto de revistas.

De acuerdo a los testimonios de los miembros del comando que quedaron con vida, los guerrilleros "Osvaldo" y "Santiago" se reunieron y viajaron juntos hasta Italramada, zona fronteriza del Paraguay, donde se despidieron. De ahí huyó "Osvaldo" en una lancha, rumbo a la Argentina. La segunda parada del Mitsubishi fue para dejar a Enrique Gorriarán Merlo a una cuadra de un hotel donde lo esperaba "Julia". En tanto "Susana" se encontró con "Armando" (Roberto Sánchez Nadal) en el estacionamiento de un centro comercial.

La radio comenzó a dar la noticia: "Le dispararon una bomba a un Mercedes". Quince minutos después estaba identificada la víctima: Anastasio Somoza Debayle. Mientras, los guerrilleros huían por caminos separados. Todos, menos el Capitán Santiago.

Cerca de las 10 de la noche del 18 de septiembre, la radio anunció que en el barrio Lambaré las autoridades paraguayas se habían enfrentado a tiros con "Santiago" y lo habían abatido de 15 disparos, en una casa de seguridad del comando guerrillero. Nadie ha logrado explicar por qué permaneció ahí durante la noche del día siguiente. Lo identificaron: Hugo Irurzún, del ERP. Había también un identikit bastante exacto de "Julia", pero la policía argentina se equivocó y la identificó como Silvia Mercedes Hodgers, una ex militante del ERP que vivía en México en ese momento.

Los identikits fueron publicados en los periódicos locales, ofreciendo una recompensa de cuatro millones de guaraníes a quien diera información sobre ellos, una importante cantidad para ese entonces.

"Susana" y "Armando" lograron atravesar la frontera con la Argentina. Más tarde, en forma accidental, se reunieron con "Osvaldo" en el mismo avión a Madrid, quien se sentó cuatro asientos adelante de ellos.

Mientras tanto, a "Julia" y "Ramón" les registraron el automóvil y tuvieron que pasar por tres retenes diferentes. Debieron quedarse en un poblado cercano hasta que la frontera con el Brasil fuera abierta semanas después. Por su parte, "Ana" también huyó al Brasil y luego se reunió en Madrid con los demás.

Armando y Susana murieron más tarde en el ataque dirigido por Gorriarán Merlo a un regimiento en La Tablada, Buenos Aires (Argentina). Sobreviven Ana, Julia y Osvaldo, ocultos en algún lugar del continente americano. Enrique Gorriarán Merlo fue condenado a prisión perpetua en la Argentina por su participación en los hechos de La Tablada y luego indultado.

La herencia

Desde el 19 de septiembre de 1980, los diarios paraguayos comenzaron a informar de la inminente batalla legal por la herencia de Somoza. Por un lado la última amante de Tachito, Dinorah Sampson, y por otro los hijos del ex dictador. Somoza había comprado más de 16.000 hectáreas de tierras en Paraguay, hacía negocios en ese país por medio de la sociedad anónima "Inversora Paraguaya S.R.L." y tenía bienes transferidos a dos compañías: el Gran

Caimán y Spectre Limited, con sede en Las Bahamas. Su capital se calculaba entonces en unos 80 millones de dólares. Somoza tenía planeado iniciar el cultivo del algodón en Paraguay, usando un sistema de irrigación artificial.

1961: Rafael Trujillo,
dictador de la República Dominicana

Al igual que la de los otros tres países hispanoparlantes del Caribe, la historia de la República Dominicana transcurrió entre ciclones y terremotos. Y desde finales del siglo XIX, la política exterior de los Estados Unidos no ha sido para nada ajena a dichas turbulencias.

En la paradisíaca isla caribeña de La Española conviven dos países, Haití y la República Dominicana, primera playa del nuevo mundo que Cristóbal Colón pisó cuando por error creyó haber llegado a las Indias Orientales. Pronto fue dominada por los europeos, quienes debido tanto a las enfermedades que traían en su sangre como a la sed de conquista que los guiaba, terminaron por aniquilar a la población nativa.

Después de que España, por el Tratado de Basilea de 1795, cediera la colonia de Santo Domingo a Francia, estos territorios fueron conquistados por los rebeldes haitianos al mando de Toussaint L'Ouverture, que a su vez fueron derrotados por los franceses. Después de varias revueltas y con la ayuda de un escuadrón inglés, los españoles volvieron a tomar Santo Domingo. Los cambios de dueño se sucedieron hasta que en 1844 los haitianos fueron derrotados y se estableció la república. El desorden interno fue tan grande que los españoles volvieron a hacerse cargo de la situación en 1861, desencadenando una severa oposición que redundó finalmente en una nueva retirada española cuando corría el año 1865.

Entre nuevos desórdenes y rebeliones, algunos dirigentes dominicanos comenzaron a negociar con los Estados Unidos un tratado de anexión, aprobado por los isleños, aunque jamás reconocido por el Senado de los Estados Unidos. La sucesión de innumerables presidentes fue interrumpida por la larga y cruel dictadura de Ulises Heureux, desde 1882 hasta 1899, que terminó con el asesinato del tirano, a lo que siguieron nuevas revueltas y cambios de gobierno.

Ya en el siglo xx, los capitales norteamericanos habían reemplazado a los europeos como principales inversores en el cultivo de azúcar, cacao y bananas, principales productos de la isla, por lo que la influencia del poderoso vecino continental se hizo cada vez mayor. Sin llegar a la intervención directa, las fuerzas militares de los Estados Unidos estaban allí para "proteger la seguridad de los ciudadanos estadounidenses" tanto como para impedir la llegada de buques de guerra de algunos gobiernos europeos que trataban de cobrar por la fuerza la deuda que el pequeño país mantenía con ellos.

Para 1904, la diplomacia estadounidense no disimulaba su creciente preocupación por la estabilidad de los países caribeños, sobre todo la de aquellos que, como la República Dominicana, se encontraban en las cercanías del futuro Canal de Panamá. Así pues, el gobierno de los Estados Unidos se ofreció para resolver la situación económica y financiera del pequeño país. El acuerdo firmado entre ambos gobiernos el 7 de febrero de 1905 dejó en manos de Washington la responsabilidad del pago de la deuda a cambio de la recaudación de las tasas aduaneras, que sería repartida entre el gobierno de Santo Domingo y el pago a los acreedores.

El principal beneficiario político de este arreglo fue el gobierno de ese momento, que quedaba así liberado de toda negociación y pago directo con las arcas del Estado a los acreedores. Espejismo que le hizo creer al presidente Ramón Cáceres que podía llevar a cabo algunas transformaciones por él tan ambicionadas. Pronto manifestó su intención de reformar la Constitución a fin de centralizar la administración, extender el período presidencial, nacionalizar las empresas de servicios públicos, etcétera.

De todos esos cambios, el proyecto de centralizar la administración era el que molestaba particularmente a los caciques políticos locales, puesto que sus ya acotados intereses dependían de la autonomía de los ayuntamientos. A esto había que sumar el descontento de los grupos nacionalistas por la irritante presencia estadounidense en las finanzas del país. La ilusión reformista terminó con el asesinato de Cáceres en las calles de Santo Domingo un día, mientras regresaba a su hogar.

Inmediatamente se desató la violencia y con ella volvió la inestabilidad política. El presidente William Taft envió una comisión en 1912 para mediar entre las partes en conflicto. La presencia de una pequeña fuerza de 750 infantes de Marina de los Estados Unidos pareció convencer a los dominicanos de la seriedad de las amenazas de Washington de intervenir directamente en el conflicto. Las partes aceptaron un gobierno neutral encabezado por un arzobispo católico. Carente de cintura política, el ingenuo prelado fue incapaz de serenar a los diferentes bandos y dejó el poder en marzo de 1913. Su sucesor no tuvo mejor suerte y recomenzaron las hostilidades. Washington volvió a intervenir como mediador. Las elecciones que siguieron a los frágiles acuerdos fueron manipuladas y la sombra de la guerra civil envolvió al país.

Una vez más el gobierno estadounidense, esta vez con Woodrow Wilson como presidente, se sintió obligado a hacer sentir su presencia. La opción era clara. O los dominicanos elegían de una vez por todas a su presidente, o los Estados Unidos les imponían uno. Otra vez elecciones y otra vez el desorden. Hasta que el gobierno de Washington se cansó de su papel de mediador en aquel conflicto sin fin y decidió tomar cartas en el asunto en forma tan directa como contundente.

No hacía mucho, una irrupción semejante había sido llevada a cabo por el gobierno norteamericano en Haití, y como los infantes de Marina ya estaban en la otra mitad de la isla, no les fue difícil amenazar al debilitado gobierno con un bombardeo a Santo Domingo. El contralmirante Harry S. Knapp se convirtió en gobernador militar.

A punta de bayoneta un precario orden se restauró, salvo en la parte oriental del país, y la economía fue reacomodada una vez más. Se realizaron grandes obras de infraestructura, como los caminos que unirían por primera vez todas las regiones de la república. También se creó una organización militar profesional, la Guar-

129

dia Policial Dominicana. Sin embargo, los isleños no estaban demasiado felices con este orden adquirido a costa de la soberanía nacional. La oposición a la ocupación norteamericana se alzó en las provincias orientales entre 1917 y 1921, obligando al ejército invasor a la lucha armada. La superioridad de los *marines* finalmente se hizo sentir y los guerrilleros fueron derrotados. Como lo muestra la historia, muchas batallas ganadas en el campo se transformaron en derrotas internas. La opinión pública en los Estados Unidos se volvió contra la ocupación y en junio de 1921 comenzó el proceso de retirada, hasta que se hizo efectiva el 13 de julio de 1924.

Aunque el poder volvió a manos dominicanas, la situación no mejoró. Los años de ocupación habían impedido la formación de políticos capaces de gobernar y pronto el país quedó otra vez en manos de caudillos y grupos ávidos de poder. A finales de 1929 el país era un hervidero de protestas debido al deterioro del efímero gobierno del presidente Vázquez. El enriquecimiento ilícito y la corrupción administrativa eran moneda corriente y, aunque el oficialismo iba perdiendo el control de la situación, Vázquez aspiraba a la reelección.

Golpe de Estado

Al amparo de la mano amiga que tendía la Legación de los Estados Unidos se produjo en la importante ciudad de Santiago un movimiento cívico militar para derrocar al gobierno. El ala civil estaba representada por el licenciado Rafael Estrella Ureña y por los militares actuaba el general de brigada Rafael Leonidas Trujillo Molina, jefe del Ejército Nacional, nuevo nombre de la Guardia creada por los estadounidenses.

Los rebeldes tomaron la fortaleza de Santiago para luego dirigirse a Santo Domingo. Vázquez, que ignoraba quiénes eran sus enemigos, llamó a Trujillo para enfrentar la situación. El jefe del Ejército se excusó alegando encontrarse enfermo, sin dejar en todo momento de manifestar su adhesión a la autoridad. El Presidente nombró al coronel José Alfonseca para dirigir las acciones militares, oficial que al parecer no se encolumnaba detrás de Trujillo, quien de inmediato lo reemplazó con Simón Díaz, al que le impartió precisas instrucciones para entenderse con los insurrectos.

Pocos días después de esta comedia de engaños, el 26 de febrero de 1930, las tropas rebeldes entraron sin luchar a la ciudad capital, gritando consignas a favor de Estrella Ureña y del general Trujillo.

En la sede de la legación norteamericana se reunieron leales e insurrectos, y luego de cumplir con algunos requisitos constitucionales, fue anunciada la renuncia del presidente Vázquez y la formación de un nuevo gobierno encabezado por Rafael Estrella Ureña, aunque el verdadero dueño de la situación era Trujillo, cuyos hombres de confianza ocuparon los puestos clave.

Su vida

Rafael Leonidas Trujillo nació en San Cristóbal el 24 de octubre de 1891. Fueron sus padres José Trujillo Valdez, pequeño comerciante descendiente de un sargento (posiblemente de origen canario), del cuerpo de Sanidad Militar del ejército español que llegó al país en 1861, y Altagracia Julia Molina, hija de Pedro Molina, campesino dominicano, y de Luisa Ercina Chevalier, hija a su vez de un oficial haitiano de los tiempos de la ocupación de 1822.

La de Trujillo no fue una infancia diferente de la de cualquier niño de esa época. Monaguillo en la iglesia de San Cristóbal, quienes lo conocieron en esa época recuerdan que era zurdo y el encargado de dar los repiques de campana. Su instrucción elemental fue irregular y bastante limitada. Se dice que fue un estudiante "normal y atento" y sus profesores opinaban que era inteligente, llamando poderosamente la atención que su principal interés, manifestado de manera casi obsesiva, era lucir aseado y reluciente. Apenas llegó al quinto grado de educación básica, lo que de todas maneras no le impidió desarrollar una fuerte personalidad con pasta de líder y don de mando. En la adolescencia mostró una sexualidad bien marcada que dirigía de manera manifiesta a cuanta mujer se cruzara en su entorno.

Una figura importante en la vida de Trujillo fue su abuela materna, Luisa Ercina Chevalier, una mulata de origen haitiano y, por tanto, la responsable inmediata de que por las venas de sus nietos corriese una ligera proporción de sangre africana. Esa herencia, que obsesionaría al dictador durante toda su vida, no sería ajena a su pasión casi enfermiza por el aseo y la limpieza, que lo llevaba a usar muchas cremas para disimular su tez ligeramente morena.

Al cumplir los 16 años un tío materno suyo, Plinio Pina Chevalier, le consiguió un empleo de telegrafista con un sueldo de 25 dólares al mes. Entre 1910 y 1916 parece que, junto a uno de sus hermanos, se dedicó al robo de ganado. También fue condenado por la falsificación de un cheque o pagaré, por lo cual se le impuso una multa y pena de cárcel. También se lo vinculó a la desaparición de cierta suma de dinero en la oficina postal de Santo Domingo.

En 1913, a los 21 años, se casó con Aminta Ledesma, una campesina de San Cristóbal. Los padres de la joven, pobres y sin prestigio social, consintieron de mala gana el matrimonio de su hija con aquel mozo de cuestionada reputación, ya que la joven estaba embarazada de quien sería la primera hija de Rafael, a quien llamaron Flor de Oro, el mismo nombre de la heroica Anacaona que dio su vida en la lucha contra el invasor español. Flor de Oro sería años más tarde el primero de los trofeos del playboy y cazafortunas Porfirio Rubirosa.

Para 1916 el futuro dictador ya formaba parte de una pandilla de maleantes conocida como "La 44". Esta banda asaltaba las bodegas y almacenes que abastecían a los trabajadores en los ingenios azucareros, practicaba el chantaje y todo tipo de violencia. De todas maneras, sólo iba a encontrar su destino en 1918, cuando se incorporó a la Guardia Policial dirigida por los estadounidenses, en una época en que las clases altas dominicanas se negaban a colaborar con la fuerza invasora. Sin identificarse con los escrúpulos tibiamente antiimperialistas de los sectores tradicionales, ascendió rápidamente al tiempo que tejía una red de aliados y seguidores.

En 1921 fue enviado a la escuela de oficiales y al poco tiempo de terminar sus cursos alcanzó el grado de capitán, trampolín para una carrera impresionante. Capitán en 1922, capitán e inspector del primer Distrito en 1923, comandante mayor en 1924, teniente coronel y jefe de Estado Mayor de la policía nacional en 1924 y finalmente coronel y comandante de la policía en 1925. En 1927 la policía se transformó en Ejército Nacional y Trujillo recibió el grado de general de Brigada. Al triunfar en las elecciones que siguieron al retiro de las tropas norteamericanas en 1924, Horacio Vazquez le solicitó a Trujillo que permaneciera al frente del Ejército. El 6 de diciembre de ese mismo año el Presidente lo ascendió y lo nombró Jefe del Estado Mayor.

Para esa época se divorció de su esposa Aminta Ledesma, quien obtuvo la custodia de su hija Flor de Oro y una pensión de 100 pesos mensuales para la manutención de esta. En 1925 volvió a casarse, esta vez con Bienvenida Ricardo, joven perteneciente a una destacada familia de Monte Cristy, lo que no impidió que continuara con sus amoríos extramaritales. El matrimonio cayó en una severa crisis al enamorarse Trujillo de la que sería su tercera y última esposa, María Martínez, perteneciente a una familia respetada aunque sin una elevada alcurnia en la escala social.

La era Trujillo

Después de consolidar tanto militar como política y económicamente una base de poder sin llamar demasiado la atención, en 1930 Trujillo estaba listo para tomar las riendas del país. El arreglo entre Estrella y el jefe del ejército parece que incluía la candidatura de Trujillo a la presidencia en las próximas elecciones. Sea como fuere, pronto fue obvio que él sería el único candidato que el ejército iba a autorizar. Con intimidaciones y la eliminación de los postulantes opositores, el país quedó como hipnotizado cuando el nuevo dictador anunció su triunfo electoral con el 95% de los votos.

Asumió el poder en agosto de 1930, y de acuerdo a un expreso pedido suyo, el Congreso aprobó una proclama que anunciaba el comienzo de "la Era de Trujillo". Se dedicó a gobernar el país como si fuera un señor feudal. Fue presidente desde 1930 hasta 1938 y desde 1942 hasta 1952. Y en los períodos en que no fue presidente, el poder absoluto siguió estando en sus manos, dejando los asuntos ceremoniales de Estado en manos de presidentes títeres como su hermano Héctor Bienvenido Trujillo, que ocupó el Palacio Nacional desde 1952 hasta 1960, y Joaquín Balaguer, que fue presidente nominal entre 1960 y 1961.

Trujillo actuó como lo hacían los viejos caudillos del siglo XIX, aunque fue más eficiente, más rapaz y más implacable que ellos. Creó una policía secreta (el SIM, Servicio de Inteligencia Militar), que controlaba, y en algunos casos eliminaba, a los opositores, tanto dentro como fuera del país. También la usó para controlar a la prensa, sobornar a los empresarios y crear un clima de miedo en un país donde el disenso resultaba además de poco recomendable, peligroso.

Su principal apoyo eran los militares, que recibieron una paga generosa y muchos privilegios durante su gobierno. Las herramientas que usó para mantener el control sobre el cuerpo de oficiales oscilaban entre el miedo, el paternalismo y la constante rotación de los destinos militares. Los otros principales beneficiarios de la dictadura, además de él mismo y su familia, fueron quienes se asociaron con el régimen no sólo en lo político, sino también en lo económico. El establecimiento de monopolios estatales en las principales actividades productivas y financieras del país proporcionó a los Trujillo y sus compinches grandes riquezas, obtenidas tanto por medio de la manipulación de precios e inventarios como la lisa y llana incautación de fondos. Millones de dólares generados en la República Dominicana fueron usados para dar lujosas fiestas cuando no se transferían para ser celosamente acumulados en cuentas de bancos extranjeros.

Abrió las puertas de la economía a empresarios e inversores norteamericanos y mantuvo una política de apoyo a la posición internacional de los Estados Unidos. Aunque a muchos estadounidenses no les gustaba el dictador dominicano por su política de mano dura, después de la Segunda Guerra Mundial no pocos políticos de los tiempos de la Guerra Fría apoyaron a Trujillo como un baluarte anticomunista latinoamericano. Se le atribuye al secretario de Estado Cordell Hull una frase referida a Trujillo que seguramente jamás pronunció, pero que sintetiza esta actitud: "Será un hijo de p..., pero es nuestro hijo de p...". Valga recordar que esas mismas palabras le fueron atribuidas al presidente Franklin D. Roosevelt para referirse al dictador nicaragüense, Anastasio Somoza.

En general, el nivel de vida mejoró en esta época. Aunque la pobreza distaba de extinguirse, la expansión de la economía, la desaparición de la deuda externa y la estabilidad de la moneda, hicieron que la beneficiaria de la nueva situación fuera la clase media. Se realizaron obras públicas que mejoraron la red caminera y los puertos. También se construyeron aeropuertos y edificios públicos, aumentó la educación pública y disminuyó el analfabetismo. Aunque todo esto, y mucho más, pudo haber sido realizado por un gobierno democrático, para los dominicanos, quienes por primera vez veían algo semejante, los resultados de la Era de Trujillo resultaron sorprendentes. Artificial o auténtica, tal suerte de consenso y popularidad jamás fue puesta a prueba en elecciones libres, a tal grado que los historiadores conjeturan que es muy posible que en varios momentos de su largo reinado el dictador hubiera obtenido la mayoría del voto popular.

Dio forma a su dictadura siguiendo el modelo fascista proporcionado por Francisco Franco en España, a quien mucho admiraba. La capital dominicana, Santo Domingo, fue rebautizada como Ciudad Trujillo en cuyas calles y avenidas podían verse carteles luminosos que decían "Dios y Trujillo". En última instancia, el dictador no era un hombre de preocuparse demasiado por las ideologías, sólo le bastaba con ejercer el poder desorbitado que le brindaba el control absoluto de los recursos de la nación.

Su actitud respecto del marxismo fue más bien de una coexistencia pacífica hasta 1947, cuando los vientos de la Guerra Fría que venían de Washington lo llevaron a aplastar y poner fuera de la ley al Partido Comunista Dominicano. Lo principal para él era mantener su poder personal, y esa era la única consigna que guiaba sus acciones.

A lo largo del régimen de Trujillo todo vestigio de libertad fue eliminado. En 1955 esto se hizo tan extremo que cualquier desacuerdo era un delito. Su dominio sobre el conjunto de los aspectos económicos, militares, políticos y sociales de la vida dominicana llegó a límites que rozaban el absurdo, hasta abarcar al lenguaje coloquial mismo. Por ejemplo, se sabía que uno de sus apodos era "Chapita", algunos dicen que por su afición infantil de coleccionar tapas de envases de bebidas gaseosas, aunque otra versión asegura que el apodo se lo había ganado por su exhibicionista pasión por lucir vistosas condecoraciones en la pechera de los uniformes. El hecho fue que como el sobrenombre le desagradaba, cuando se hizo dueño del poder ordenó que esa palabra fuera eliminada del idioma.

Uno de los primeros actos de barbarie de la dictadura fue el asesinato en Santiago, el 1º de junio de 1930, de Virgilio Martínez Reyna y de su esposa. Prominente hombre de gran reputación, que había sido el principal lugarteniente del vicepresidente José Dolores Alfonseca, Martínez Reyna cometió el desatino de haberle aconsejado a este que se librara de Trujillo. El poderoso dictador se enteró y decidió eliminarlo. Un grupo de asesinos llegó a la residencia del prestigioso político y tras acribillarlo a balazos, lo acuchillaron y mutilaron con sus machetes. Mientras cometían el crimen, su esposa, que estaba embarazada, entró en la habitación y recibió dos balazos en el vientre. Quedó así claro cuál sería la manera en que se iba a tratar a los opositores del nuevo gobernante, que habría de mantener el poder durante 31 años.

El régimen monopolizó la actividad partidista con la creación, desde sus comienzos, de su propio partido, que fue conocido como el Partido Dominicano. Su misión no era otra que satisfacer los deseos de Trujillo. La exaltación de su personalidad fue uno de sus aspectos fundamentales, junto a la justificación histórica de su llegada al poder político. Se utilizó ampliamente la figura del anticomunismo para agredir a los opositores del régimen y así se procuraba esgrimir una excusa a fin de reanudar las persecuciones políticas. Valiéndose de toda clase de artimañas, principalmente el temor, obtuvo la complicidad de numerosos intelectuales. Así fue como desapareció la producción literaria contraria al régimen. Todo estaba controlado y el mensaje ideológico que recibía el pueblo a través de los medios, en las escuelas y hasta en las iglesias, era una exculpación del régimen y una exaltación de la personalidad de Trujillo que pronto se hizo otorgar oficialmente epítetos oficiales como "Benefactor de la Patria Nueva". Acumuló durante su casi eterno mandato un sinfín de títulos y honores, a cual más pintoresco: Primer Médico de la República, Primer Anticomunista de América, Primer Maestro de la República, Primer Periodista de la República, Genio de la Paz, Protector de todos los Obreros, Héroe del Trabajo, Restaurador de la Independencia Financiera del país, Salvador de la Patria; además de los tradicionales Generalísimo Invicto de los Ejércitos Dominicanos y Benefactor de la Patria, y Padre de la Patria Nueva.

También se le otorgaron títulos en el extranjero, algunos concedidos por países de intachable tradición democrática y otros no tanto (Italia, Francia, Holanda, Argentina, México, Líbano, Marruecos, Vaticano, Ecuador, España, Haití y otros): la Gran Cruz Nacional de la Legión de Honor, de Francia; el Gran Cordón de la Orden de Isabel la Católica y la Gran Cruz de la Orden de Carlos III, ambos de España, impuestos por Franco a Trujillo durante su visita al país en el verano de 1954 (estos títulos siempre fueron sus preferidos); o la Gran Cruz de la Orden Honor y Mérito, de Haití (paradojas de la vida política caribeña). Trujillo sería incluso propuesto por su legión de aduladores como candidato para el Premio Nobel de la Paz en 1936.

A partir de 1954 las relaciones con los Estados Unidos comenzaron a deteriorarse cuando muchos de los norteamericanos que habían apoyado la dictadura ya habían desaparecido del escenario político. Los cuestionamientos hacían hincapié en los excesos tales como el secuestro seguido de asesinato de Jesús de Galíndez y otros opositores como Octavio de la Maza o, en junio de 1960, el atentado contra Rómulo Betancourt. En esta última etapa del régimen se destaca de manera especial la muerte, el 25 de noviembre de 1960, de las hermanas Patria, Minerva y María Teresa Mirabal Reyes, asesinadas en compañía de su chofer Rufino de la Cruz Disla cuando regresaban de visitar a sus esposos, encarcelados por razones políticas en Puerto Plata. La atmósfera en el país era prácticamente irrespirable.

Finalmente, la noche del 30 de mayo de 1961, Trujillo fue ultimado a balazos en la avenida George Washington, víctima de una emboscada integrada por dominicanos, de alguna manera ayudados por la CIA.

La oposición

Si bien el culto a Trujillo era fuerte, la multitud de los que odiaban al "Jefe", como todos lo llamaban, crecía al ritmo de las fanfarronadas e inequidades de la familia que gobernaba al país con poder absoluto. La primera oposición organizada se desarrolló a fines de la década de 1940. Exiliados dominicanos llegaron volando en catorce hidroplanos a la República Dominicana a mediados de 1949 con la esperanza de derrocarlo. La Invasión Luperión, como se la llamó, fue rápidamente aplastada por el ejército y la fuerza aérea de Trujillo.

Durante la década de 1950, pequeños grupos de jóvenes formaron organizaciones clandestinas dedicadas a derrocar el régimen de Trujillo. Algunos de los rebeldes provenían de las clases pobres, aquellas que más padecieron las penurias económicas de la dictadura, pero no las únicas, ya que también había jóvenes educados y de buena posición, avergonzados por la pasiva sumisión de sus padres a los dictados del déspota. Estudiantes, profesionales, empresarios, campesinos y hasta seminaristas se reunían en células de entre ocho y diez miembros. Dentro de los diversos agrupamientos antitrujillistas había también elementos de izquierda que se inspiraban en la revolución que se estaba produciendo en Cuba contra la dictadura de Fulgencio Batista. Cuando Fidel Castro tomó el poder en 1959, muchos exiliados dominicanos buscaron la ayuda del gobierno revolucionario de La Habana. Esta se concretó en una invasión a la República Dominicana desde Cuba el 14 de junio de

1959. Intento que tuvo el mismo triste final que la invasión Luperion diez años antes. Fueron rápidamente derrotados por la fuerza aérea dominicana, que los interceptaba a medida que iban tocando las playas. Los invasores sobrevivientes fueron atrapados por los militares de Trujillo, quienes los torturaron y asesinaron en una base militar cercana.

El fracaso de esta invasión no terminó con la oposición. El Movimiento 14 de Junio continuó expandiéndose. Pequeñas células trabajaban dentro del país y en el exterior los exiliados buscaban el apoyo del presidente liberal de Venezuela, Rómulo Betancourt.

En enero de 1960 los rebeldes planearon un nuevo intento para derrocar a Trujillo. Los conspiradores esperaban asesinar al dictador el 21 de enero, durante la feria ganadera a la que asistía todos los años. Sin embargo, un día antes del día fijado para el asesinato la SIM arrestó a muchos dominicanos relacionados con el Movimiento 14 de Junio. Cientos de ellos fueron detenidos, torturados y arrojados a prisión. Entre ellos había cinco sacerdotes católicos acusados de conspiración y fabricación de bombas para el movimiento en contra el dictador. Tres de los sacerdotes fueron deportados, lo que motivó una inmediata protesta de la Iglesia Católica que prontamente envió una carta pastoral al dictador exigiéndole que detuviera de inmediato los "excesos, secara las lágrimas y curara las heridas". La alguna vez favorable Iglesia Católica le exigía claramente al régimen, por primera vez después de 30 años, respeto por los derechos humanos.

Política exterior

Si bien las conspiraciones, reales e imaginarias, contra su régimen lo preocuparon durante todo el tiempo en el que estuvo en el poder, fue su política exterior desaforada lo que provocó la ira de otros gobiernos y lo llevó directamente al abismo. Paradójicamente, su acción más odiosa en este terreno fue la que menos le costó en términos de influencia y apoyo. En octubre de 1937 ordenó la matanza de haitianos que vivían en la República Dominicana co-

139

mo venganza por el descubrimiento y ejecución por parte del gobierno vecino de sus más valiosos agentes secretos en ese país. El ejército dominicano asesinó a unas 20.000 personas, en su mayor parte hombres desarmados, mujeres y niños, sobre todo en las zonas fronterizas, aunque también en Cibao occidental.

Las noticias de estas atrocidades se filtraron de a poco fuera del país y cuando llegaron a oídos de la administración norteamericana de Franklin D. Roosevelt, hasta entonces con una actitud amistosa, el secretario de Estado Cordell Hull exigió una negociación con mediación internacional para un arreglo y el pago de una indemnización. Finalmente Trujillo aceptó, dado que entre idas y vueltas las reparaciones arribaron a la cifra absurdamente baja de 750.000 dólares, que más tarde fue reducida a 525.000 por un segundo acuerdo entre ambos gobiernos.

Aunque dañó su imagen internacional, el asunto no derivó en esfuerzos directos por parte de los Estados Unidos o de otros países para obligarlo a abandonar el poder. Tampoco se realizaron esfuerzos especiales destinados a sostenerlo, razón por la cual en los años siguientes el régimen de Trujillo fue quedando cada vez más aislado.

Indiferencia, principalmente norteamericana, que alimentó la paranoia del dictador, que comenzó a defenderse atacando, a huir hacia adelante, en fin, a intensificar su intervencionismo externo. En el caso de la Cuba de Fidel Castro, que ayudó a un pequeño grupo de disidentes en un fallido intento de invasión en 1959, Trujillo tenía razones para desconfiar. Sin embargo, se mostró más preocupado por el presidente de Venezuela, Rómulo Betancourt, que gobernó entre 1959 y 1964. Este era un abierto oponente del dictador y estaba en contacto con algunos dominicanos opositores que alguna vez habían conspirado contra Trujillo. Esto lo llevó a desarrollar un odio personal obsesivo por Betancourt y apoyó varias conspiraciones de exiliados venezolanos para derrocarlo. Semejante actitud obligó al gobierno de Bogotá a llevar su caso contra Trujillo hasta la Organización de Estados Americanos (OEA). Trujillo se enfureció de tal manera que ordenó a sus agentes secretos que asesinaran al presidente venezolano.

El intento del 24 de junio de 1960 alcanzó a herir, sin matarlo, al presidente Betancourt, alzando la opinión pública mundial contra el dictador dominicano. Los miembros de la OEA manifestaron su desagrado votando unánimemente en favor de la interrupción de las relaciones diplomáticas y la imposición de sanciones económicas contra la República Dominicana.

El escándalo Betancourt actualizó el proceso de revisión que el gobierno de Eisenhower venía desarrollando respecto del gobierno dominicano. Washington había tolerado durante mucho tiempo a Trujillo como un punto fuerte de estabilidad en el Caribe. Para otros, sin embargo, Trujillo era igual a Fulgencio Batista, el dictador derrocado por Castro en 1959, es decir, un tirano que podía ser eliminado por fuerzas radicalizadas y, potencialmente, favorecer el crecimiento de las organizaciones pro comunistas.

La opinión pública en los Estados Unidos asimismo comenzó a inclinarse en contra de la dictadura dominicana. En agosto de 1960, la embajada norteamericana en Santo Domingo fue reducida a nivel consular. Algunos historiadores y estudiosos del período aseguran que Eisenhower también le pidió al Grupo Especial del Consejo Nacional de Seguridad (el organismo encargado de la aprobación de las operaciones encubiertas) que considerara la iniciación de operaciones destinadas a derrocar a Trujillo.

No eran pocos los que en la administración norteamericana temían que esa mano de hierro estuviera llevando a la radicalización de la oposición. Lo peor que podía ocurrir era que los rebeldes de ese país siguieran el modelo revolucionario de la Cuba de Fidel Castro. De modo que los agentes de la CIA se pusieron en contacto con los otrora leales trujillistas que conspiraban para asesinar al dictador.

La CIA no quiso aparecer involucrada con los complotados, pero secretamente proporcionó las armas para llevar cabo el atentado y prometió el apoyo de los Estados Unidos para el nuevo régimen, una vez que el dictador estuviera muerto.

El asesinato

La noche del martes 30 de mayo de 1961, Trujillo subió en su flamante Chevrolet Bel Air de color azul, modelo 1957, que conducía su chofer de confianza, Zacarías de la Cruz. No llevaba escolta por decisión personal (en noviembre de 1960 había ordenado que se cancelara la vigilancia del *SIM*), plenamente convencido de que ninguna escolta era capaz de desafiar lo que le deparara el destino. Al igual que otras muchas noches, el dictador emprendía viaje rumbo a San Cristóbal, donde tenía una casa de campo llamada La Caoba. En aquel lugar, así bautizado porque estaba construido totalmente de esa madera preciosa, la preferida del presidente, Trujillo descansaba después de sus largas jornadas de trabajo; allí recibía también a sus amigos íntimos y disfrutaba de sus frecuentes citas amorosas.

Eran las diez menos cuarto cuando en la Avenida Washington, rumbo a la carretera a San Cristóbal, un Chevrolet negro se acercó al vehículo en el que viajaba Trujillo y sus ocupantes descargaron varias ráfagas de disparos, muchos de los cuales impactaron de lleno en el cuerpo del dictador que, aunque respondió con fiereza al ataque, murió a los pocos minutos. Su chofer resultó gravemente herido.

Detrás de ese atentado estaban varios militares dominicanos (entre ellos, el jefe del ejército José René Román, que estaba casado con una sobrina de Trujillo) descontentos con el devenir del régimen, pero también, y principalmente, la CIA, que hacía ya varios años había perdido la confianza en el hombre que durante tanto tiempo les hizo el "trabajo sucio" en el Caribe.

El cadáver acribillado del dictador fue hallado a las cinco de la madrugada del miércoles 31 de mayo dentro del baúl de un automóvil. Rafael Leónidas Trujillo dejaba nueve hijos, cinco de ellos nacidos de sus tres sucesivas esposas oficiales (Aminta Ledesma, Bienvenida Ricardo y María Martínez Alba), y cuatro, de sus amantes favoritas (Lina Lovatón, Elsa Julia, Norma Meinardo y Mony Sánchez).

Sin embargo, el intento de golpe de Estado no tuvo éxito. Los asesinos debieron esconderse mientras Ramfi Trujillo, el hijo del dictador, tomaba el control de la República Dominicana al día siguiente. En el curso de apenas un mes, casi todos los asesinos fueron detenidos junto con sus familias. Todos fueron torturados y varios se suicidaron. En octubre comenzaron las revueltas callejeras en Ciudad Trujillo y los obreros fueron a una huelga promovida por la opositora Unión Cívica Nacional.

El 18 de noviembre de 1961 los seis restantes asesinos fueron llevados a la hacienda de Ramfi Trujillo, donde fueron fusilados y arrojados al mar como alimento para los tiburones. Al día siguiente, Ramfi abandonó la República Dominicana protegido por el ejército de los Estados Unidos mientras la flota norteamericana del Atlántico atracaba en el puerto de Santo Domingo.

La muerte de Trujillo y el exilio de su hijo no restauraron la democracia en la República Dominicana. Los militares seguían teniendo un fuerte control sobre el gobierno dominicano, como lo demostraron cuatro golpes de Estado en menos de tres años. La guerra civil se desató entre las diferentes facciones dominicanas y el 28 de abril de 1965 los *marines* de los Estados Unidos desembarcaron una vez más en Santo Domingo para tomar el control del país.

El complot de la CIA

Si bien no faltaron las habituales negativas en Washington, este es uno de los más documentados complots de la CIA para un asesinato, según la Comisión Church del Senado de los Estados Unidos, de 1975.

Tanto la administración de Dwight Eisenhower como la de John Fitzgerald Kennedy alentaron a los opositores a que derrocaran el régimen dominicano. Con ese objetivo ambas administraciones aprobaron o aceptaron que se proveyera de armas a los disidentes. Si bien no hay pruebas de que los Estados Unidos instigaran el asesinato, hay indicios que relacionan a funcionarios norteamericanos con los planes del atentado.

A lo largo del otoño boreal de 1960 se realizaron esfuerzos diplomáticos y económicos dirigidos a presionar a Trujillo para que abandonara el poder y, en el mejor de los casos, abandonara el país. Como era de esperar, ninguna gestión dio resultado.

Un memo interno de la CIA del 3 de octubre de 1960, titulado "Planes de la oposición interna dominicana y mesa dominicana para el derrocamiento del gobierno de Trujillo" proponía planes "desarrollados tentativamente... para ser llevados a cabo en secreto por la CIA con un mínimo riesgo de exposición". Estos planes incluían, entre otras cosas, la entrega de rifles y pistolas así como de municiones y granadas. También se entregarían a los opositores detonadores electrónicos con control remoto destinados a atentados de demolición. Esta operación requeriría el ingreso ilegal al país de un técnico para armar la bomba y el detonador.

El 29 de diciembre de 1960, el Grupo Especial del Consejo Nacional de Seguridad analizó y aprobó un amplio plan de apoyo encubierto a las fuerzas antitrujillistas, tanto a aquellas en el exilio como a las que operaban en el país. Según los registros de lo tratado en la reunión plenaria del Grupo Especial el 12 de enero de 1961, el Departamento de Estado estaba de acuerdo en entregar "un número limitado de armas pequeñas y otro material" a los opositores", lo cual podía ser "administrado sin riesgos por la CIA". El grupo aprobó el proyecto. Una semana más tarde, el 19 de enero de 1961, último día de la administración Eisenhower, el cónsul general Dearborn recibió un mensaje en que se le comunicaba la aprobación para la entrega de armas y otro material a los opositores dominicanos.

John F. Kennedy asumió el 20 de enero de 1961. Todos los miembros del Grupo Especial, menos Allen Dulles, se retiraron. Antes del fiasco de la invasión de la Bahía de Cochinos el 17 de abril de 1961 ocurrieron varios hechos significativos: encuentros en Nueva York de agentes de la CIA con los opositores dominicanos entre el 10 y el 15 de febrero, en los que se analizaron planes concretos para el asesinato, pedidos de explosivos, la participación de funcionarios norteamericanos en la entrega de pistolas y carabinas dentro de la República Dominicana. En esas reuniones los opositores también propusieron otros métodos de asesinato, como envenenarle la comida o los medicamentos que solía ingerir, así como emboscadas para cuando viajara en su automóvil a fin de atacarlo con granadas y armas de fuego, sistema por lo visto finalmente privilegiado. Según los memos de la CIA en los que se registraron esas reuniones, también se habló de usar una poderosa bomba. El 13 de marzo un opositor dominicano pidió granadas especiales para ser usadas "la semana que viene, aproximadamente". Este pedido fue transmitido al cuartel general de la CIA el 14 y al día siguiente se envió un detalle de lo requerido. En reuniones posteriores y en intercambios de cables entre Dearborn, la CIA y el Departamento de Estado también se consideró enviar las armas por valija diplomática.

Un memo enviado al presidente Kennedy el 15 de mayo de 1961 por el secretario de Estado Dean Rusk en respuesta a un requerimiento referido al avance de los planes para un traspaso ordenado del poder en cuanto "Trujillo caiga", dice: "Nuestros representantes en la República Dominicana han establecido contacto, corriendo considerables riesgos, con los jefes opositores en la clandestinidad [...] y la CIA ha sido recientemente autorizada para organizar la entrega a la oposición en un lugar fuera de la república de armas pequeñas y equipo para sabotaje".

Después del fiasco de la invasión a la Bahía de los Cochinos, funcionarios del Departamento de Estado y de la CIA en Santo Domingo trataron de disuadir a los opositores de un intento de asesinato precipitado. El temor de la CIA se refería a las dudas en cuanto al modo de llenar el vacío de poder que generaría la muerte de Trujillo.

El día anterior al asesinato, Dearborn recibió un cable con instrucciones y orientación del presidente Kennedy. El cable señalaba que los Estados Unidos no podían correr el riesgo de ser relacionados con un asesinato político, lo cual se consideraba una política general de gobierno. El cable recomendaba además a Dearborn que mantuviera vigentes los ofrecimientos de ayuda material a los opositores y les confirmara el apoyo de los Estados Unidos en caso de que tuvieran éxito en derrocar a Trujillo.

Durante un tiempo circuló por el Departamento de Estado un

documento fechado el 13 de mayo titulado "Programa de acción encubierta para la República Dominicana". En él se decía: "La CIA tiene directamente bajo su custodia en las oficinas en Ciudad Trujillo una muy limitada cantidad de armas y granadas. En respuesta a los urgentes pedidos de los jefes de la oposición interna de armas de defensa personal en relación con sus proyectos dirigidos a neutralizar a Trujillo, se han entregado por medios seguros a la oposición tres revólveres calibre 38 y tres carabinas con su correspondiente munición. Quienes las recibieron han pedido en numerosas oportunidades más apoyo en forma de armas". Este documento es la primera prueba directa de que en la Casa Blanca alguien sabía que se habían entregado armas a los opositores dominicanos.

Epílogo

Apenas muerto Trujillo el caos no tardó en apoderarse de las calles de las principales ciudades dominicanas, desatándose actos de saqueo y vandalismo contra sus propiedades en general y en particular contra todo aquello que recordara al trujillismo, en especial sus símbolos tales como monumentos, placas de calles, etcétera. La situación empezó a calmarse pronto pues el aparato policial del régimen, el SIM, encabezado por el siniestro coronel Johnny Abbes, permanecía aún intacto.

La represión desatada en busca de los culpables del magnicidio fue terrible. Especialmente cruel fue uno de los hijos del dictador, Ramfis, que volvió precipitadamente de París, donde se encontraba en el momento del asesinato, para involucrarse personalmente en la venganza. Sólo dos de las personas que participaron en el atentado consiguieron escapar y en la actualidad sólo uno de ellos, Antonio Imbert, sigue con vida. Los demás murieron después de sufrir penosas torturas.

En octubre de 1961 los hermanos del dictador abandonaron el país rumbo al exilio, pero en noviembre de ese mismo año decidieron volver con la intención de dar un golpe de Estado. Joaquín Balaguer, hombre ligado al régimen y una vez más en la presidencia consiguió eludir la crisis con el apoyo intimidatorio de la Marina estadounidense: el peligro de una involución trujillista había desaparecido. Para consolidar este estado de cosas, el 4 de enero de 1962, el Consejo de Estado dominicano confiscó y declaró bienes nacionales la totalidad de las propiedades, acciones y obligaciones del clan Trujillo. Nadie relacionado con el mismo podía tener empresas o intereses económicos en el país.

Leónidas Radamés Trujillo, el mayor de los hijos del dictador, más conocido por su faceta de jugador de polo, murió en Panamá asesinado por un clan mafioso colombiano, en un asunto bastante turbio, en apariencia asociado al tráfico de divisas.

Ramfis, por su parte, el hijo favorito del dictador y la persona en quien este había depositado todas sus esperanzas para perpetuar la dinastía, murió en un accidente de automóvil. Nombrado a los siete años de edad coronel del ejército, Ramfis Trujillo se convirtió a los diez en general, alcanzando durante la Feria de la Paz y la Confraternidad del Mundo Libre el grado de teniente general. Incluso llegó a ser jefe de la Fuerza Aérea dominicana. De carácter muy inestable –estuvo sometido en varias ocasiones a tratamiento psiquiátrico en clínicas de Bruselas y Nueva Cork–, toda su vida fue una aventura. Son incontables sus romances con las actrices de mayor fama en Hollywood. Más preocupado por los placeres terrenales que por sus responsabilidades públicas no le quedó otro remedio que optar por el exilio ante la imposibilidad de restaurar el trujillismo.

Ramfis abandonó la República Dominicana el 18 de noviembre de 1961. Embarcó junto con toda su familia en su yate *Angelita* con destino a París, llevando a bordo el cadáver de su padre, que había conseguido sacar de la cripta de San Cristóbal. Después de un viaje repleto de vicisitudes, y una vez en la capital francesa, los restos mortales de Rafael Leónidas Trujillo fueron provisionalmente enterrados en el cementerio parisino de *Père Lachaise*. Poco después Ramfis se estableció en España –no hay que olvidar la estrecha relación que unía a su padre con el Generalísimo, Francisco Franco–, y allí terminó sus días. El 28 de diciembre de 1969, en Madrid, a los 40 años de edad, murió en un espectacular accidente de automóvil.

Al año siguiente, María Martínez, la viuda del dictador, compró una parcela en el cementerio de El Pardo, con el fin de levantar allí un panteón familiar dedicado a la familia Trujillo. El 24 de junio de 1970 se llevaron allí los restos de Ramfis, desde el cementerio de La Almudena, donde reposaban en un nicho, y en noviembre los del Generalísimo Trujillo. Desde entonces yacen juntos los restos mortales de padre e hijo.

1970: Pedro Eugenio Aramburu,
ex presidente de facto argentino

El 29 de mayo de 1970, Pedro Eugenio Aramburu, militar, ex presidente de facto convertido en político, fue secuestrado por un grupo guerrillero entonces apenas conocido, Montoneros. Con aquella acción la organización hacía su presentación formal en sociedad. El contradictorio general que había gobernado la Argentina violando la Constitución pero proclamaba la restauración de la democracia, el que había restaurado la autonomía universitaria pero había proscripto al peronismo y fusilado a militares y civiles cuando se le opusieron, fue asesinado por sus captores tres días después.

Secuestro y asesinato

El 29 de mayo de 1970, a las 9:30 de la mañana, un Peugeot 404 blanco se estacionó ante el edificio de la calle Montevideo 1053, en un elegante y céntrico barrio de la ciudad de Buenos Aires. Del vehículo descendieron dos hombres jóvenes. Vestían uniforme militar. Llamaron al departamento "A" del piso 8º por el portero eléctrico. Se presentaron como oficiales del Comando en Jefe del Ejército que pedían ser recibidos por el dueño de casa. Aramburu los hizo pasar. Mientras tanto, el Peugeot, en el que viajaban otros dos individuos, estacionaba en el garaje aledaño de Montevideo 1037.

Poco después, Aramburu, con el rostro serio y la cabeza baja, según algunos testigos, abandonaba el edificio llevado del brazo por los dos visitantes. El automóvil salió del garaje, los recogió a todos y partió a velocidad normal.

Esa misma tarde, los principales periódicos recibieron un comunicado, en el que un comando denominado "Juan José Valle-Montoneros" se atribuía el secuestro y anunciaba que el teniente general Aramburu sería sometido a "juicio revolucionario". Ese mismo día, por la tarde, Horacio Thedy, un conocido dirigente del Partido Demócrata Progresista, declaró a los periodistas en la puerta del edificio de Montevideo 1053: "Sindico como responsable de este hecho a una agrupación integrada por nazis, peronistas y tacuaras".

El 1º de julio, más de un mes después de haberse producido el secuestro, un comando de Montoneros tomó por asalto la localidad cordobesa de La Calera. Se produjo allí un enfrentamiento con efectivos policiales y de la IVª Brigada Aerotransportada, lo que originó un tiroteo que concluyó con la detención de seis miembros del grupo terrorista: cinco hombres y una mujer. Esa detención fue la punta del hilo que condujo a la identificación de los asesinos de Aramburu y, finalmente, el 17 de julio de 1970, al hallazgo del cuerpo sin vida del teniente general, oculto en un pozo abierto en el piso de una casa de Timote, en el partido de Carlos Tejedor, en la provincia de Buenos Aires.

Pudo saberse luego que Aramburu había sido asesinado por sus captores entre el 31 de mayo y el 1º de junio, es decir, uno o dos días después de consumado su secuestro.

El periódico *El descamisado*, manejado por Montoneros, publicó en mayo de 1974 el relato de cómo ocurrió el asesinato en forma de una entrevista a Mario Firmenich y Norma Arrostito, participantes del Operativo Pindapoy, nombre clave de la acción que terminaría con la vida de Aramburu.

Según esa entrevista, los terroristas llegaron a la calle Montevideo en dos automóviles, el Peugeot blanco 404 y una pick-up Chevrolet que operaba como custodia. En el primero viajaban, disfrazados de militares, Emilio Maza y Fernando Abal Medina. Conducía el auto Capuano Martínez y a su lado había otro militante al que no se identifica. En la camioneta viajaban Firmenich (disfrazado de policía), Arrostito, Ramus y otro guerrillero vestido de sacerdote. El operativo contaba con otros tres automóviles de apoyo estratégicamente distribuidos en la zona de atrás de la Facultad de Derecho.

Maza y Abal Medina, fingiendo ser oficiales del Ejército, lograron ser recibidos por Aramburu, quien conversó brevemente con ellos en el living de su casa. Cuenta Firmenich en el reportaje: "Fernando y el Gordo tocaron el timbre, rígidos en su apostura militar. Fernando un poco más rígido por la 'metra' que llevaba bajo el pilotín verde oliva. Los atendió la mujer del general. No le infundieron dudas: eran oficiales del Ejército. Los invitó a pasar, les ofreció café mientras esperaban que Aramburu terminara de bañarse. Al fin apareció sonriente, impecablemente vestido. Tomó café con ellos mientras escuchaba complacido el ofrecimiento de custodia que le hacían esos jóvenes militares. A Maza le descubrió enseguida el acento:

"–Usted es cordobés.

"–Sí, mi general.

"Las cortesías siguieron un par de minutos mientras el café se enfriaba, y el tiempo pasaba. Los dos muchachos agrandados se pararon y 'desenfierraron', y la voz cortante de Fernando dijo:

"–Mi general, usted viene con nosotros.

"Así. Sin mayores explicaciones. A las nueve de la mañana. ¿Si se resistía? Lo matábamos. Ése era el plan, aunque no quedara ninguno de nosotros vivos."

Aramburu abandonó su domicilio acompañado por los falsos militares. Subieron al Peugeot y se dirigieron a las cercanías de la Facultad de Derecho. Allí cambiaron de vehículo y lo subieron a la camioneta. A las 17:30, arribaron a un viejo casco de estancia perteneciente a la familia Ramus, en la localidad de Timote, provincia de Buenos Aires.

Aramburu, que prácticamente no había hablado durante el trayecto, fue instalado en un dormitorio. Esa misma noche, Fernando Abal Medina, rodeado por sus cómplices, le dijo:

–General Aramburu, usted está detenido por una organización revolucionaria peronista que lo va a someter a juicio revolucionario.

Aramburu se limitó a responder:

–Bueno.

Según el relato de sus captores, "su actitud era serena. Si estaba nervioso, se dominaba. Fernando lo fotografió así, sentado en la cama, sin saco ni corbata, contra la pared desnuda. Pero las fotos no salieron porque se rompió el rollo en la primera vuelta".

El pseudo juicio duró dos días y usaron un grabador. "Fue lento y fatigoso porque no queríamos presionarlo ni intimidarlo y él se atuvo a esa ventaja, demorando las respuestas a cada pregunta, contestando: 'no sé', 'de eso no me acuerdo'."

Los asesinos le formularon preguntas sobre el fusilamiento del general Juan José Valle y de otros peronistas vinculados al frustrado levantamiento de junio de 1956, sobre el destino del cadáver de Eva Perón y sobre la versión de que estaba preparando un golpe de Estado contra el gobierno del general Onganía. Concluido el "interrogatorio", Aramburu fue atado a la cama. Preguntó por qué razón hacían eso, pero se limitaron a contestarle que no se preocupara. El 1º de junio por la noche, Fernando Abal Medina le informó la decisión de los autoproclamados jueces.

–General, el tribunal lo ha sentenciado a la pena de muerte. Va a ser ejecutado en media hora.

Cuenta Firmenich: "Pidió que le atáramos los cordones de los zapatos. Lo hicimos. Preguntó si se podía afeitar. Le dijimos que no había utensilios. Lo llevamos por el pasillo interno de la casa en dirección al sótano. Pidió un confesor. Le dijimos que no podíamos traer un confesor porque las rutas estaban vigiladas".

Aramburu quiso saber qué iba a ocurrir con su familia. A lo que se le dijo que nada tenían contra su familia y que le entregarían sus pertenencias.

Sigue relatando Firmenich: "lo colocamos contra la pared. El sótano era muy chico y la ejecución debía ser a pistola. Fernando tomó sobre sí la tarea de ejecutarlo. Para él, el jefe debía asumir la mayor responsabilidad. A mí me mandó arriba a golpear sobre una morsa con una llave para disimular el ruido de los disparos.

"–General –dijo Fernando– vamos a proceder.

"–Proceda –dijo Aramburu.

"Fernando disparó la pistola 9 mm al pecho. Después hubo dos tiros de gracia con la misma arma y otro con una .45. Fernando lo tapó con una manta. Nadie se atrevió a destaparlo mientras cavábamos el pozo en el que íbamos a enterrarlo."

El martes 2 junio los guerrilleros dieron a conocer un comunicado: "Perón vuelve. Comunicado número 4. Al pueblo de la Nación: la conducción de Montoneros comunica que hoy a las 7 horas fue ejecutado Pedro Eugenio Aramburu. Que Nuestro Señor se apiade de su alma. ¡Perón o muerte! ¡Viva la Patria!". La organización prometía devolver sus restos a los familiares "cuando al pueblo argentino le sean devueltos los restos de su querida compañera Evita".

Aramburu presidente

El nombre de Aramburu había alcanzado notoriedad pública el domingo 13 de noviembre de 1955. Un torrente de versiones circulaba por las calles. Se decía que era inminente un cambio en la cúpula del gobierno de la Revolución Libertadora, que desde el 23 de septiembre de ese mismo año –es decir, desde el derrocamiento de Juan Domingo Perón– conducía los destinos del país.

En realidad, hacía ya más de 15 días que se hablaba de posibles fisuras o disidencias en el bloque de fuerzas civiles y militares que habían derribado al gobierno de Perón. Se percibía la existencia de dos fuertes tendencias en el gobierno revolucionario. Una, cercana a la tradición católica nacionalista, alejada de toda intención democrática; la otra, apegada al discurso de los partidos tradicionales argentinos, fuertemente antiperonista, pero con ideas republicanas. El primero de esos dos sectores cerraba filas en torno del presidente de facto, el general Eduardo Lonardi; el segundo, se alineaba alrededor de la figura del vicepresidente de facto, el contralmirante Isaac Francisco Rojas.

La mañana del sábado 12 de noviembre, el Presidente anunció que el doctor Eduardo Busso, caracterizado exponente de la línea democrático-liberal, abandonaba el cargo como ministro del Interior. Su reemplazante sería el doctor Luis María de Pablo Pardo, de arraigado prestigio en las esferas del nacionalismo católico. A ello se agregaba una reforma institucional: la cartera política se desdoblaba y una de sus ramas pasaba a constituir el Ministerio de Justicia, que se encomendaba al doctor Bernardo Velar de Irigoyen, también nacionalista. Se trataba de una reestructuración ministerial que se ajustaba a las preferencias íntimas de Lonardi y de su cuñado y principal asesor, Clemente Villada Achával. En suma, el gobierno revolucionario que había levantado junto a la bandera antiperonista los estandartes de la República y la Constitución, se desplazaba sin disimulos hacia lo que comúnmente se denominaba derecha nacionalista, fuertemente católica, conservadora y antidemocrática.

La reacción no se hizo esperar. El vicepresidente, contraalmirante Rojas, se instaló ese mismo día sábado en el Ministerio de Marina –convertido en cuartel general de la autodenominada ala democrática de la revolución– y conferenció largamente con el titular de la cartera, contralmirante Teodoro Hartung, así como con los otros comandantes navales. Entretanto, Ossorio Arana, el jefe del ejército, mantenía decisivas reuniones con los generales en actividad y los oficiales superiores de los distintos comandos.

Alrededor del mediodía del domingo 13, una delegación de jefes de las Fuerzas Armadas se presentó en la residencia presidencial de Olivos para entrevistar al general Lonardi. Hay muchas versiones de esa reunión. La más verosímil es la que cuenta que los visitantes insistían en que el Presidente debía renunciar y que de tanto en tanto Lonardi se trasladaba a una habitación contigua, donde Villada Achával lo instaba a resistir el embate. Lo cierto es que por la tarde, a las 16:15, Radio del Estado comunicó oficialmente al país que las Fuerzas Armadas habían aceptado la renuncia del general de división Eduardo Lonardi al cargo de presidente del gobierno provisional.

Una hora mas tarde –exactamente a las 17:40– un general de división de 52 años, desconocido para la inmensa mayoría del país, apareció en el Salón Blanco de la Casa Rosada, donde lo esperaban jefes y oficiales de las Fuerzas Armadas y otras personalidades ligadas a la Revolución Libertadora. Era el nuevo presidente provisional de los argentinos, Pedro Eugenio Aramburu, surgido de una disputa ideológica entre nacionalistas católicos conservadores y demócratas liberales antiperonistas, como lo demuestra el texto del comunicado de prensa de la Presidencia de la Nación dado a conocer esa misma noche: "La crisis reciente del gobierno provisional se ha debido exclusivamente a la presencia en el seno del mismo de grupos influyentes en el espíritu del general Lonardi, que orientaron su política hacia un extremismo totalitario, incompatible con las convicciones democráticas de la Revolución Libertadora, los cuales consiguieron apoderarse, ante el estupor de la sana opinión revolucionaria, de puestos clave en la conducción del país. Esas personas y no otras intentaban colocar a la Nación en una peligrosa senda, a cuyo término sólo podía esperar una nueva dictadura".

La elección de Aramburu para el cargo de presidente provisional no dejaba de resultar paradójica. Aunque comprometido con todas las conspiraciones para derrocar a Perón y designado jefe de varias de ellas, Aramburu era uno de los generales que, por razones tácticas, había insistido hasta último momento, en septiembre de 1955, en que la situación no estaba madura para el derrocamiento del líder justicialista y que era necesario postergar el golpe de Estado. No obstante, al enterarse de que Lonardi había decidido trasladarse a Córdoba para iniciar sin más trámite el alzamiento, Aramburu prestó su concurso. Se le encargó, entonces, una misión considerada clave: conseguir la sublevación de la guarnición de Curuzú Cuatiá y alistarla contra el régimen, pero fracasó en la búsqueda de ese objetivo.

Nacido en Río Cuarto, Córdoba, en 1903, Aramburu había ingresado en el Colegio Militar en 1919. Promovido a coronel en 1947 y a general de división en 1954, pertenecía al arma de Infantería y había sido oficial y profesor de la Escuela Superior de Guerra, jefe del Regimiento 11 de Infantería, director de la Escuela Nacional de Guerra y agregado militar de la Embajada argentina en el Brasil. Al producirse el levantamiento contra el gobierno justicialista se desempeñaba como director de Sanidad Militar. Cuando el movimiento contra Perón consolidó su victoria en septiembre de

1955, Aramburu fue designado jefe del Estado Mayor del Ejército. En esa posición lo sorprendió su designación como presidente provisional de la Nación.

La presidencia de Aramburu puede ser recordada por varios motivos: restableció la autonomía universitaria que Perón había suprimido; eliminó las restricciones que pesaban sobre el periodismo independiente, dio pasos firmes hacia el saneamiento de la economía y produjo una apertura cultural que otorgó renovado impulso a la vida académica, a la cinematografía, al teatro y a todas las actividades vinculadas con la creación artística.

Curiosamente su gobierno marcó el comienzo de una década cultural briosa y rica, que se detuvo en 1966 cuando el general Juan Carlos Onganía irrumpió en el escenario político y en los claustros universitarios. A partir de la gestión de Aramburu, que creó el Fondo Nacional de las Artes y le reconoció a la libertad de expresión cinematográfica un rango constitucional equivalente al de la libertad de prensa, hubo una verdadera explosión de creatividad en los ámbitos de la cultura. Cobraron nuevo impulso las artes plásticas, apareció un nuevo cine argentino, liderado por Leopoldo Torre Nilsson y Fernando Ayala, proliferaron los elencos de teatro vocacionales e independientes y, finalmente, recuperó su protagonismo la prensa independiente, liberada de las restricciones que le había impuesto el peronismo con sus extorsivos manejos en la distribución de las cuotas de papel para periódicos.

Pero también fue durante su gobierno que se fusiló al general Juan José Valle junto con otros militares que se habían sublevado con él en junio de 1956, y también a los grupos de civiles involucrados en el levantamiento, ejecutados en la clandestinidad, en el vergonzoso hecho conocido como la Masacre de José León Suárez. Además, entre 1955 y 1958, el presidente de facto prohibió a los peronistas participar en política, aunque era claro que éstos representaban una importante parte de la población.

Obviamente estos hechos se contradecían con su deseo de restaurar el republicanismo histórico previo a las reformas de Perón. En este afán, derogó la constitución reeleccionista y estatista de 1949 y restableció la vigencia del texto histórico de 1853, decisión que fue convalidada más tarde por una Convención Constituyente. Prometió entregar el poder lo antes posible a un presidente elegido por el pueblo. Asumió públicamente el compromiso de que ninguno de los militares que ocupaban cargos en su gobierno aceptaría candidaturas cuando se convocase a elecciones. El 1º de mayo de 1958, en efecto, entregó los atributos del poder a Arturo Frondizi, el candidato elegido por la ciudadanía, a pesar de que se trataba de un notorio opositor a su gobierno.

Después de transferir el poder a Frondizi, Aramburu adoptó la decisión, que cumplió cabalmente, de mantenerse apartado y en completo silencio ante los avatares de la vida pública nacional. Los hechos, sin embargo, no iban a tardar en sacarlo de su aislamiento para devolverlo al tortuoso sendero de la política argentina de aquellos años. Durante el tenso período que siguió a los comicios generales de 1962, el presidente Arturo Frondizi convocó al general Aramburu a la Casa Rosada para pedirle que intercediera ante las Fuerzas Armadas a fin de que dejaran de presionar sobre su gobierno. Aramburu, después de muchas consultas, comprendió que la ofensiva de los militares contra Frondizi era incontenible y manifestó que él nada podía hacer para contenerla.

Cuando en 1963 –ya derrocado Frondizi por las Fuerzas Armadas– el presidente provisional José María Guido convocó a nuevas elecciones presidenciales, la candidatura de Aramburu surgió como un reclamo espontáneo de algunos sectores ciudadanos. Fue candidato a presidente por dos partidos: la Unión del Pueblo Argentino (Udelpa), que nació expresamente para postular su nombre, y la Democracia Progresista.

Efectuadas las elecciones, resultó triunfador el candidato radical, Arturo Illia. Pero Aramburu obtuvo, computando todas las boletas encabezadas por su nombre, un 1.300.000 votos.

Problemas políticos después de Perón

La así llamada Revolución Libertadora creía que su misión era erradicar del país al peronismo antes de permitir a los civiles acceder al gobierno. A los militares argentinos nunca les había gustado el populismo de Perón, la corrupción que lo acompañaba y la decadencia de la economía.

Pero los desaciertos de los gobiernos de facto y el arraigado sentimiento peronista de una buena parte del pueblo argentino convertían cualquier proyecto de "desperonización" en mero palabrerío declamatorio. Así fue como Perón logró que sus seguidores votaran en blanco después de 1955. En las elecciones de julio de 1957 para una Asamblea Constituyente, 2.100.000 de personas votaron en blanco, casi la misma cantidad que votó por el Partido Radical Intransigente. Ningún gobierno entre 1955 y 1966, fecha en que los militares establecieron una dictadura de largo alcance, pudo alcanzar el poder sin el apoyo peronista y, dado que los militares no toleraban al movimiento peronista, ningún gobierno pudo sobrevivir.

Entre 1958 y 1962, Frondizi tuvo que habérselas con la crisis económica y fiscal heredada del gobierno de Perón. Asesorado por los Estados Unidos y con la promesa de ayuda financiera, el débil presidente dio inicio a un programa de austeridad para "estabilizar" la economía y controlar la inflación. Los izquierdistas, tanto como los peronistas, que seguían contando con un fuerte apoyo popular, criticaron el plan porque el peso mayor reposaba sobre la clase obrera y los sectores medios de la población. Frondizi luego cayó en desgracia con los militares debido a su amistad con el régimen de Fidel Castro en Cuba y al apoyo que le brindaron los seguidores de Perón. Éstos, en las elecciones para gobernadores de marzo de 1962, obtuvieron una resonante victoria. En la provincia de Buenos Aires había ganado Andrés Framini, un importante dirigente del ala izquierda del peronismo. Enfurecidos con este resurgimiento peronista, los militares arrestaron a Frondizi, anularon las elecciones e instalaron a José María Guido como presidente en ejercicio entre 1962 y 1963, cuando se convocó a nuevos comicios.

El doctor Arturo Humberto Illia fue elegido presidente en 1963 con sólo el 26% de los votos pues el peronismo estaba proscripto y esos sufragios en modo alguno apoyaron al candidato radical triunfante. Era un hombre moderado que debió enfrentarse a la depresión económica. Anuló los contratos petroleros con empresas extranjeras, una medida poco prudente desde el punto de vista económico, pero era una concesión a los nacionalistas. Desafió el poder de la peronista Confederación General del Trabajo (CGT), a pesar de que los peronistas seguían siendo fuertes y habían obtenido el 35% de los votos en las elecciones de 1965. Los militares, temerosos de que Illia fuera demasiado débil como para ocuparse del peronismo, lo derrocaron en 1966. Como tantas otras veces los militares se veían a sí mismos como los salvadores de la Patria.

A partir de 1966, la Argentina fue gobernada por dictadores militares cuya intención era "reformar" al país de una vez por todas. El general Juan Carlos Onganía, que gobernó desde 1966 hasta 1970, creía que sólo una revolución conservadora podía salvar a la nación y que el pueblo debía ser obligado a actuar como desde el gobierno se le indicara.

En este marco se produjo el secuestro y asesinato de Aramburu.

El cadáver de Eva Perón

Una de las razones invocadas por Montoneros para la "ejecución" de Aramburu fue la desaparición del cadáver embalsamado de Eva Perón. Efectivamente, fue durante su gobierno que se decidió ocultar el cuerpo de la segunda esposa de Juan Perón. Cuando Evita murió el 26 de julio de 1952, fue objeto de honores como jefe de Estado, su cuerpo embalsamado y depositado en la sede de la Confederación General del Trabajo a la espera de que se construyera el monumento digno de albergarlo. Como es usual, la historia siguió otro curso y los restos mortales de la mujer más poderosa de la Argentina de esa época iniciarían un periplo secreto que duraría 16 años. Este fue uno de los secretos mejor guardados de la historia argentina.

Esta macabra historia comenzó la noche del 23 de noviembre de 1955, dos meses después de producida la Revolución Libertadora, cuando el teniente coronel Carlos Moore Koenig, por entonces jefe del Servicio de Inteligencia del Ejército, irrumpió en la sede de la CGT. Se dirigió al segundo piso, donde estaba depositado el cuerpo y retiró los restos embalsamados. Desde entonces poco se sabría del destino del mítico cadáver hasta su devolución al propio Perón, en 1971, cuando aún residía en Madrid.

Varias investigaciones han logrado desentrañar buena parte del siniestro itinerario. Parece que Moore Koenig, desoyendo la instrucción del presidente Pedro Eugenio Aramburu de darle cristiana y, por supuesto, clandestina sepultura, hizo que el cuerpo recorriera un insólito periplo por media ciudad de Buenos Aires en el furgón de una florería. Intentó sin éxito dejarlo en una unidad de la Marina para depositarlo luego en el altillo de la casa de su segundo, el mayor Arandía. Pero una noche, este, creyendo que la resistencia peronista había entrado a su casa para llevarse el cuerpo, mató a tiros a su mujer embarazada.

Después de esta tragedia, Moore Koenig se hizo cargo nuevamente del cadáver y al parecer desarrolló una suerte de morbosa obsesión por los legendarios despojos. En ocasiones lo mostraba a sus visitantes. Parece que uno de ellos, la cineasta María Luisa Bemberg, se horrorizó y no dudó en comentarle el hecho a su amigo, entonces jefe de la Casa Militar, el capitán de navío Francisco "Paco" Manrique. Cuando el dato llegó a oídos de Aramburu, de inmediato dispuso el relevo de Moore Koenig y puso en su lugar al coronel Héctor Cabanillas, quien debía hacerse cargo de que aquellos restos encontraran finalmente sepultura, tarea para la que nadie en el gobierno tenía un buen plan.

El cadáver se había convertido en un verdadero problema político ya que, a pesar de los traslados del cuerpo, en las cercanías del lugar aparecían fotos de Evita y velas, lo que hacía suponer que los peronistas conocían su paradero. Finalmente fue el jefe del Regimiento de Granaderos a Caballo, el teniente coronel Alejandro Agustín Lanusse, con la ayuda del capellán de la unidad y amigo, Francisco "Paco" Rotger, quien diseñó un proyecto operativo destinado a ocultar el cuerpo, no sólo con la anuencia sino, aún más, con la efectiva complicidad de la Iglesia Católica.

El plan consistía en el sigiloso traslado del cuerpo a Italia y su entierro en un cementerio de Milán con un nombre falso. En pos de estos objetivos, Rotger viajó especialmente a Europa. Luego de largos conciliábulos, que estuvieron al borde del fracaso, el sacerdote obtuvo la autorización de sus superiores. A su regreso al país, Cabanillas puso en marcha el llamado Operativo Traslado, todo con el mayor sigilo, pues sabía que los peronistas andaban cerca. También se dedicó a cambiar permanentemente de lugar el féretro hasta que fue embarcado en el buque *Conte Biancamano* con destino a Génova.

El cadáver, con el nombre de María Maggi de Magistri, fue enterrado en el cementerio Mayor de Milán. Se dice que uno de los encargados del operativo le encomendó a una laica consagrada, Giussepina Airoldi, que le llevara flores a aquella mujer italiana que había muerto en la Argentina en un accidente automovilístico y deseaba ser enterrada en su tierra natal. Parece que Airoldi cumplió puntillosamente con el cometido durante 14 años.

La cuestión del cadáver volvió a tomar vigencia cuando los Montoneros exigieron la aparición del cuerpo de Evita. Al año siguiente del asesinato de Aramburu, siendo ya presidente, el general Lanusse, se inició el deshielo con el peronismo y, como gesto, devolvió el cuerpo a Perón.

El cadáver embalsamado fue exhumado el 1º de septiembre de 1971, llevado en un furgón a España y entregado a Perón en Puerta de Hierro dos días después en presencia de su tercera esposa María Estela Martínez, apodada "Isabelita". La operación eclesiástico-militar había sido un éxito. Sin embargo, no hubo acuerdo sobre el estado del cuerpo. Para algunos estaba casi intacto. Para las hermanas de Evita y el doctor Tellechea, que lo restauró en 1974, se hallaba extremadamente deteriorado.

Perón regresó al país sin el cadáver de Evita, que reposaba en uno de los salones de su residencia madrileña de Puerta de Hierro. Persistentes, los Montoneros secuestraron entonces el cadáver de Aramburu y dijeron que lo devolverían cuando fueran repatriados los restos de "la compañera Evita". Pero sería Isabelita, ya muerto Perón, la que dispondría traerlos al país. Con el golpe militar de 1976, el cuerpo —que estaba en la residencia presidencial de Olivos— fue entregado a la familia Duarte y depositado en el panteón familiar del cementerio de Recoleta, bajo dos gruesas planchas de acero.

Los Montoneros

En 1969, la dictadura de Onganía se esforzaba por mantener las formas y dar una imagen de orden y disciplina social, tan caras al dictador militar. Fue en mayo de ese año cuando el descontento popular comenzó a manifestarse al cerrársele toda posibilidad de expresión. El gobierno no dejaba espacio alguno para la participación: desde las universidades hasta las organizaciones obreras debían someterse a una férrea disciplina análoga a la que regía los cuarteles. La suya era una dictadura autoritaria y paternalista sin plazos, al estilo de la instaurada por Franco en España.

El 15 de mayo la policía reprimió violentamente una manifestación de protesta en la provincia de Corrientes. Dos días después la policía rosarina hacía lo mismo. Cada movimiento dejaba muertos y heridos en el camino. La dictadura decretó la ocupación militar de la populosa e industrial ciudad de Rosario y varios puntos de la provincia de Santa Fe.

La indignación por los graves hechos de Corrientes y Rosario se extendió a todo el país. En Córdoba el malestar se vio agravado por el descontento producido por la decisión del gobierno provincial de suprimir el "sábado inglés" (trabajar sólo medio día ese día de la semana), lo que significaba una rebaja salarial ya que no se pagaban las horas extras. Los trabajadores de la CGT de Córdoba y de otras organizaciones obreras convocaron a un paro activo con movilización por 36 horas a partir de las 10 de la mañana del 29 de mayo, en coincidencia con la celebración del día del Ejército. De inmediato las organizaciones estudiantiles adhirieron a la medida de fuerza. Durante la mañana del 29 las nutridas columnas de obreros y estudiantes se fueron acercando al centro de Córdoba. La represión policial cobró las primeras víctimas, lo que aumentó la indignación de los huelguistas. Se alzaron barricadas y pronto la represión policial fue desbordada, al punto que con carros de asalto y caballería se batió en retirada, perseguida por los manifestantes. Había estallado el Cordobazo.

La capital de la provincia mediterránea fue controlada por obreros y estudiantes durante unas 20 horas. El desorden se apoderó de la ciudad y se produjeron incendios y roturas de vidrieras de sedes de las principales empresas multinacionales. Tampoco escaparon a la ira popular las reparticiones oficiales. Finalmente el gobierno encargó la represión al Tercer Cuerpo de Ejército, que después de algunas horas y varios enfrentamientos logró controlar la situación. El saldo fue de 20 manifestantes muertos y cientos de detenidos. El ex presidente Frondizi declaró: "La violencia popular es la respuesta a la violencia que procede de arriba".

Después de producido el Cordobazo, los jefes militares, con el general Alejandro Agustín Lanusse a la cabeza, presionaron a Onganía para que compartiera las decisiones políticas con las Fuerzas Armadas y tomara conciencia de la gravedad de la situación a la que había conducido su rígido y unipersonal modo de gobernar.

Fue en ese contexto de dictadura, malestar de los jefes militares y descontento popular acompañado de sangrienta represión, que comenzaron a formarse en el país los primeros grupos guerrilleros, expresión local de un fenómeno de alcance internacional. La Revolución cubana se había convertido en el faro que iluminaba a ciertos sectores de la juventud latinoamericana que terminaron adoptándola como modelo y trasladando el de la guerrilla rural usada en Cuba a los diversos países de la región, también en una versión urbana.

En la Argentina, antes de 1968, habían aparecido algunos intentos guerrilleros en el ámbito rural que pronto cayeron en el olvido. Pero con el acceso de Onganía al poder, con sus desplantes dictatoriales y su manera violenta de reprimir la protesta, aparecieron nuevos grupos guerrilleros que dejaron el campo para trasladarse a las ciudades.

Estos grupos abrevaban de dos fuentes: el peronismo y el marxismo. De origen peronista fueron tres grupos principales: las FAP (Fuerzas Armadas Peronistas), Descamisados y Montoneros. Serían estos últimos los que se consolidarían para terminar incluyendo a todas las expresiones de la guerrilla peronista, algunos desprendimientos de grupos marxistas y a las FAR (Fuerzas Armadas Revolucionarias), nacidas de fracciones de partidos de izquierda, especialmente el Partido Comunista y el Partido Socialista de Vanguardia, para integrarse con grupos provenientes de la Juventud Peronista. Sin embargo el núcleo fundador de Montoneros no había surgido de lineamientos partidarios; provenía de grupos de la extrema derecha católica que fueron evolucionando codo a codo con los sacerdotes del Tercer Mundo, un sector de la Iglesia que terminó situándose a comienzos de la década de 1970 en posiciones que excedían a la izquierda del peronismo.

El objetivo de Montoneros era lograr el regreso de Perón para entonces poner en marcha "la revolución socialista". Sabían muy bien que no era ésa la línea de pensamiento dominante dentro del Movimiento Justicialista. Fue por ello que, en una primera etapa, se encargaron de mostrar su fuerza asesinando a dirigentes sindicales, como Timoteo Vandor y José Alonso, golpeando al ejército y mostrándose como una "alternativa de poder". "En realidad", señala el historiador R. Gillespie en su libro *Montoneros. Soldados de Perón*, "los Montoneros eran muy útiles a la estrategia de Perón de golpear y negociar y ayudaban a fortalecer su imagen de enemigo de la dictadura, útil para la campaña electoral. De ahí los telegramas y las cartas de felicitación ante cada acción montonera. Una vez en el poder distintas serían las cosas."

Uno de los primeros operativos de los Montoneros fue el secuestro, "juicio revolucionario" y posterior asesinato de Aramburu, concretado el 29 de mayo de 1970, primer aniversario del Cordobazo.

Perón declaró desde Madrid: "La vía de la lucha armada es imprescindible. Cada vez que los muchachos dan un golpe, patean para nuestro lado la mesa de negociaciones y fortalecen la posición de los que buscan una salida electoral limpia y clara. Sin los guerrilleros del Vietcong, atacando sin descanso en la selva, la delegación vietnamita en París tendría que hacer las valijas y volverse a su casa".

Como todas las organizaciones guerrilleras de ese momento, la conducción de Montoneros estaba convencida de que la violencia era un instrumento legítimo para la toma del poder. Cualquiera fuera su origen ideológico, las agrupaciones políticas de la violencia actuaban de manera similar y elegían a las mismas víctimas, generalmente empresarios o miembros de las fuerzas armadas y de seguridad. Habitualmente operaban en comandos integrados por hombres y mujeres que realizaban copamientos de localidades como Garín en la provincia de Buenos Aires y La Calera en Córdoba, asaltos a bancos, secuestros a empresarios para obtener fondos, robo a camiones de leche y su posterior reparto en barrios populares y lo que ellos llamaban "ajusticiamientos", es decir el asesinato de algún dirigente sindical o algún jefe militar.

El secuestro y asesinato de Aramburu respondió a esa línea de acción. El operativo Pindapoy llevado a cabo por la organización Montoneros se sumó a la incapacidad del gobierno para esclarecer el hecho, con lo que se desprestigió aun más al ejército. Esto llevó a un golpe de palacio entre militares que derrocó al dictador Onganía y puso en su lugar a otro general. El camino que conduciría hacia el período de mayor violencia y desprecio por la vida humana vivido en Argentina en el siglo xx estaba abierto.

Revolucionarios

Revolutions

No fueron pocos los jefes revolucionarios en la historia de América Latina que murieron de forma violenta. Los asesinatos de los revolucionarios seleccionados para este libro fueron perpetrados contra hombres que luego se convirtieron en leyendas, con devotos seguidores y acérrimos enemigos los tres, pero también con la pasta de la que se hacen los héroes.

Emiliano Zapata fue traicionado y murió en una emboscada, pero su figura se hizo cada vez más grande en el mito hasta convertirse en el prototipo de revolucionario popular.

El otro líder revolucionario de raigambre popular de la Revolución Mexicana, Pancho Villa, ha sido denostado como bandolero por unos y exaltado como héroe por otros. Su muerte lo sorprendió cuando ya se había retirado. El atentado fue preparado y ejecutado por un oscuro político local que sólo deseaba vengarse.

La vida de Augusto César Sandino tiene matices contrastantes que van desde el nacionalismo visceral hasta el delirio mesiánico. Luchó contra los enemigos de su patria, pero murió traicionado por los dictadores de su propio país.

1919: Emiliano Zapata,
revolucionario mexicano

No son muchos los héroes que se convierten en mito, y los mitos fundacionales se engrandecen y desarrollan a partir de la muerte de sus protagonistas. Los héroes permanecen vivos en la mirada de aquellos que se sintieron cobijados bajo su figura. Por ello, con la velocidad del rayo, inusual para la época, la noticia de la muerte de Emiliano Zapata llegó a la ciudad de México al día siguiente de ocurrido el hecho. Mientras el pueblo lo lloraba no fueron pocos los políticos que se sintieron aliviados, en particular algunos de los más altos dignatarios del gobierno constitucionalista del presidente Venustiano Carranza.

El 10 de abril de 1919 el revolucionario mexicano y campeón de las reivindicaciones agrarias cayó mortalmente herido de bala ante las fuerzas federales. La información oficial aseguró que fue en un combate, pero pronto corrieron voces que desmentían la versión, sospechada de insidiosa. Más de uno aseguraba que Zapata había sido llevado a una trampa; otros, sin embargo, sostenían que la información de la muerte había sido urdida como una patraña destinada a desalentar a sus seguidores y la verdad era que se encontraba con vida en alguna parte. Desde entonces la leyenda del caudillo de los ejércitos revolucionarios del sur fue creciendo hasta alcanzar proporciones épicas.

La leyenda

Para los indios y campesinos que habitan los campos de Morelos, Emiliano Zapata está vivo y afirman que aún hoy quien sepa mirar lo puede ver cabalgando en las serranías de la región. Para esos campesinos el caudillo no fue asesinado aquel fatídico 10 de abril, sino que sigue acompañándolos como guía y protector. Tal cual ha sucedido con otros héroes trágicos, desde el momento mismo de su muerte comenzaron a tejerse historias acerca de cómo logró sobrevivir a la emboscada. En el momento mismo en que se expuso su cadáver en Cuautla como confirmación de la muerte, comenzaron las dudas entre los testigos. Aquel cuerpo sin vida no podía ser Zapata, él no era tan gordo, comentaban. Además, el jefe había perdido uno de sus dedos meñiques en una pelea y al cadáver en exposición no le faltaba ninguno. No eran pocos los que creían recordar que tenía una cicatriz producida por la cornada de un vacuno arisco en un costado y un pequeño lunar en forma de mano, mientras que el cuerpo expuesto tampoco lucía ninguna de esas señales. Los detalles que muchos creían descubrir para demostrar la imposibilidad de su muerte se multiplicaban.

Ante tantas dudas, frente a tantos deseos de que la muerte del héroe fuera mentira, la imaginación popular propuso respuestas que alimentaron el naciente mito. Algunas versiones aseguraban que él sabía que lo querían asesinar, por lo que a la cita con el traidor mandó en su lugar a un compadre que se le parecía. Según algunos veteranos zapatistas, como Serafín Plascencia, de Villa de Ayala, el "doble" le dijo al caudillo:

–Compadre, vengo a morir por ti, nomás te encargo a mi mujer. Me haces el favor de darme tu traje, tu sombrero, tus espuelas y el caballo.

Después de lo cual Zapata, dicen, huyó con otro compadre, un árabe, que se lo llevó a Arabia, donde fue tratado como rey, dedicado para siempre a la vida privada. De vez en cuando, se afirmaba, regresaba a Jojutla (o a Jonacatepec) disfrazado de vendedor de cacharros sin bigote, con ropa de campesino para saber cómo estaban sus hermanas y los amigos. Todavía en la década de 1980, muchos viejos zapatistas aseguraban que el jefe, efectivamente ya había muerto, pero "de muerte natural, por allá lejos, en la Arabia que lo asiló".

Un corrido mexicano narra la astucia por la que Zapata logró sobrevivir a la traición:

> Han publicado, los cantadores,
> Una mentira fenomenal,
> Y todos dicen que ya Zapata
> Descansa en paz en la eternidad.
>
> Pero si ustedes me dan permiso
> Y depositan confianza en mí,
> Voy a cantarles lo más preciso,
> Para informarles tal como vi.
>
> Como Zapata es tan veterano,
> Sagaz y listo para pensar,
> Ya había pensado de antemano
> Mandar otro hombre en su lugar.

Otros relatos, aunque aceptan su muerte en Chinameca, no dejan de alimentar la leyenda. Un morelense propuso la siguiente interpretación: "Los hombres que son hombres deben morir para demostrar la hombrada. Entonces, para mí es muerto, porque demostró que él murió, como Jesucristo; él murió para defender a la gente, y Jesucristo así lo hizo, y es que designó su vida para que los demás se salvaran... si no hubiera muerto, la cosa no valdría". Otras versiones, no morelenses, lo hacen reencarnar en la imagen de Santiago Apóstol, a quien se ve cabalgar por la noche con su gran sombrero y en su caballo blanco "cuidando al pueblo".

Lo cierto es que el rudo golpe perpetrado en el corazón del pueblo mexicano por el asesinato de Zapata no llegó a quebrantar el espíritu reivindicativo local. Su figura se volvió mito. No sólo sobrevivió entre los campesinos de Morelos sino que su fama se extendió a todo México. Fue para siempre el defensor de los campesinos en la lucha por la tierra, uno de los padres fundadores del agrarismo mexicano, rebelde social, alma de la resistencia contra la dominación, la marginación y la injusticia.

Cuando sus enemigos lo calificaron de bandido y delincuente, no tardó en resurgir en discursos oficiales como héroe. Su nombre sirvió para identificar organizaciones políticas y estudiantiles, ejidos, municipios, calles y hasta una estación del subterráneo. Pero semejante "oficialización" de su figura no logró convertirlo en un inocuo monumento. El nombre de Zapata es ambivalente. Se le recuerda como héroe revolucionario, forjador del México moderno pero también se usa su nombre como bandera de grupos de resistencia, como la Unión Campesina Emiliano Zapata, fundada a finales de la década de 1970, o el Ejército Zapatista de Liberación Nacional, de 1994.

El escritor John Steinbeck, admirador del revolucionario mexicano y autor del guión de la película *Viva Zapata*, con Marlon Brandon en el papel protagónico y dirigida por Elia Kazan, dijo de él: "Zapata tiene algunas cosas en común con Juana de Arco y con Jesucristo... Fue un hombre más grande que su pueblo. Pertenece al mundo entero, y su símbolo de bandolerismo y violencia, de resistencia contra la opresión, es un símbolo válido en todo el mundo...". Emiliano Zapata habría estado de acuerdo. El mismo caudillo alguna vez dijo de sí mismo: "Han existido hombres que al morir se han hecho más fuertes. Puedo pensar en varios: Benito Juárez, Abraham Lincoln, Jesucristo... Tal vez ocurra lo mismo conmigo".

Murió joven, unos meses antes de cumplir los 40 años, ingrediente indispensable para catapultarlo a la condición de personaje mítico del imaginario mexicano. Partir de este mundo a edad temprana cumple con el universal anhelo de la eterna juventud, condición *sine qua non* para la construcción del héroe legendario universal. Cada 10 de abril recibe los honores de su pueblo en su tumba, en el centro de Cuautla. Pues es el único de los líderes revolucionarios cuyos restos no reposan en el Monumento a la Revolución.

La conspiración

Emiliano Zapata se había convertido en una auténtica molestia para el gobierno constitucionalista de Venustiano Carranza. Desde finales de 1917, el caudillo del sur había reunido a sus seguidores en torno a los ideales del Plan de Ayala. Su intención era dar alcance nacional a la lucha en favor de la reforma agraria. Las tropas zapatistas con él mismo a la cabeza llegaron a ocupar la capital en varias ocasiones y a controlar la mitad del territorio mexicano. Sin embargo, el contraataque del presidente Carranza fue fuerte. Esto lo obligó a retirarse a Morelos e instalar su cuartel general en Tlaltizapan, desde donde continuó dirigiendo el movimiento revolucionario en el sur de México.

Se enfrentó siempre a las medidas de Carranza, en defensa de una auténtica reforma del sistema de tenencia de la tierra que eliminara el desigual reparto de los bienes de la naturaleza y considerara los ancestrales derechos indígenas. Así lo había hecho en su administración de Tlaltizapan, donde creó también una red de escuelas y servicios públicos.

Zapata acusó a su antiguo compañero revolucionario, Carranza, en una carta abierta de 1919 dirigida al "Ciudadano Carranza", de haber "aprovechado la lucha en su propio beneficio y en el de sus amigos que le ayudaron. Luego, compartió usted el botín, riquezas, negocios, banquetes, fiestas suntuosas, bacanales, orgías". Y sigue: "Nunca se le ocurrió pensar que la Revolución se hizo para beneficiar a las grandes masas, a las legiones de oprimidos a quienes usted estimuló con sus arengas". Como respuesta, Carranza pensó en un plan para asesinarlo.

La ocasión se le presentó en la persona de un subordinado de Pablo González, el general encargado de poner freno a los desbordes zapatistas en el sur: el coronel Jesús Guajardo.

Con la orden de inspeccionar varios destacamentos, Guajardo no se privaba de cometer toda clase de tropelías en cada pueblo por donde pasaba. Las quejas de mujeres abusadas y ciudadanos esquilmados llegaron a las autoridades militares. Estas comunicaron al gobernador del estado de Morelos, José G. Aguilar, que Guajardo debía presentarse en la ciudad de México a dar las explicaciones del caso.

Poco se preocupó el coronel que siguió haciendo de las suyas. Hasta que el gobernador Aguilar y el general Pablo González casualmente lo sorprendieron perpetrando un descomunal escándalo en el interior del hotel Providencia de Cuautla, frente al cual pasaban caminando rumbo al teatro después visitar las obras de reconstrucción del Hospital Militar de esa ciudad.

Guajardo, en evidente estado de ebriedad, a caballo y pistola en mano, se paseaba por los salones del hotel, irrumpiendo en las habitaciones y amenazando a los huéspedes. El desaprensivo jinete detuvo su grotesca marcha al llegar a las puertas del comedor. Allí Aguilar lo reprendió a gritos y le advirtió que el general González se hallaba cerca, presenciando el escándalo. De inmediato, envuelto en los vapores del tequila y la adrenalina que da el poder ejercido con impunidad, casi sin pedir permiso para retirarse, el coronel abandonó el establecimiento al galope y gritando. Antes de agachar la cabeza para atravesar la puerta principal del vestíbulo, disparó al aire, mejor dicho al techo del hotel, para lanzarse en triunfo a las calles de Cuautla, donde lo esperaban otros juerguistas.

El gobernador, para aliviar la difícil situación en que el mismo Guajardo se había colocado, le informó a Pablo González que el revoltoso coronel, antes de embriagarse, había cumplido sus órdenes. El general pareció darse por satisfecho y continuó su camino.

Al día siguiente, mientras Guajardo esperaba que se le comunicara el castigo que seguramente se le impondría, el gobernador recibió a un fotógrafo ambulante. Era este uno de los más activos espías de los federales entre los zapatistas. Y esta vez traía algo muy especial: una carta de Emiliano Zapata dirigida al coronel Jesús M. Guajardo. En ella el jefe rebelde lo invitaba a unirse al zapatismo, ya que sabía que el general González lo había injuriado y se preparaba a procesarlo por el incidente en el hotel Providencia.

De inmediato el gobernador llevó la carta al general quien, después de leerla, ordenó que al día siguiente a la hora de almorzar, Guajardo se presentara. Aquella misiva podía ser de utilidad.

Llegado el momento sólo acompañaba al general González en el comedor de su residencia el gobernador Aguilar. Pronto se sumó Guajardo. La comida transcurrió sin que se tocara el tema, aunque González no cesó de escudriñar a su subordinado. A los postres, pidió al coronel que le explicara por qué causas lo citaban en la capital. En *Biografía de Zapata*, de Valentín López González, (incluida en el tomo IV del Diccionario Histórico y Biográfico de la Revolución Mexicana, publicado por el Instituto Nacional de Estudios Históricos de la Revolución Mexicana, México, 1991) se relata en forma pormenorizada el desarrollo de esta conversación:

"El coronel contestó que se trataba de puras calumnias y de malas voluntades que se había acarreado en el desempeño de comisiones en los pueblos donde había muchos espías zapatistas.

"–¿Así que son calumnias de los zapatistas? –dijo el general González.

"–Sí, mi general; si usted me deja que le explique todo el caso...

"–Bueno, coronel, ¿cómo me explica usted –dijo socarronamente el general Pablo González–, sus relaciones con Emiliano Zapata?

"–¿Con Emiliano Zapata? –preguntó sorprendido Guajardo.

"–Sí, mi coronel, con Emiliano Zapata –insistió el general González.

"–No es posible, mi general –contestó Guajardo.

"–Tan es posible, coronel, que aquí tengo una carta que Zapata le dirige –añadió don Pablo, y entregándosela al gobernador agregó–: Léala licenciado, léala en voz alta para que la conozca el coronel Guajardo".

La carta de Zapata comenzaba diciendo que "ha llegado a mi conocimiento que por causas que ignoro ha tenido usted con Pablo González algunas dificultades, y en las que ha sido usted amonestado sin tener causa justa". Para de inmediato ofrecerle un lugar entre los zapatistas: "Esto y la convicción serena y firme que tengo del próximo triunfo de las armas revolucionarias, me alientan para dirigirle la presente, haciéndole formal y franca invitación para que si en usted hay voluntad suficiente, se una a nuestras tropas entre las cuales será recibido con las consideraciones merecidas".

El general no dejaba de sonreír mientras el sorprendido Guajardo leía la carta.

177

Y continúa el biógrafo Valentín López González:

"–Buen servicio de espionaje nos tiene Zapata, cuando ya ven, a unas horas del incidente en el hotel, lo supo –comentó el general González y, dirigiéndose a Guajardo, dijo–: Coronel, desde este momento tendrá usted correspondencia con Emiliano Zapata. El licenciado Aguilar escribirá las cartas y usted las firmará. Vamos a ver para qué nos sirven estas relaciones."

A las pocas horas, el fotógrafo espía regresaba a las líneas zapatistas con la contestación de Guajardo. Entre otras cosas le manifestaba "que en vista de las grandes dificultades que tenemos Pablo González y yo, estoy dispuesto a colaborar a su lado siempre que se me den garantías suficientes para mí y mis compañeros". Como se sabía que Zapata necesitaba suministros, también le informaba que contaba "con elementos suficientes de guerra, así como municiones, armas y caballada, tengo en la actualidad otro Regimiento á mis órdenes, así como otros elementos que sólo esperan mi resolución para contribuir a mi movimiento".

Zapata respondió con alegría dándole toda clase de garantías: "Tanto a usted, como a los jefes, oficiales y soldados que lo acompañen, se les recibirá con los brazos abiertos [...] La carta de usted deja ver que es franco y sincero, y lo juzgo como hombre de palabra y caballero, y tengo confianza en que cumplirá al pie de la letra el asunto de que se trata". Y luego le sugería la mejor manera de efectuar el cambio de bando, sin perder de vista los suministros. "Creo conveniente decir a usted que deseo haga su movimiento el jueves [...] Advierto a usted que se necesita obrar con mucha actividad. En Cuautla tengo yo arreglados varios jefes, así como otros que están destacamentados fuera de allí. Dichos Jefes sólo esperan que se les diga el día en que deben salirse para que se incorporen a nosotros."

De inmediato Guajardo envió su respuesta. "En debida contestación manifiesto a usted que, con relación a sus instrucciones [...] no es posible dar cumplimiento para el jueves. Otro motivo principal es el de tener en dicha ciudad provisión por valor de 10.000 pesos, la que nos haría mucha falta, si esta se perdiese. [...] el Cuartel General tiene un pedido de mi parte de 20.000 cartuchos, los que me entregará del 6 al 10 del presente mes; la provisión de referencia estará también para la misma fecha en esta. Motivo de satisfacción es para mí fijarme a la gran causa revolucionaria por la que usted ha luchado. [...] Una vez reunidos en nuestro poder los elementos a que hago referencia y que hice en mi anterior, daremos el primer golpe. [...] Me permito ofrecer a usted, desde luego, víveres como artículos de primera necesidad, u otros que pudieran hacerle falta dejando a su respetable opinión la forma más conveniente para que lleguen a su poder. Hago de su conocimiento que diariamente mando mulada con arrieros a Cuautla, por lo que suplico, si lo cree conveniente, ordene a los jefes que operan por esa región, no obstruccionen el paso a los individuos de referencia."

Y de esta manera Guajardo fue dando elementos a Zapata como para disipar en este toda posible desconfianza. El jefe revolucionario del sur replicó el 2 de abril de 1919 y entre otras cosas dice: "Con relación a los víveres y municiones que en la ciudad de Cuautla tiene usted, juzgo pertinente los deje allá, aun cuando bien comprendo que por de pronto pudieran hacernos falta, pues creo firmemente que muy poco tiempo después esos elementos se pueden recobrar y hay el inconveniente de que el mismo individuo que le recomiendo, pudiera enterarse del asunto, en cuyo desgraciado caso, esté usted seguro que lo haría víctima [...] Su carta ha sido para mí la confirmación de las referencias que sobre usted me habían sido proporcionadas y no dudo que como usted me indica, sea sostenido con hechos y sinceramente nos felicitamos por su patriótica actitud, ofreciéndole en lo particular mi amistad franca y abierta. Respecto a los víveres de que me habla, efectivamente estamos escasos, yo le agradezco mucho su buena disposición para proporcionármelos y esté seguro de que recibiré con gusto todo aquello que sea su voluntad mandarme".

Al día siguiente la respuesta de Guajardo acompañaba el regalo de un caballo de calidad, un alazán llamado As de Oros, y que seguramente Zapata supo valorar. "Le mando un caballo que espero será de su agrado, así como mercancías que le serán necesarias. Si usted no puede darme sus instrucciones amplias y verbales, las espero entonces por escrito, indicándome qué plaza debo atacar.

Tengo en proyecto Jojutla, Tlaltizapán o Jonacatepec [...] Yo tengo que ir a Cuautla a recibir el parque y venir enseguida con la gente que tengo en Santa Inés y algunos oficiales."

Para el 6 de abril, Zapata envió las instrucciones requeridas. "En cuanto al movimiento, le manifiesto que la base principal es esta; que con las fuerzas de su mando marche a Tlayecac, en donde están al mando del capitán Salomón G. Salgado, 100 hombres; que el mismo capitán Salgado reunirá más tropas en Tenextepango; una vez organizado allí marchará sobre Jonacatepec, el que una vez tomado, regresará a San Juan Chinameca a recibir instrucciones, y marchará sobre Jojutla y Tlaltizapán; apoderándose de esta plaza, ya se puede reorganizar la columna y, después de reforzada, llevar a cabo trabajos de mayor importancia... Con el fin de despistar al enemigo, voy a distribuir fuerzas en guerrillas, por lugares más convenientes, cercanos a Cuautla, aparte de una columna competente, formada con las tropas que puedan reunirse, para el mejor éxito de las operaciones."

La oportunidad para realizar los planes del Ejército Federal se presentaron cuando Zapata exigió a Guajardo que se le incorporara; señalándole la obligación de llevar al campo zapatista al general Capistrán, que se había rendido al gobierno y enseguida atacar y tomar la plaza de Jonacatepec. El cuartel general federal interceptó una comunicación de Zapata dirigida a Eusebio Jáuregui, donde le daba instrucciones para que aprehendiera al general González. Jáuregui se había rendido hacía varias semanas, pero, según la comunicación interceptada, la rendición había sido preparada con el objeto de gestar un movimiento dentro de Cuautla. Al descubrirse los planes de Zapata, González ordenó al gobernador José G. Aguilar que procediera a la aprehensión de Jáuregui, que tenía la ciudad por cárcel. González dio la orden de traer a Emiliano Zapata vivo o muerto. Le dijo a Guajardo:

–Por lo que respecta a las pruebas que le pide Zapata, provea a su gente con municiones de salva y ataque la guarnición de Jonacatepec. Yo daré instrucciones al general Daniel Ríos Zertuche para que también provea a sus soldados con la misma clase de municiones. Después de sostener un tiroteo con las tropas de usted, él se retirará a un punto convenido en aparente desorden, y como no es posible que se lleve a Capistrán, pues Zapata le fusilaría inmediatamente, llévese a doce zapatistas que están condenados a muerte. Si su ex jefe los fusila pagarán bien pagados los crímenes que han cometido.

Según el parte de Guajardo, el día 8 de abril de 1919, después de recibir las órdenes salió con su escolta a las 8:15 de la mañana con rumbo a Chinameca. Llegó a Moyotepec a las 11 de ese mismo día, donde lo esperaba una escolta de 50 hombres, y prosiguió a Chinameca, donde llegó a las tres de la tarde.

Con motivo de que varios grupos de campesinos se presentaron ante Guajardo para quejarse de los desmanes de la gente de otro jefe federal exigiendo pronta justicia, el coronel impuso como castigo el fusilamiento de 59 soldados que militaban a las órdenes de Margarito Ocampo y del coronel Guillermo López. Esta orden se cumplió en un lugar llamado Mancornader. De esta forma demostró Guajardo su lealtad a Emiliano Zapata.

Con el ofrecimiento de entregar al ejército zapatista 12.000 cartuchos de municiones, Guajardo citó al máximo jefe de los rebeldes del sur en la hacienda de Chinameca, ubicada junto al río de Cuautla, a unos 50 kilómetros de Villa de Ayala. Esa hacienda había sido uno de los primeros lugares de los que se había apoderado Zapata cuando se sumó a la rebelión de Madero en 1911.

Durante toda la mañana del jueves 10 de abril Zapata rondó la hacienda sin decidirse a entrar. Pero Guajardo insistentemente enviaba emisarios invitándolo a comer. Hasta que, pocos minutos después de las dos de la tarde, aceptó el convite, montó el alazán y se encaminó con su escolta hacia la entrada de la hacienda.

El mayor Reyes Avilés, que estuvo allí cuando todo ocurrió, narró de esta manera la escena: "Lo seguimos diez, tal como él lo ordenara, quedando el resto de la gente muy confiada, sombreándose debajo de los árboles y con las carabinas enfundadas. La guardia formada parecía preparada para hacerle los honores. El clarín tocó tres veces la llamada de honor. Al apagarse la última nota, al llegar el general en jefe al dintel de la puerta, de la manera más alevosa, más cobarde, más villana, a quemarropa, sin dar tiempo para empuñar las pistolas, los soldados que presentaban armas, descargaron dos veces sus fusiles y nuestro inolvidable general Zapata cayó para no levantarse más".

Murió instantáneamente. Apenas tocó suelo su cadáver, los soldados de Guajardo lo trasladaron a la casa principal de la hacienda y esa misma noche lo llevaron a lomo de mula a Cuautla, para que el mismo Pablo González confirmara la muerte del rebelde. Satisfecho, el general envió un telegrama al presidente Carranza informándole del éxito de la operación. El cadáver de Zapata fue trasladado al cuartel de la policía local y ahí le tomaron sus últimas fotografías. Al día siguiente, los diarios anunciaban con grandes titulares la noticia, preocupándose en subrayar cómo la República se había "purgado de un elemento dañino" y que la muerte del cabecilla era la muerte del zapatismo. En cambio, se alababa el "heroísmo" de Guajardo, a quien el presidente Carranza ascendió a general de brigada y lo recompensó con 50.000 pesos oro.

La historia

Emiliano Zapata Salazar pertenecía a una familia de antiguos comuneros y parece que nació el 8 de agosto de algún año entre 1877 y 1883 (se desconoce el año exacto) en el estado de Morelos, al sur del país, en un pueblito tlahuiaca cuyo nombre, Anenecuilco, en lengua náhuatl quiere decir "lugar donde el agua se arremolina". Era una de las cuatro comunidades agrarias que formaban el municipio de Ayala. Desde la época prehispánica los pobladores de esta región se caracterizaron por la defensa insobornable tanto de sus tierras, como de los derechos comunales.

Sin ningún signo de opulencia, la familia Zapata no era precisamente de las más pobres. Sus padres, Gabriel Zapata y Cleofas Salazar, les habían dejado a Emiliano, noveno de diez hijos, y a su hermano Eufemio, que más tarde sería uno de sus principales compañeros de guerrilla, una casa de tierra y adobe a orillas del río Ayala. También heredaron algunos animales y unas cuantas hectáreas cultivables. Emiliano, tal como había ocurrido con sus abuelos primero y con su padre después, fue peón de campo, aparcero en una hacienda vecina, arriero de mulas, regador de tierras y se asegura que el mejor domador de caballos de toda la región. Además, y esto era muy importante, Emiliano sabía leer y escribir, gracias a los dos años de escuela que había pasado en Ayala. Hablaba con corrección tanto el español como el náhuatl, lo que le permitía una fácil comunicación con toda clase de personas de diversos estratos sociales.

Algunos de sus biógrafos cuentan que cuando tenía poco más de 9 años el llanto de su padre iba a marcarlo para siempre. Gabriel Zapata fue uno de los tantos perjudicados cuando en 1887 el hacendado Manuel Mendoza Cortina despojó de viviendas y huertos a la pequeña comunidad campesina de San Miguel de Anenecuilco, donde vivían. Entre lágrimas de impotencia le dijo a su hijo que lo miraba azorado:

–Los amos nos quitan las tierras abusándose porque son poderosos.

El pequeño Emiliano, con los puños apretados, le respondió:

–Pues cuando yo sea grande haré que las devuelvan.

Este fue seguramente el germen de su pasión por la reforma agraria, por la recuperación de los ejidos, la tradicional forma precolombina de propiedad comunal. La identificación con las ideas de la izquierda de origen europeo, dominantes en la época, vendría después.

Durante la dictadura porfirista, los hacendados cañeros de Morelos, estado natal de Zapata, impulsados por el auge de los precios internacionales del azúcar, se apoderaron de las tierras comunales de la región, sin que los campesinos fueran escuchados por las autoridades. En 1897 Zapata fue arrestado por participar en una protesta contra la usurpación y en apoyo a la Junta de Cuautla que pedía la devolución de la tierra.

En castigo fue reclutado como soldado raso desde el 11 de febrero de ese año hasta un mes después, en que le permitieron pagar a su reemplazo. Este breve paso por el ejército le permitió conocer la vida miserable del soldado llevado a filas por la "leva". Experiencia crucial que seguramente lo llevó, al quedar libre, a que mayor fuera su decisión de lanzarse a la Revolución contra aquel régimen de gobierno que tantas iniquidades cometía contra los pobres.

En 1909 fue nombrado por aclamación presidente del Consejo zonal, un organismo cuya existencia se remontaba a tiempos prehispánicos. La designación reflejaba su creciente prestigio. El apellido Zapata era importante en Anenecuilco desde que familiares suyos habían combatido valientemente contra los españoles y contra la intervención francesa en la década de 1860.

Cuando los habitantes de Anenecuilco debieron enfrentarse al despojo de tierras llevado a cabo por los propietarios de la hacienda del Hospital, Emiliano Zapata se dispuso a coordinar la lucha del pueblo contra los hacendados. Después de inútiles negociaciones con los propietarios, a la cabeza de un grupo de campesinos, Emiliano ocupó por la fuerza el preciado suelo que se les había expropiado para distribuirlo entre todos. En esta época nació el grito de guerra de sus seguidores, el "¡Viva Zapata!" inmortalizado por el cine, la literatura y el folklore. También, seguramente se gestó allí su lema, de amplia resonancia en toda América Latina: "La tierra para el que la trabaja". Durante los dos años siguientes, otros campesinos se levantaron en armas y a todos ellos Zapata albergó bajo su ala.

Francisco Madero, un terrateniente del norte, se había opuesto a la dictadura de Porfirio Díaz en las elecciones de 1910, que perdió debido al escandaloso fraude. Huyó a los Estados Unidos, donde se proclamó presidente legítimo para reingresar al país y dirigir la Revolución. Pronto fue seguido por grupos de campesinos guerrilleros. En marzo de 1911 Emiliano Zapata adhirió al plan de San Luis Potosí proclamado por Madero y en poco tiempo fue designado "jefe supremo del movimiento revolucionario del Sur".

Después del triunfal ingreso de Madero a la capital, Zapata se entrevistó con él y le pidió que gestionara con el presidente provisional la devolución de la tierra de los ejidos. Madero insistió en que primero había que desarmar a las guerrillas ofreciéndole una recompensa para que pudiera comprar tierras, oferta que el jefe rebelde rechazó. No llegaron a ningún acuerdo y los zapatistas fueron atacados nuevamente por las tropas federales, lo que hizo que los rebeldes se refugiaran en las montañas. La guerrilla ya no iba a detenerse. Varios sacerdotes la acompañaban y en sus filas hasta había anarquistas cristianos. Las mujeres "soldaderas" les brindaban apoyo logístico, algunas con grado de capitanas y coronelas.

El 29 de noviembre de 1911 el jefe sureño proclamó el Plan de Ayala. En él se desconocía al gobierno de Madero, exigía la devolución de las tierras a los pueblos y la dotación de los ejidos a las poblaciones que no los tuvieran. El plan se convirtió en la bandera del agrarismo mexicano.

El Plan de Ayala

Con la ayuda de un maestro de escuela, Otilio Montaño, Zapata preparó el Plan de Ayala. En él se declaraba a Madero, ya elegido presidente, incapaz de cumplir los objetivos de la Revolución. El documento renovaba las promesas iniciales de los revolucionarios y proponía nombrar un presidente provisional hasta que se llamara a elecciones. También se comprometían a devolver la tierra robada a los ejidos después de expropiar, pagando, un tercio de las tierras en poder de las haciendas. Los hacendados que se negaran, verían sus tierras incautadas sin compensación alguna. La consigna adoptada por Zapata fue "Tierra y Libertad".

El Plan de Ayala sigue siendo el programa de reforma agraria más radical en la historia de México. Dice de él John Womack, uno de los más notables biógrafos de Zapata, que es un documento "confuso y torpe, sin la menor sugerencia de gracia intelectual metropolitana". Su torpeza formal y sus faltas de ortografía hicieron que los enemigos de Zapata, mucho más refinados intelectualmente, lo consideraran casi una broma. Cuentan que Madero autorizó con entusiasmo a Enrique Bonillas, director del *Diario del Hogar*, de la ciudad de México, para que publicara el plan.

–Publíquelo para que todos se den cuenta de lo loco que está Zapata –le dijo.

Pero fue un error. Con todos sus defectos de estilo el documento de Zapata y Montaño contenía ideas de cambio social de dimensiones desconocidas hasta ese momento en los manifiestos políticos de su país. Cabe destacar que el plan fue elaborado antes de que los intelectuales urbanos comenzaran a unirse al movimiento zapatista.

El Plan de Ayala fue proclamado a fines de 1911 y los izquierdistas urbanos comenzaron a unirse a Zapata en mayo de 1914, cuando el país estaba controlado por el infausto general Victoriano Huerta. En un desesperado intento de romper cualquier potencial foco de resistencia en la capital, Huerta había clausurado la Casa de los Trabajadores del Mundo en mayo. El lugar era un hervidero de actividad política izquierdista y muchos de sus miembros pertenecían a lo que podrían llamarse grupos de intelectuales progresistas urbanos. Con la clausura de la Casa, se produjo una escisión entre sus miembros. Algunos pasaron a la clandestinidad en la capital para más tarde unirse a Carranza y ayudar en la organización de los trabajadores en los llamados "batallones rojos". Otros escaparon al sur, hacia Morelos, para unirse a Zapata.

La reforma agraria

En el curso de sus campañas, Zapata distribuía las tierras incautadas a los latifundios, las que habitualmente tomaba sin compensación alguna. Con frecuencia ordenaba ejecuciones y expropiaciones en una arremetida un tanto caótica, en el transcurso de la cual sus hombres no siempre se comportaban de acuerdo a las leyes de la guerra. Fue en esta época que sus adversarios comenzaron a forjar la imagen de un Zapata violento y salvaje.

El Ejército Libertador del Sur, con Zapata a la cabeza, combatió sucesivamente a los gobiernos de Madero y de Victoriano Huerta. Para mediados de 1914 logró apoderarse de todo el estado de Morelos, así como de zonas aledañas pertenecientes a los estados vecinos. Esta fue su contribución al derrocamiento del gobierno ilegítimo, desechando la jefatura ofrecida por Carranza y sin ponerse de acuerdo con los constitucionalistas.

Una vez dominada la región, los zapatistas aplicaron entre 1914 y 1915 las ideas expuestas en el Plan de Ayala; se restablecieron a los pueblos y comunidades las tierras de las haciendas, respetando la autonomía de los poblados.

En octubre de 1914 Carranza convocó a una asamblea de todas las fuerzas revolucionarias. Pancho Villa, quien comandaba la parte más importante del ejército del norte, se negó a aceptar el llamado debido a que consideraba la ciudad de México como terreno enemigo. La asamblea fue trasladada a Aguascalientes, donde se reunieron tanto villistas como zapatistas. En 1915, Zapata envió a la Convención de Aguascalientes a sus representantes, quienes en su nombre se opusieron a Venustiano Carranza y apoyaron a Francisco Villa, a quien lo unían lazos de ideología, de aventura y de posición social. Ambos grupos constituían mayoría, de manera que la convención finalmente decidió nombrar al general Eulalio Gutiérrez como titular del Ejecutivo, en forma provisional.

Cuando Carranza se retiró a Veracruz, Zapata ocupó con sus 25.000 hombres la capital de la República juntamente con las fuerzas de Villa. Una vez que ambas huestes ingresaron en una ciudad de México tan pacata como atemorizada, demostraron ser unos campesinos inesperadamente tímidos que portaban la efigie de la Virgen de Guadalupe y solicitaban con respetuosa humildad alguna vianda a los transeúntes. Zapata rehusó sentarse en el sillón presidencial. Aborrecía la ciudad tanto como el poder.

La incapacidad política para dominar el aparato burocrático del Estado y las diferencias que surgieron entre los dos caudillos, a pesar de que Villa había aceptado el plan de Ayala, alentaron la reacción carrancista.

Mientras duró su gobierno creó comisiones agrarias para distribuir la tierra y pasó mucho tiempo supervisando el trabajo de esas comisiones para asegurarse de que no hubiera favoritismos y evitar que los terratenientes corrompieran a sus miembros. Creó un Banco Rural de Préstamos, la primera organización de crédito agrícola del país.

En abril de 1915 el representante personal de Woodrow Wilson, presidente de los Estados Unidos, se reunió con Zapata. Este le pidió que Wilson recibiera a la delegación zapatista, pero Wilson ya había reconocido al gobierno de Carranza, puesto que el gobierno de la Convención encabezado por Gutiérrez se había dispersado. Mientras tanto la guerra continuaba. Zapata ocupó la ciudad de Puebla y ganó varias batallas, aconsejado por algunos militares profesionales que se le habían unido.

A las diferencias políticas e ideológicas siguió el enfrentamiento armado y la etapa conocida como Lucha de Facciones. Sin embargo, al no establecerse una alianza unificada entre zapatistas y villistas, ambos fueron vencidos por las fuerzas de Venustiano Carranza. Las tropas de Zapata fueron derrotadas en las batallas de Apizaco y Puebla y desalojadas de la ciudad de México, por lo que se dirigieron al estado de Morelos, donde, después de ser atacadas por los carrancistas al mando del general Pablo González, se refugiaron en las montañas. En 1917 los generales de Carranza derrotaron a Villa y aislaron a Zapata. De inmediato Carranza convocó a una nueva Convención Constituyente, sin invitar a Zapata. Parcializada de tal modo la Convención aprobó y promulgó una nueva constitución y eligió a Carranza como presidente de la república.

Un nuevo enviado estadounidense, William Gates, visitó a Zapata y luego publicó una serie de artículos en los Estados Unidos donde se destacaba el orden en la zona controlada por Zapata el líder rebelde, en oposición al caos de la zona constitucional; señalaba que "la verdadera revolución social puede hallarse entre los zapatistas". Cuando estos artículos llegaron a conocimiento de Zapata, este dijo: "Ahora puedo morir en paz. Finalmente se nos hace justicia".

Al poco tiempo, el general Pablo González, ponía en práctica su plan para acabar con la vida de Zapata.

El zapatismo

En una carta a Gilardo Magaña, Zapata escribió: "Estoy decidido a luchar con cualquier cosa y contra cualquiera sólo con la confianza y el apoyo de mi pueblo". En otra de sus cartas dijo: "Quiero morir como esclavo de los principios, no de los hombres". A Pancho Villa, Zapata le escribió: "[...] la ignorancia y el oscurantismo jamás han producido otra cosa que no sean manadas de esclavos para la tiranía".

Los abusos y la indignación contenida en las clases bajas facilitaron la tarea de Zapata de reclutar sus campesinos revolucionarios. Cuando entraba a un pueblo de humildes pastores y labradores, imponente en su estampa ecuestre, su figura se engrandecía. Impresionaba con su traje de charro, de inmediato reunía multitudes en la plaza principal. A veces arengaba a los indios en náhuatl, la lengua que ellos mejor entendían.

–¡*Notlac ximomanaca*! ¡Vengan conmigo! –les decía.

Era un ejército de andrajosos vestidos con sus blancas ropas de campesinos y sus sandalias como único uniforme. Se reunían en cuarteles improvisados en sus propios hogares, cerca de las milpas, las tierras de cultivo. Los zapatistas evitaban las batallas y adoptaron una táctica de guerrillas. Trabajaban cotidianamente sus parcelas, listos para acudir al llamado del jefe. A una señal, abandonaban el trabajo y entraban en batalla. En algunas ocasiones Zapata llegó a reunir miles de hombres a quienes retribuía con los impuestos que le imponía a las ciudades provinciales y que obligaba a pagar a los ricos. Una vez terminada la misión, se evaporaban. Todos ellos volvían a ser peones sencillos de mirada lánguida y habla queda una vez que se separaban de sus bandoleras cargadas de balas que escondían en lugar seguro junto con las armas. Ningún ejército podía derrotarlos, ya que ni siquiera tenían capacidad para encontrarlos. Conocían todos los atajos del terreno montañoso, cada uno de los escondites posibles en túneles y cuevas que venían siendo usados por todos los fugitivos desde los tiempos de Moctezuma.

La ideología de Zapata

La revolución de Zapata fue sobre todo agraria. Sería del todo inexacto sostener que Zapata fue comunista, aun cuando su revolución se parece mucho a lo ocurrido en Rusia poco tiempo después, en 1917. De todas maneras, en el conjunto de los discursos y escritos de Zapata se pueden encontrar una y otra vez algunos de los temas caros al socialismo internacional de la época, como la reforma agraria y la recuperación de los ejidos rurales. Sin embargo, esto no se oponía a la idea de propiedad privada. Lo que Zapata proponía era la restitución a los descendientes de los indios de las tierras que los usurpadores se habían apropiado, nunca a la distribución de la totalidad de las tierras de los hacendados entre los campesinos.

El principal objetivo de Zapata fue la emancipación política y económica de los labriegos y pastores de su país. La reforma agraria no fue un fin en sí misma y no es raro encontrar en sus escritos expresiones como "libertad económica" y hasta "crecimiento y prosperidad", lo que de alguna manera invalida cualquier interpretación marxista de su movimiento original.

Muchos biógrafos de Zapata y algunos cronistas de la revolución atribuyen a este una ideología indianista, socialista y hasta anarquista. Como ya se ha señalado, hay elementos que pueden ser asociados en forma tangencial con las doctrinas socialistas francesas de siglo XIX, pero de ninguna manera son predominantes. En cuanto a su "indianismo", difícilmente pueda decirse que el propio Emiliano, un mestizo con hábitos europeizados, fuera un purista en este sentido. Como buen pragmático prefirió intentar la creación de un sentimiento de identidad localista y nacional que uniera a todos los grupos étnicos. Y si bien estudió bastante acerca del comunismo, al que consideraba "bueno y humanitario", finalmente se alejó de él por considerarlo de difícil realización. En suma, resultaría tan arbitrario considerarlo un comunista decidido a eliminar la propiedad privada como un indianista luchando por la supremacía de las razas aborígenes. Zapata era un líder revolucionario e inteligente cuyo objetivo fue el de sacar de la extrema pobreza a los campesinos del sur de su país.

A lo largo de la historia, los líderes políticos y revolucionarios han sido glorificados por sus seguidores tanto en vida como después de muertos. Pero pocos en tiempos modernos han sido objeto de una apoteosis como la suya. Se podría decir que sus seguidores, sobre todo los nuevos zapatistas, lo siguen venerando de una manera casi religiosa. Su nombre ha vuelto a ocupar un lugar en la actualidad política después del levantamiento armado producido en el estado mexicano de Chiapas. Allí, como en otras partes de México, la memoria de Zapata está rodeada aún de un aura de mito y misterio.

1923: Pancho Villa,
revolucionario mexicano

En el Museo de la pequeña ciudad de Columbus, sobre la frontera que separa a México de los Estados Unidos, puede verse la máscara mortuoria de Pancho Villa. No lejos de ella, en la misma sala, una centralita telefónica de principios del siglo xx. Ambos objetos, disímiles como son, forman parte de un episodio que introdujo en la historia a este pueblito que para 1916 no tenía más de 400 habitantes.

Susan Parks Kendrick era para aquel entonces la operadora telefónica de Columbus: fue ella quien dio la alarma a varios vecinos y llamó pidiendo ayuda. Estaban siendo atacados por bandoleros que venían del otro lado de la línea que separa los dos países.

El 9 de marzo de 1916, a las 4:15 de la madrugada, un grupo de 485 hombres atacó el pueblo de Columbus, Nuevo México, al grito de "Viva Villa", que alternaba con el de "Viva México". Los atacantes llevaban enormes sombreros y uniformes de color pardo claro con bandoleras cruzadas sobre el pecho. La imprevista ofensiva que culminó con la captura del poblado era llevada a cabo por las fuerzas del jefe revolucionario del Norte mexicano, el legendario Pancho Villa, quien había dado a las fuerzas gubernamentales que le perseguían falsos indicios de estar moviéndose en dirección a El Paso, cuando en realidad llevaba sus tropas hacia Columbus.

Cerca de El Paso, en el Fuerte Bliss, las tropas norteamericanas habían sido puestas en estado de alerta, precisamente debido a las andanzas de Pancho Villa, temerosas de que el revolucionario (para algunos un bandolero) lanzara un ataque sorpresivo sobre alguna ciudad de los Estados Unidos.

Fue Columbus el caserío elegido por Pancho Villa para que ocupara un lugar en la historia. Los residentes del pueblito, por su parte, no veían demasiados motivos de alarma pues el 13º Regimiento de la caballería norteamericana estaba allí para protegerlos. Ignoraban que los insurgentes mexicanos estaban a unos pocos kilómetros al sur, preparándose para el ataque.

El pueblo no era más que un puñado de ranchos de adobe, algunas casas de madera, una estación de ferrocarril, dos hoteles, el cuartel del ejército y algunos establecimientos comerciales. Intrascendencia estratégica que terminó por producir en los jefes militares una excesiva confianza. Los exploradores de la avanzada mexicana regresaron al campamento de Villa e informaron que sólo había unos 30 soldados en el cuartel de Columbus. Efectivamente, la noche de la arremetida el coronel Herbert Slocum, jefe de la guarnición, se había ausentado del pueblo. Y no eran muchos los oficiales que habían quedado. No obstante, después de la sorpresa, las fuerzas norteamericanas lograron recomponerse. Las luces del nuevo día revelaron que las fuerzas defensoras eran más numerosas de lo que habían imaginado por lo que los hombres de Pancho Villa comenzaron a retirarse.

En las placas recordatorias del acontecimiento en el pueblo de Columbus se mencionan los nombres de 18 vidas norteamericanas perdidas. Pero en realidad fueron 19, según la manera actual de contar, ya que una de las víctimas era una mujer embarazada. En ese entonces los niños no nacidos no se consideraban como una vida. Los villistas, por su parte, perdieron 90 hombres: números que delatan la asimetría del combate.

Durante la retirada los atacantes se llevaron 80 caballos de raza, 30 mulas y abundante material bélico, incluidos 300 rifles Mauser. Algunos historiadores piensan que el ataque a Columbus no fue lanzado con la intención de matar norteamericanos, sino para obtener algún botín. Ciertos acontecimientos oportunamente registrados abonan tal hipótesis: los mexicanos asaltaron los hoteles para despojar a los huéspedes de los objetos de valor y el dinero; ni una sola de las viviendas privadas fue atacada; sólo se llevaron armas, víveres y municiones; en ningún momento las mujeres fueron violadas ni se tomaron prisioneros.

Otros investigadores se inclinan a pensar que el principal motivo para semejante embestida fue el convencimiento del revolucionario mexicano de que el presidente Woodrow Wilson había firmado un pacto con su ex aliado Carranza, según el cual prácticamente convertía a México en un protectorado norteamericano.

Tal vez algo de esto fuera verdad. Lo cierto es que el movimiento constitucionalista tenía problemas financieros para continuar luchando contra el gobierno de Huerta. Villa trató de hacer recaer ese peso en las clases altas que habían apoyado a Porfirio Díaz así como en los grupos extranjeros más débiles, en este caso los españoles, aunque también aumentaban las presiones a las empresas de los Estados Unidos. Como la guerra civil no daba señales de concluir, muchas compañías habían suspendido sus operaciones, lo cual hizo disminuir la recaudación impositiva. Tras la derrota sufrida por Pancho Villa en Celaya, en abril de 1915, su situación económica y financiera empeoró. La presión de Villa y Carranza sobre las empresas norteamericanas aumentó, lo que empeoró aun más las relaciones con Wilson.

De todas maneras, enviados norteamericanos le aseguraron a Villa que Wilson no tenía en sus planes reconocer a Carranza como presidente aunque en octubre de 1915 (plena Primera Guerra Mundial), temeroso de las intrigas alemanas en México, los Estados Unidos optaron por desdecirse y reconocer a Carranza como gobernante legítimo. Tan brusco e inesperado cambio convenció a Pancho Villa de que su antiguo asociado lo había traicionado. Su reacción habría sido precisamente el suicida ataque a Columbus. Todavía los especialistas se debaten entre estas alternativas para explicar semejante acción bélica.

Cualesquiera que hayan sido las razones de Villa para la ofensiva, el hecho fue que una semana después del sangriento episodio, una expedición punitiva de 4800 hombres, que pronto creció hasta los 10.000, al mando del general John Pershing, invadió el estado mexicano de Chihuahua. Tenía órdenes del presidente Wilson de capturar a Pancho Villa.

La excursión guerrera fracasó y el 5 de febrero de 1917 regresó a los Estados Unidos. Quedó claro que si bien el ataque de Villa al país vecino había puesto en peligro la frágil independencia de México, la ineficacia del ejército de Pershing había eliminado tal peligro.

Villa se convirtió en un símbolo de la resistencia nacional tanto en Chichuahua como en el resto del país. Después de todo, Pancho Villa había sido el hombre que se atrevió a atacar a los Estados Unidos, y no pagó por ello.

La vida en la frontera

No eran pocas las ciudades norteamericanas de la frontera que conocían el accionar del Pancho Villa, aunque más no fuera al modo de pirotécnico espectáculo. Los ciudadanos de El Paso, por ejemplo, lo habían visto atacar Ciudad Juárez, del otro lado de la frontera, sin que un solo proyectil cruzara hacia el país vecino.

Dadas las características de guerra de guerrillas que había adquirido la actividad militar en la zona, con sus informales redes de transmisión de mensajes y el casi permanente contrabando de armas a lo largo de la frontera, era posible saber con anterioridad cuándo se iban a producir esos enfrentamientos. Así fue como los habitantes de Douglas, otra ciudad fronteriza del lado de los "gringos", pudieron apostarse en estratégicas ubicaciones, lejos del peligro, para asistir a las batallas como si se tratara de partidos de fútbol. Algunas damas elegantes de esa ciudad hasta llegaron a ofrecer lo que llamaban "un té con batalla", al que invitaban a sus amigas. En la ocasión las buenas señoras presenciaban los enfrentamientos desde las terrazas de sus confortables hogares mientras se servía té con masas y dulces. Y hasta proveían a sus invitadas catalejos para que no se perdieran los detalles de la lucha.

Uno de esos mortales enfrentamientos se produjo el 1º de noviembre de 1915, cuando Pancho Villa y todo su ejército avanzaron sobre la ciudad de Agua Prieta, estratégica posición que le permitiría a Villa contrabandear armas desde los Estados Unidos, a la vez que castigaba a sus enemigos del estado de Sonora.

Mientras el ejército de Villa se movía lentamente en dirección a Agua Prieta desde la montañas de Sierra Madre, el general Calles (un futuro presidente de México), comenzó a convertir la ciudad en una verdadera fortaleza de trincheras, alambre de púas y nidos de ametralladoras. Trenes cargados de tropas y municiones habían llegado como refuerzos para Calles y el ejército de los Estados Unidos, desde Douglas, le cubría las espaldas. En todo el sudeste de Arizona se corrió la voz de que pronto otro combate iba a librarse. Los trenes organizaron excursiones especiales a Douglas para asistir al espectáculo. Algunos historiadores aseguran que los espectadores sumaban 4000, más las tropas norteamericanas que se apostaban en las cercanías, para el caso de que los hombres de Pancho Villa cruzaran la frontera. Calles envió a las mujeres y los niños de Agua Prieta a esconderse en los campos fuera de la ciudad, hasta que terminara la batalla.

El general se guardaba un as en la manga. Hizo instalar reflectores sobre el molino que se alzaba en una esquina céntrica. La mañana del 1º de noviembre, Pancho Villa comenzó el ataque de artillería contra la ciudad desde el este y desde el oeste, asegurándose de que ningún proyectil cayera sobre Douglas. Después, sin analizar en profundidad la situación, envió a sus hombres en una carga masiva a campo traviesa hacia la ciudad, siendo destrozados por las perseverantes ráfagas de ametralladoras de Calles. Hombres y caballos, enredados en los alambres de púas, eran muertos rápidamente. Villa decidió retirarse hasta que oscureciera y luego ordenó otra carga. Los reflectores se encendieron, pero estos no sólo iluminaron las tropas atacantes, sino que también las encandilaron. Los atacantes fueron otra vez aplastados. Los villistas sufrieron una tremenda derrota en Agua Prieta y pronto tuvieron que marcharse. Villa perdió 223 hombres en esa batalla, en tanto varios cientos gravemente heridos lograron escapar. Calles había perdido sólo 52, entre los que se contaban algunos civiles.

Héroe o villano

A casi cien años de la Revolución Mexicana el pueblo de ese país no termina de ponerse de acuerdo respecto de si Pancho Villa fue un héroe o un bandolero. En la actualidad la tendencia, en particular luego del revisionismo histórico de la década de 1970, lleva a olvidar las atrocidades que cometió para ir transformándolo en una mítica figura, la del héroe romántico y compasivo.

Seguramente, como afirma el historiador Jorge Mejía Prieto, Pancho Villa tenía dos almas. Una pertenecía al hombre compasivo siempre dispuesto a ayudar a los necesitados, a recoger a los huérfanos para darles hogar, alimento y educación. La otra daba vida a un feroz general que destruía pueblos y mataba a víctimas inocentes. Pancho Villa era generoso y benévolo con sus seguidores, de quienes esperaba lealtad y confianza, pero para quienes traicionaban esa lealtad o se rebelaban contra su autoridad no mostraba piedad y su crueldad carecía de fronteras.

El folklorista Américo Paredes sugiere tres imágenes de Pancho Villa rescatadas de la tradición oral. Primero está el marginado, el fuera de la ley, un Robin Hood prerevolucionario que robaba a los ricos para ayudar a los pobres. Luego aparece la imagen del exitoso revolucionario (tal vez el más exitoso de todos) y por último, la imagen del "violador de fronteras", considerado un héroe dentro de un conflicto entre dos culturas.

Es muy posible que la vida y los motivos de Pancho Villa hayan sido idealizados por el cine y por los creadores de mitos entre los pobres de México, pero no hay dudas de que para ello contaban con una rica historia de donde obtener la materia prima que alimentara esos relatos. La realidad de los hechos tiene suficientes elementos como para construir una romántica y agitada historia de acción y aventura.

Su vida

El nombre verdadero de Villa era Doroteo Arango. Nació en 1878 y creció pobremente en el pueblito minero de Las Minas, estado de Durango. No recibió educación alguna debido a la pobreza de su familia y el primer trabajo del futuro jefe de bandidos fue en la carnicería del pueblo. La tradición mexicana dice que cambió el puesto de carnicero por una vida de matanzas cuando descubrió que uno de los propietarios de una finca en la que había trabajado había violado a su hermana. Arango mató al hombre, huyó hacia las montañas y se cambió el nombre: Francisco Villa. El origen del seudónimo no es claro. Algunos sugieren que era el nombre de uno de sus abuelos o de un tío. Para otros, se trata de un homenaje a algún amigo caído.

Otra versión de la historia lo hace ya de 21 años, cuando era bien conocido por su enorme afición al póker. Una noche, en un club deportivo de Chihuahua, un vaquero cuestionó su honestidad. En esta versión, Villa sacó un revólver y le disparó al hombre para luego montar en su caballo y huir hacia las montañas. Allí comenzó su carrera de bandido.

Sea como fuere que hayan ocurrido las cosas, Pancho Villa ascendió rápidamente al nivel de una leyenda. No bebía ni fumaba pero no tenía la menor inhibición moral en cuanto a matar. Pronto reunió a su alrededor a un bien disciplinado ejército con el que comenzó una sistemática serie de ataques a los ricos terratenientes y mineros del norte de Chihuahua. Después de cada ataque una parte del botín era repartida entre los campesinos del lugar.

Pero la historia de México estaba por cambiar dramáticamente, y con ella, el destino de Pancho Villa.

La revolución

En 1910 Pancho Villa se convirtió en jefe militar luchando a las órdenes del general Francisco Madero en los enfrentamientos que iban a culminar con la destitución de Porfirio Díaz y el acceso del mismo Madero a la presidencia. La habilidad de Villa como organizador le hizo obtener el grado de coronel junto con un enorme ejército. Cuando Madero asumió el poder, Villa consideró que su misión estaba cumplida y abandonó el ejército para dedicarse a los negocios. Sin embargo la vida civil, como cualquiera que lo conociese podría haber vaticinado, estaba destinada a ser breve.

Los generales mexicanos de esa época ambicionaban el poder. Entre tantos, el general Pascual Orozco tomó la iniciativa organizando una rebelión con el propósito de derrocar a Madero en 1912 y Villa volvió a unirse al ejército mexicano, enfrentándose a un comandante que alguna vez había su compañero de armas.

Como era de esperar, más adelante fue acusado de insubordinación por el general Victoriano Huerta, a cuyas órdenes estaba sirviendo. Se ordenó su fusilamiento, pero a último momento, cuando el pelotón estaba a punto de abrir fuego, llegó Raúl Madero, hermano del presidente y detuvo la ejecución.

Fue una advertencia clara para Villa. Sabía muy bien cuándo y dónde se hallaban sus enemigos, de modo que decidió escapar de la prisión militar y huyó a los Estados Unidos, exilio en cuyo transcurso, un año más tarde, se enteró del asesinato de Madero y de la autoproclamación de Huerta como dictador. Villa regresó y se unió a las fuerzas del general Carranza y Emiliano Zapata para organizar una revolución y derrocar a Huerta. Su caballería de 35.000 hombres fue la principal responsable del éxito del levantamiento. En 1914, Huerta renunció y Carranza asumió la presidencia.

Villa, sin embargo, no estaba totalmente satisfecho con Carranza, y en el caos que siguió al cambio de gobierno, él y su compañero Zapata ocuparon y gobernaron la ciudad de México por un breve tiempo. El hecho fue considerado un exceso, aun para Pancho Villa, y los dos hombres fuera de la ley junto con sus ejércitos fueron pronto empujados hacia las montañas del norte de México por un ejército conducido por el general Álvaro Obregón.

Durante un tiempo, Villa desapareció para ocuparse de su pueblo, los residentes de Chihuahua. Redistribuyó allí las tierras, con lo cual se hizo aún más querido por la gente pobre del país. Para el 6 de marzo de 1916 reapareció. Furioso con el reconocimiento del gobierno de Carranza por parte de los Estados Unidos y también necesitado de provisiones básicas, lanzó el ya mencionado ataque a Columbus, cuya consecuencia inmediata fue el envío de la fuerza expedicionaria del general Pershing para capturar a Pancho Villa, "vivo o muerto".

Pershing y su fuerza expedicionaria revisaron cada colina, cada posible escondite que pudiera ocultar al bandido. Pero sin resultado alguno. Los campesinos se mostraban particularmente poco cooperativos y las fuerzas federales o eran incompetentes o eran corruptas.

Villa apareció para dar una fiera batalla en Parral, en el mismo lugar en el que años más tarde iba a morir. Los hombres de Pershing habían sido advertidos de antemano acerca de una emboscada semejante y lucharon con fiereza. Derrotaron a las fuerzas de Villa y este fue herido de gravedad. Recibió tres disparos en la pierna y fue llevado a una cueva en las montañas cercanas, donde se debatió entre la vida y la muerte durante varias semanas.

Mientras tanto, las fuerzas expedicionarias norteamericanas debían enfrentarse a una cada vez mayor hostilidad proveniente tanto de los campesinos como de los representantes del gobierno. Su presencia, que ya llevaba nueve meses, era vista como una violación al suelo mexicano. Luego de conducir una infructuosa campaña que le había costado a los Estados Unidos 100 millones de dólares, Pershing y su desmoralizado ejército se retiraron hacia el norte hasta atravesar la frontera, de regreso a su país. Ni siquiera había logrado verle la cara al bandido revolucionario que se había atrevido a atacar al poderoso vecino del norte. Desde 1812, cuando los ingleses atacaron Washington, ninguna fuerza extranjera había atravesado las fronteras de los Estados Unidos.

Recuperado, Villa volvió a aparecer. Los historiadores conjeturan acerca de que su experiencia cercana a la muerte en la batalla de Parral había provocado una notable disminución del entusiasmo, tanto en él como en sus hombres. Más viejo, tal vez más prudente, él y 900 de sus seguidores se entregaron, pacíficamente, en julio de 1920 en Sabinas a una fuerza de 10.000 soldados federales conducidos por el general Eugenio Martínez.

Villa era requerido por asesinato en los Estados Unidos, pero la extradición de un héroe popular era impensable, y eso, tanto Villa como sus compañeros, lo sabían muy bien. Seguía siendo un muy famoso personaje público. Carranza se había retirado y el gobierno interino de Adolfo de la Huerta le otorgó a Pancho Villa una "sentencia" de exilio interno en México, dos millones de dólares en oro como pensión y una pequeña granja en Canutillo. En tan confortable como bucólico paraje para la reclusión el antiguo bandido se convirtió en granjero, compró el más moderno equipamiento agrícola norteamericano y un automóvil Ford (algunas versiones dicen que se trataba de un Dodge).

Este personaje, que comandó alguna vez decenas de miles de hombres y en una ocasión ordenó la matanza a sangre fría de 300 prisioneros, había construido en su nuevo rol, un hospital, una escuela y una oficina de telégrafo en el tranquilo pueblito de Parral.

Los últimos días

Así como para los campesinos del norte de México, Pancho Villa era un héroe benefactor, para sus enemigos políticos –y tenía muchos–, en cambio, constituía una amenaza. Aun en medio de tanta paz y generosidad, a Villa le resultaba imposible permanecer callado respecto de los asuntos de México. Había sido parte de ellos demasiado intensamente y durante demasiado tiempo.

Se acercaban las elecciones presidenciales y él hizo saber que apoyaba a su viejo amigo Adolfo de la Huerta, o tal vez al general Raúl Madero, por encima del favorito, Plutarco Calles.

Se estaba colocando en una situación peligrosa y sus amigos le advertían acerca de la conveniencia de no involucrarse demasiado en la muchas veces letal práctica de la política mexicana. Ignoró tales advertencias e hizo lo que a él le parecía, como era usual.

Sin embargo no sería la política nacional, sino la local, la que finalmente se haría cargo de él. Jesús Salas, el hombre que organizó el complot para asesinar a Pancho Villa, no lo hizo debido al posible reingreso de Villa a la política nacional, sino para vengar una masacre llevada a cabo por este y sus hombres hacía muchos años, en el pueblito llamado El Oro, en el estado de Durango.

Salas, él mismo candidato a la reelección, estaba convencido de que este dramático golpe maestro lo convertiría en un héroe a los ojos de los votantes de Durango. No hay pruebas de que tuviera más ambiciones que esta.

Jesús Salas era miembro de la legislatura del estado y dispuso de un grupo de hombres que durante muchos días quedaron apostados afuera de una casa en la ciudad de Parral, camino a Guanajuato, en el extremo sur de la provincia de Chihuahua.

Allí, una mañana de julio, los complotados iban a matar a un jefe de bandidos de 55 años que había logrado sobrevivir a numerosos intentos de asesinato, a bandoleros y revolucionarios rivales e incluso a un ejército conducido por un general de los Estados Unidos.

Salas elaboró el plan con diligencia durante varios meses y convocó finalmente al grupo de conspiradores. A principios de abril de 1923 alquiló una casa en la esquina de las calles Benito Juárez y Balbino Barredo, un lugar por el que Villa pasaba constantemente en sus viajes desde su rancho en las colinas rumbo al centro mercantil del poblado.

En esa casa anónima, Salas y seis asesinos estudiaron los hábitos del antiguo jefe de bandidos y revolucionarios, las rutas que usaba tanto para sus viajes como en sus caminatas, sin descuidar las mejores ubicaciones para dispararle. Resulta casi increíble que ninguno de los amigos de Villa los hubiera descubierto durante los tres meses que pasaron allí escondidos.

En cierta oportunidad, durante ese tiempo, los siete asesinos tuvieron la ocasión propicia para dispararle a Villa, pero a último momento, un grupo de escolares que regresaban a sus casas se interpuso entre ellos y el vehículo que transportaba al líder retirado.

Fue a las ocho de la mañana del 20 de julio de 1923 cuando llegó el momento esperado: no había niños presentes mientras Villa y su secretario, el coronel Miguel Trillo, aparecieron viajando con lentitud en el automóvil del antiguo bandolero devenido jefe revolucionario. Los conspiradores, que habían estado aguardando desde el amanecer a ambos lados de la ruta, abrieron fuego. Más de 100 disparos se incrustaron en las paredes de las casas de la calle Benito Juárez. Cuarenta de ellos dieron en el automóvil y lo atravesaron. Nueve dieron en el cuerpo de Pancho Villa. No tuvo siquiera tiempo de disparar sus famosas pistolas gemelas, que siempre llevaba consigo. Trillo, también armado, tampoco atinó a hacer fuego. Daniel Tamayo, el asistente de Villa, Rosario Rosales, el chofer, y un transeúnte no identificado que por casualidad caminaba por allí, todos, cayeron muertos en forma instantánea.

Los asesinos, tal como había hecho el mismo Villa en sus tiempos heroicos, saltaron a sus caballos y huyeron a las colinas. La posterior confesión de Salas hizo saber que muchos ciudadanos en Parral los ayudaron a escapar y otros les habrían proporcionado protección en el mismo pueblo, si así lo hubieran querido. Por las dudas, en el calor del momento, aseguró, los asesinos decidieron dirigirse a las colinas.

Unos días más tarde, Salas abandonó su escondite y fue trasladado a la ciudad de México para ser juzgado. Anunció durante el juicio que donaría el dinero de la recompensa por la captura, vivo o muerto, de Pancho Villa ofrecida por los Estados Unidos, a la fundación de una institución de caridad para las familias de las numerosas víctimas de su propia víctima.

De inmediato no fueron pocos los hijos que reclamaban su parte de las propiedades del bandido. No menos de cinco esposas y un ejército de vástagos, más su hermano Hipólito y su hermana Mariana, aparecieron entre los reclamantes. Pancho Villa mantenía varias esposas con sus respectivos hijos en diversos pueblos dispersos por todo México. Creyente al fin, con todas ellas se había casado por la Iglesia.

El 20 de septiembre de 1923, Salas fue condenado a 20 años de prisión, pero sólo estuvo preso apenas una fracción de ese tiempo. Obregón, el nuevo presidente, hizo saber públicamente que había peligro de que Salas fuera asesinado en prisión.

Tenía razón. La muerte de Villa estaba por ser vengada. Salas sobrevivió, pero todos menos uno de sus cómplices murieron de manera violenta, incluso uno de ellos en el transcurso de una emboscada en el mismo lugar donde Pancho Villa había sido asesinado.

El Estado se hizo cargo del reparto de las propiedades de Villa mientras continuaba la virulenta disputa entre aquellos que lo idolatraban y aquellos que lo condenaban. Cuarenta años más tarde, el Congreso mexicano votó para que se preservara para siempre su nombre escrito en oro en las paredes de sus cámaras, junto a los de otros héroes de la Revolución Mexicana. Una vez más, se le otorgó el beneficio de la imagen de aristas suavizadas de la leyenda.

1934: Augusto César Sandino,
revolucionario nicaragüense

Durante la última reunión que mantuvieron, el general José María Moncada le preguntó al general Augusto César Sandino: "¿cómo puede usted considerar la posibilidad de dar su vida por el pueblo?". Ese pueblo no se lo agradecerá. Lo importante es vivir bien.

Jefe del ejército liberal a quien los Estados Unidos habían prometido la presidencia de Nicaragua, Moncada trataba de persuadir al general nacionalista para que se abstuviera de luchar contra la invasión de los infantes de Marina norteamericanos. Sandino no vaciló en abandonar la reunión, retirándose con sus tropas a la ciudad de Jinotega. Desde allí, el 12 de mayo de 1927, anunció por telégrafo que había decidido luchar hasta el final contra la ocupación militar extranjera.

Nicaragua se debatía en una guerra civil entre las elites progresista y conservadora. El conflicto se había iniciado después de las elecciones, cuando el candidato perdedor, el conservador, general Emiliano Chamorro, derrocó a quien había sido beneficiado por el veredicto de las urnas, Carlos Solórzano. Después de unos meses de lucha armada, los progresistas iban ganando.

En 1926, el gobierno conservador de Adolfo Díaz, instalado en el poder por los Estados Unidos en un intento de "pacificación", solicitó auxilio militar a sus protectores del norte. La Infantería de Marina no tardó en hacerse presente y pronto ofrecieron a los progresistas dos opciones: firmar un tratado de paz con la garantía de llamar nuevamente a elecciones presidenciales bajo el control de los oficiales norteamericanos; o enfrentarse al ejército de ocupación que de inmediato entraría en combate para aplastar al ejército rebelde.

Moncada no dudó un instante. Eligió la primera alternativa y de inmediato se lo hizo saber a sus amigos estadounidenses. Todos los jefes militares y sus tropas aceptaron los términos propuestos. Todos, menos uno, Augusto César Sandino

El rebelde general era un hombre de poca estatura, abstemio y tímido. Desde joven se había convertido en jefe militar como única manera de luchar contra las ambiciones imperialistas de los Estados Unidos sobre Nicaragua. Pronto extendió su lucha para combatir a las poderosas elites dominantes de su país, siempre dispuestas a negociar con tal de proteger sus intereses. También lo impulsaba un sentimiento religioso, tal vez místico, que lo llevó a indagar en diferentes corrientes espiritualistas de las que abrevó para dar forma a sus ideas libertarias, camino que, conjugado, fue llevándolo a convertirse en profeta de un nuevo mundo.

Intervencionismo de los Estados Unidos

Se vivía por entonces una época de enorme influencia estadounidense en todo el hemisferio. A fines del siglo XIX, los Estados Unidos habían intervenido en la guerra española contra Cuba, para luego dedicarse a expulsar a las otras potencias europeas del istmo de Panamá. Necesitaba despejar el terreno con el propósito de garantizar para sí territorios y fronteras seguras que facilitaran la construcción del canal. Nicaragua había ofrecido una ruta alternativa para la vía entre el Atlántico y el Pacífico, aunque la obvia inestabilidad política del país alejaba la viabilidad del proyecto.

En 1907, el presidente Theodore Roosevelt convocó a una Conferencia Centroamericana destinada a resolver las disputas de la región. Dos años más tarde, Nicaragua comenzó negociaciones con Gran Bretaña y Japón con la intención de construir el importante canal en su territorio. Sin embargo las conversaciones no demoraron en fracasar. Financiada por algunas empresas de los Estados Unidos y algunos otros gobiernos de América Central, se produjo una revolución encabezada por el general Juan Estrada en octubre de 1909, en Bluefield, sobre la costa del Atlántico.

Los rebeldes se vieron ampliamente superados por las fuerzas del presidente Zelaya, y pidieron la intervención de los Estados Unidos. Con el pretexto de proteger a los norteamericanos en Bluefields, se produjo el desembarco de 400 infantes de Marina. Fueron las tropas de Zelaya, muy bien entrenadas, las que ganaron la batalla, tras la cual ejecutaron a dos norteamericanos expertos en demoliciones. Pero era sólo una batalla, no la guerra. El gobierno de los Estados Unidos rompió relaciones diplomáticas con Nicaragua y forzó la caída de Zelaya.

Fue este el comienzo de una larga y tortuosa relación entre los Estados Unidos y Nicaragua. Los norteamericanos lograron mantener algunos gobiernos conservadores durante un tiempo, aunque siempre interrumpidos por perturbaciones de distinto grado. Hasta que impusieron a Adolfo Díaz, contador de una empresa minera estadounidense y aliado incondicional de Washington. Los Estados Unidos habían otorgado un par de empréstitos a Nicaragua y, como garantía, se quedaron con el control de las aduanas, el Ferrocarril Nacional, los vapores del Gran Lago y los fondos no utilizados de otro préstamo.

Cuando la oposición liberal se hizo mayor, Díaz se sintió en la obligación de pedir la intervención militar norteamericana. De más está decir que la consiguió. En agosto de 1912 desembarcaron 2700 soldados en ambas costas del país. Para octubre, los rebeldes fueron derrotados y dispersados. Durante los siguientes 23 años, salvo por un período de dos años, los infantes de Marina permanecieron en Nicaragua con el pretexto de impedir la disgregación del país, cuando en realidad la invasión se sostenía con el objetivo de mantener su predominio a través del Pacto Centroamericano de 1907, tanto como el Tratado Bryan-Chamorro que otorgaba a los Estados Unidos derechos exclusivos para la construcción de un canal en Nicaragua.

Para 1927, el fatigado país centroamericano no quería ya saber más nada de seguir luchando. Con la excepción de un pequeño grupo conducido por el general Augusto César Sandino, las fuerzas en pugna depusieron las armas.

El 24 de noviembre de 1928, los Estados Unidos supervisaron la primera elección "libre" de la historia de Nicaragua. Ganó, tal como se lo habían prometido, el liberal José María Moncada. El presidente Herbert Hoover redujo la presencia militar norteamericana de 5000 a 1300 hombres. En las montañas, Sandino y sus hombres se disponían a oponer resistencia hasta la última sangre.

Los primeros años

Su verdadero nombre era Augusto Nicolás Calderón Sandino, aunque mucho más adelante, cuando ya era el líder indiscutido de la resistencia, lo cambió por el más sonoro Augusto César. La comparación con las dotes militares de Julio César no era ajena a esta elección de nombre.

Era hijo ilegítimo de Gregorio Sandino, propietario de cafetales, y Margarita Calderón, una mujer al servicio de la familia. La madre lo abandonó en 1904. A partir de entonces su abuela materna se ocupó de él hasta que se incorporó a la casa de su padre. Había nacido el 18 de mayo de 1895, en la ciudad de Niquinohomo, en el departamento de Masaya, a 30 kilómetros de Managua.

Creció en la pobreza y miseria características de los hijos ilegítimos de hombres poderosos y ricos en la sociedad feudal y patriarcal de la época. Aun cuando podían ser aceptados en el hogar paterno, eran obligados a realizar las tareas menos gratas de la casa para ganarse la vida.

En alguna ocasión, Sandino le dijo a un periodista: "Abrí mis ojos en la miseria y crecí en esa misma miseria. Carecía de todo y no podía siquiera satisfacer las necesidades básicas. Mientras mi madre cosechaba café, yo me quedaba solo. Y apenas empecé a caminar pasaba mi tiempo entre las plantas de café, ayudándole a ella a llenar la canasta para ganar unos pocos centavos. Vestido pobremente y alimentado de manera más pobre todavía, crecí, o más bien, no crecí, tal vez debido a esas mismas razones. Cuando no había café para recoger, nos enviaban a cosechar trigo o maíz. La paga era tan exigua y la tarea tan ardua que la vida sólo era sufrimiento y dolor".

La llegada de los infantes de Marina en 1909 provocó una breve e inútil resistencia encabezada por Benjamín Zeledón, quien murió en una escaramuza con las fuerzas conservadoras el 4 de octubre de ese mismo año. Después de ser derrotado trató de alcanzar a Jinotepe, para lo cual se dirigió a Nandasmo pasando por El Portillo, hoy La Curva. Por esas cosas del escarpado terreno tropical, el baqueano perdió el rumbo y fue a dar a Las Esquinas, en El Arroyo, donde al pasar por la finca de Chu Rivas apareció una columna de caballería del ejército conservador. Al ver a los soldados liberales el jefe les ordenó detenerse, a lo que Zeledón repuso con disparos. En este fugaz enfrentamiento cayeron los generales Zeledón y Emilio Vega.

Algunos testigos de este episodio cuentan que al general Emilio Vega lo enterraron en terrenos de Chu Rivas, pero el cuerpo de Zeledón fue puesto por sus enemigos en una carreta, para llevarlo como testimonio, o como trofeo, a Masaya. Al llegar a Niquinohomo, el grupo hizo un alto. En ese momento aparecieron Blanca y Salvadora Alvarado, hermanas de un ilustre liberal zelayista, el doctor Carlos Alvarado Canelo, quienes amortajaron pudorosamente con una sábana blanca el cuerpo semidesnudo y sucio de Zeledón. Uno de los testigos de esta escena fue un muchacho de 17 años que quedó muy impresionado con la imagen del cadáver de este patriota trasladado sin respeto por los mismos que lo habían matado. Aquel muchacho era Sandino.

Poco antes de su muerte, Zeledón le había escrito a su mujer una carta en la que decía: "El destino cruel parece haber pactado con Chamorro y demás traidores para arrastrarme a un seguro desastre con los valientes que me quedan [...] sería locura esperar otra cosa que la muerte, porque yo y los que me sigue [...] no entendemos de pactos, y menos aún de rendiciones [...]

"No me hago ilusiones. Al rechazar las humillantes ofertas de oro y de honores que se me hicieron, firmé mi sentencia de muerte [...] Si el yanqui a quien quiero arrojar de mi país me vence en la lucha que se aproxima y, milagrosamente, quedo con vida, te prometo que nos marcharemos fuera, porque jamás podría tolerar [...] la humillación y la vergüenza de un interventor. Si muero [...] moriré en mi lugar por mi patria...".

A los 18 años Sandino se fue trabajar a Costa Rica como aprendiz de mecánico para regresar más tarde a Niquinohomo, donde comenzó a interesarse en la política e ingresó al Partido Liberal, tradicionalmente anticlerical y con simpatías masónicas. Fue en 1921, a los 26 años, durante el transcurso de un confuso episodio, nada improbable que estuviera relacionado con enredos de faldas, que Sandino le disparó a Dagoberto Rivas, hijo de un importante político conservador de la ciudad. Debió huir tanto para escapar de la justicia como por miedo a la venganza, ambas difíciles de diferenciar en aquellos parajes por esos tiempos. Prudente huida que lo llevó a la costa del Pacífico de su país y luego a La Ceiba, en Honduras, donde encontró trabajo en un ingenio azucarero. Sin sentirse para nada a gusto poco tiempo permaneció allí, ya que al año siguiente cruzó a Guatemala para trasladarse luego a México, donde finalmente se detuvo en Cerro Azul, cerca del puerto de Tampico donde trabajó en un campo de petróleo.

Esta visita a México fue un momento clave en su desarrollo ideológico y religioso. Familiarizado con el anticlericalismo de la izquierda liberal de su país, se identificó con las ideas políticas de Plutarco Elías Calles, que se convertiría en presidente mexicano en 1924. Calles era un anticatólico fanático y hay quienes lo califican de enfermizo. Su gestión de gobierno desembocó inevitablemente en un enfrentamiento con los grupos católicos, después de la partida de Sandino, en lo que se llamó la Rebelión de los Cristeros de 1926.

Sandino era anticlerical, mas no alcanzaba a identificarse con las tesis explícitamente ateas y marxistas. Por el contrario, se puso en contacto por poco tiempo con el grupo cristiano fundamentalista de los Adventistas del Séptimo Día, a los que abandonó para iniciar un breve pasaje por la escuela yoga, de la que conservaría principalmente un cierto interés por la doctrina de la reencarnación. En aquel viaje también fue iniciado en la masonería mexicana y comenzó a interesarse por el espiritismo.

El regreso a la patria

En agosto de 1925, los Estados Unidos retiraron sus tropas de Nicaragua. La ocupación había durado 13 años. Claro que en el país quedaban los instructores militares de la Constabulary, antecesora de la Guardia Nacional.

En octubre, el general Emiliano Chamorro dio un golpe de Estado y asumió el poder. Washington se negó a reconocerlo. Siete meses después se produjo un alzamiento liberal adverso a Chamorro por lo que nuevamente las tropas norteamericanas desembarcan en Nicaragua, en Bluefields. Los seguidores de Sandino aseguran que al enterarse del inicio de esta guerra, conocida como "la Guerra Constitucionalista", el futuro revolucionario decidió regresar a la patria, a la que arribó el 1º de junio de 1926. En esta iniciativa se entrecruzan acontecimientos coincidentes pues, amén de la flamante invasión de los marines, está asimismo el hecho de que en ese momento se cumplían los cinco años necesarios para que prescribieran las acusaciones que pesaban contra él.

Su intención de regresar al pueblo natal y abrir su propio negocio fue frustrado por Dagoberto Rivas, que se había convertido en miembro de la Asamblea Nacional. Esos planes también se vieron alterados por la plaga de langostas que invadió el país. Sin un proyecto claro en mente llegó a la ciudad de León.

Antes de que terminara el año, con armas compradas en Honduras y acompañado por algunos mineros de San Albino, se unió a la causa constitucionalista. De inmediato, el 2 de noviembre atacó la guarnición de El Jícaro, donde sufrió su primera derrota. Este revés le hizo tomar conciencia de que necesitaba mejores armas, por lo que se dirigió a Puerto Cabezas al encuentro de las tropas liberales rebeladas. Esperaba conseguir allí pertrechos y hombres.

Un mes después se entrevistó con el rebelde liberal, el comandante general José María Moncada, quien le negó no sólo las armas, sino también el puesto en el ejército que le solicitaba este desconocido Sandino. Moncada se ganaba así, sin saberlo, un peligroso rival.

Por un golpe de suerte y con la ayuda de algunas prostitutas,

Sandino recogió algunas armas abandonadas por las fuerzas conservadoras al darse a la fuga, lo cual hizo que fuera bien recibido por otros comandantes liberales. Estos calcularon que nada podían perder permitiéndole a este extraño, ansioso por luchar, que hostigara a las tropas del gobierno en el noreste.

En febrero de 1927, Sandino regresó a las montañas de Segovia después de haber reclutado un gran número de campesinos para sus filas. En abril sus tropas se unieron a las columnas liberales en el avance hacia la capital, con lo que lograron evitar una derrota casi segura. Por primera vez Sandino se imaginó a sí mismo entrando victorioso a Managua.

Una renovada frustración se desencadenó en mayo de ese año, cuando los Estados Unidos obligaron a las fuerzas en pugna a alcanzar un entendimiento de por sí precario. Así fue como se firmaron los Acuerdos de Espino Negro, bajo la supervisión del coronel norteamericano Henry Stimson. Sandino aceptó lo firmado y le aseguró a Moncada que estaba dispuesto a deponer las armas, pero lo haría recién cuando llegara a Jinotega, en el norte. Sin embargo al poco tiempo reconsideró su posición hasta renegar de todo lo dicho, impugnar aquellos acuerdos por considerarlos una traición a la patria y retomar la lucha armada. El 18 de mayo, ya de regreso en las montañas, en San Rafael del Norte se casó con la hija del telegrafista del pueblo. Era también el día de su cumpleaños.

Muchos de sus hombres comenzaron a abandonarlo para regresar a sus hogares, cansados de la guerra. A medida que sus tropas desertaban más se internaba Sandino en las montañas. Hasta que el día 24 propuso rendirse y entregar las armas al comandante de campo de la Infantería de Marina si los Estados Unidos designaban a un gobernador militar para Nicaragua, quien debería supervisar un nuevo llamado a elecciones. Indiferencia y silencio fue lo que obtuvo por respuesta.

Volvió a presentar, en junio, sus condiciones para la rendición. Proponía en esta oportunidad el establecimiento de un gobierno liberal "honorable". Tampoco obtuvo respuesta. A partir de ese momento Sandino comenzó a actuar como autoridad constituida en la región, designando funcionarios civiles y rebautizando a El Jicaro, el lugar del fallido ataque, modestamente, con su propio nombre, Ciudad Sandino.

A partir de ese momento, su conducta se caracterizó por una serie de paradojas que constituyen uno de los temas centrales del libro de Marco Aurelio Navarro-Génie, politólogo nicaragüense y estudioso de las ideas de Sandino, *Augusto "César" Sandino. Mesías de la Luz y la Verdad*. En este período, cuanto peor le iban las cosas, sobre todo en el terreno militar, más engrandecía su persona. Llegó a proclamarse heredero de Julio César y única autoridad moral no sólo de Nicaragua, sino también de toda la América central, y muy pronto de toda la América Latina.

A esta visión grandiosa de sí mismo contribuyó en gran medida la prensa y algunos intelectuales que poco a poco fueron haciendo de él un mito. El pensador francés Henry Barbusse lo llamó "General de los Hombres Libres" por haber unido a los campesinos, a los artesanos y a los profesionales. Para la poeta chilena Gabriela Mistral, era el jefe del "pequeño ejército de locos".

En ese momento dio a conocer sus primeros dos manifiestos políticos, en los que proclamaba un lazo místico con la raza india y su intención de hacer todo lo necesario, incluso el derramamiento de sangre, en beneficio de esa causa. Comenzó de inmediato con la organización de su ejército de campesinos, al que llamó Ejército de Defensa de la Soberanía Nacional de Nicaragua, y elaboró una guía de conducta para sus seguidores. Fue en esta época que decidió cambiarse el nombre, para convertirse en Augusto César Sandino.

En enero de 1928 exigió la evacuación de las fuerzas estadounidenses, la renuncia del presidente Adolfo Díaz y elecciones supervisadas por los demás países de América Latina. Más tarde, ese mismo año, en octubre, anticipándose a la victoria de Moncada en las elecciones, Sandino organizó una Junta para tomar el poder en colaboración con tres facciones políticas marginales. En el pacto que estableció la Junta, Sandino se hizo nombrar generalísimo y máxima autoridad militar de la República.

Por esos días los gobiernos de Coolidge y Díaz acordaron la transformación de la Constabulary en Guardia Nacional. Y el 22 de junio de 1928 el dirigente comunista salvadoreño Farabundo Martí se incorporó a las filas del sandinismo.

Otra vez en México

Los comicios se realizaron el 4 de noviembre y Moncada fue elegido para la presidencia. Sandino seguía con la idea de formar la junta para deponer a quien él consideraba un usurpador y por ello pidió a su fiel representante personal en el extranjero, el poeta hondureño Froilán Turcios, que buscara ayuda en México. Turcios le aconsejó no proseguir con el proyecto de la Junta y le advirtió que tal posición conduciría a una guerra fratricida que él no estaba dispuesto a apoyar. Pero a pesar de las advertencias nada lo iba a detener, y en enero de 1929 le escribió personalmente al presidente mexicano pidiéndole una audiencia con el fin de anunciar sus proyectos de largo alcance para América Latina.

Simultáneamente declaró inconstitucional al gobierno de Moncada, a la vez que afirmaba que su ejército campesino era la única fuente de legitimidad en el país. También demandó, otra vez, el retiro de las tropas norteamericanas, la derogación del tratado Bryan-Chamorro y la fundación de un nuevo territorio bajo su autoridad incondicional donde pudiera establecerse con sus hombres. Además, exigió que Moncada proclamara la Unión de las Repúblicas Centroamericanas y el llamado a un congreso para la constitución de lo que él denominó Federación Indo-latinoamericana Continental y Antillana.

En el ámbito interno de su fracción forzó la renuncia de Turcios, acusándolo de robar dinero de la causa. Diez días más tarde reinterpretó la historia de Nicaragua y creó un nuevo calendario propio que se suponía había comenzado el 4 de octubre de 1912 con la resistencia de Benjamín Zeledón a la ocupación de las tropas norteamericanas.

Su siguiente paso fue acusar a las naciones europeas por no haber acudido en su ayuda contra los Estados Unidos. Sandino comenzó a hacer promesas, prediciendo una total y demoledora victoria. Cruzada que incluyó misivas a todos los presidentes del continente americano en busca de apoyo y el anuncio de que Nicaragua había sido elegida para verter su sangre por el resto de América Latina, en el marco de un ambicioso Plan para la Realización del Supremo Sueño de Bolívar. Moncada, por su parte, organizó una fuerza de voluntarios y continuó la ofensiva contra Sandino.

Finalmente viajó a México en busca de ayuda para sus ambiciosos proyectos. Pero el escenario había cambiado. La presidencia había quedado en manos de Emilio Portes Gil, ex ministro del Interior de Calles, quien se hallaba empeñado, después de la Rebelión de los Cristeros, en una cauta política de conciliación con la Santa Sede y con los Estados Unidos. Las autoridades limitaron su visita a Mérida, en Yucatán. Allí recibió un estipendio del gobierno mexicano que lo tuvo bajo vigilancia en el intento de mantenerlo por fuera del torbellino político.

Sandino se relacionó con un grupo espiritualista y volvió a ponerse en contacto con los masones libres. Por esta época se volvió desconfiado y depresivo: sospechaba que había sido traicionado por el gobierno mexicano. Sus amigos comunistas, en la oposición mexicana, contribuyeron a su desconfianza respecto de su anfitrión. De todas maneras, continuó enviando cartas a sus partidarios en Nicaragua, en las que prometía una pronta victoria.

El Partido Comunista Mexicano (PCM) le propuso financiar una gira europea a cambio de declaraciones que condenaran al gobierno mexicano. Frente a la oferta, Sandino prefirió esperar a que se realizara el viaje antes de formular tales declaraciones, y el PCM, a su vez, contrapuso que quería conocer previamente tales manifestaciones antes de permitirse el lujo de financiar la gira.

Por fin, el encuentro con su anfitrión, el presidente Emilio Portes Gil, se produjo en febrero, pero nada de la ayuda con que Sandino soñaba apareció. Portes Gil le ofreció tierras para trabajar y la oportunidad de permanecer en México. Grande fue la decepción de Sandino.

Su desconfianza lo hizo aislarse cada vez más y llegó a acusar a su leal lugarteniente Farabundo Martí de ser espía de los comunistas, por lo que rompieron relaciones. Martí se refugió en El Salvador. Tanto Sandino como el PCM no volvieron a mencionar ni la gira europea ni las declaraciones contra el gobierno mexicano. En abril, el PCM dejó entrever públicamente que Sandino era muy crítico del gobierno mexicano. Lo cual hizo que, temiendo por su vida, Sandino abandonara México. A mediados de mayo regresó a Nicaragua y un mes después fue gravemente herido en batalla.

Además de consolidar su posición en la masonería mexicana, en este segundo viaje a México Sandino iba a adoptar su más determinante decisión religiosa. Se inclinó definitivamente por la EMECU (Escuela Magnético Espiritual de la Comuna Universal). Se trata de una organización espiritista que todavía existe, fundada en 1911 en la Argentina por un electricista vasco, Joaquín Trincado. El estudioso de las ideas de Sandino, Navarro Génie, analiza el pensamiento de Trincado como una mezcla del espiritismo francés de Allan Kardec y de la teosofía de Madame Blavatsky, para oponerse tanto al cristianismo como al comunismo. Con una buena dosis de milenarismo y de utopismo político, Trincado sueña con una federación transatlántica entre España y los países de América Latina, la Unión Hispano-Americano-Oceánica, única posibilidad de enfrentar al imperialismo norteamericano. Sandino no demoró demasiado en convencerse a sí mismo de estar en condiciones de erigirse en el líder político y militar de tan grandioso proyecto. Fue así como comenzó a firmar sus manifiestos políticos en nombre de la EMECU, presentándose como el "mesías de la luz y la verdad".

El fin de la ocupación norteamericana

El coronel Stimson anunció en enero de 1931 el retiro de las tropas de los Estados Unidos de Nicaragua, a modo de una precondición anticipatoria para las elecciones del año siguiente. El 15 de febrero apareció el manifiesto Luz y Verdad en el que Sandino proclamaba la venida del fin del mundo y declaraba a Nicaragua sede natural del juicio contra los injustos. Al mismo tiempo, los hombres de Sandino realizaron importantes incursiones bélicas, llegando a controlar casi la toda la región del norte de Nicaragua, con la excepción de los centros urbanos. El número de seguidores iba en aumento, lo cual provocó nuevos problemas logísticos en el campo. Por otra parte, la propia incapacidad para capturar ciudades lo impacientaba.

La guerra civil comenzaba a prepararse en Honduras, lo que constituía una amenaza para el flujo de suministros. Sandino se preparaba en ese momento para declarar la unión de las repúblicas centroamericanas con la seguridad de que todos los movimientos de trabajadores de la región lo iban a seguir. El 31 de marzo un terremoto destruyó Managua y Sandino interpretó la catástrofe como un pronóstico favorable e insistió en profetizar el fin del mundo o, por lo menos, el fin de la civilización que conocemos. Se produciría una guerra mundial con epicentro en Nicaragua que destruiría dos tercios de la humanidad para poder instaurar el reino de la Justicia, obviamente encabezado por él mismo.

En mayo declaró ser el profeta del pueblo de Segovia y en agosto rechazó las sugerencias políticas de sus consejeros, convencido de que la conflagración final estaba próxima. Se volvió cada vez más desconfiado, al punto de poner distancia hasta con sus más íntimos consejeros. Al mes siguiente convocó a la Ciudad de León para alzarse en armas, llamado que fue desoído.

En diciembre preparó un plan para apoderarse de Nicaragua y nombrar un gobierno títere encabezado por Horacio Portocarrero. El 31 de agosto de 1932 se dispuso a desbaratar las inminentes elecciones y convocó a un boicot masivo.

Con distintas vicisitudes la vida política nicaragüense continuaba su curso y en noviembre de 1932 Juan Bautista Sacasa fue elegido presidente. Una de sus primeras medias de gobierno fue la designación del general Anastasio Somoza García al frente de la poderosa Guardia Nacional. Finalmente, el 1º de enero de 1933 se retiraron las fuerzas de los Estados Unidos de territorio nicaragüense.

Los conservadores habían ganado las elecciones en Honduras y cerraron la frontera para prevenir el retorno de los insurrectos que buscaron refugio. Los suministros de Sandino se vieron interrumpidos y la Guardia Nacional empezó a cercarlo. Al darse cuenta de lo difícil de su situación se mostró más dispuesto al diálogo, aunque todavía en tono de superioridad. Exigía que el Presidente hiciera conocer sus planes de gobierno resucitando su propio plan para fundar un nuevo territorio en el norte que se llamaría Luz y Verdad. El Presidente cayó en la cuenta de que era una oportunidad única y, acosado por los problemas internos, nombró negociador a un simpatizante de Sandino, Sofonías Salvatierra. Persuadido por las súplicas de su esposa, Sandino aceptó encontrarse con el enviado presidencial. El 2 de febrero, al alba, amenazó con suicidarse si no se alcanzaba la paz. Salvatierra lo llevó apresuradamente a Managua. Unos minutos antes de medianoche se firmó la paz.

Por esos acuerdos recién rubricados, Sandino juró su lealtad al presidente Sacasa y accedió a entregar sus armas. A sus hombres se les concedió la amnistía por los crímenes cometidos desde 1927 y se les permitió establecerse en la cuenca del Río Coco, donde fundaron una cooperativa agrícola. A él se le permitió mantener 100 hombres armados, reconocidos como Fuerza Auxiliar a las órdenes del Presidente, pero dirigidos por un hombre de confianza de Sandino, Francisco Estrada. El estatus de la Fuerza Auxiliar sería revisado después de un año. Todos los otros hombres entregarían su armamento el 23 de febrero.

Las armas más deterioradas fueron oportunamente entregadas, permitiéndosele conservar las pocas armas en buen estado que le quedaban para sus auxiliares.

Si bien bajo la jurisdicción del Departamento de Jinotega, los 36.000 kilómetros cuadrados de Sandino le daban prácticamente su propio dominio independiente. Se aseguró también de recibir grandes cantidades de dinero destinadas a obras públicas en la región y para los sueldos de su Fuerza Auxiliar. El proyecto de Río Coco, como a veces era llamado, formaba parte del gran esquema de Sandino por el que se crearía una comunidad que serviría de prototipo para el resto de la humanidad, y a partir del cual continuaría la misión redentora del mundo.

Suprema autoridad moral

Sandino no había abandonado su sueño de Unión de América Latina, que incluía la Unión Hispano-Americano-Oceánica de Trincado. Además, la comunidad recibiría con alegría a todos los revolucionarios de todas partes del mundo. Así como sus sueños distaban de desvanecerse, tampoco las conspiraciones le eran ajenas. Estaba todavía convencido de que el retiro estadounidense era sólo una oportunidad para descansar y recuperar fuerzas, pues regresarían. De modo que continuó preparándose para esa posibilidad.

Procuró formar un frente común de organizaciones izquierdistas, el Partido Autonomista, instrumento institucional destinado a servir de contrapeso a los partidos tradicionales con el que anhelaba ser capaz de tomar las riendas del país.

En junio, Blanca, la esposa de Sandino murió al dar a luz a una hija, Blanca Segovia Sandino. La propia salud del líder rebelde, afectada por la malaria, se deterioró. El 1º de agosto un incendio destruyó el arsenal militar de Managua y al enterarse de ello, Sandino reaccionó pensando que era el principio de un golpe de Estado, y movilizó a 600 hombres armados en la intención de ponerlos a disposición del Presidente. Las armas escondidas de Sandino salieron a la vista, con lo que logró enojar cada vez más a la Guardia Nacional de Somoza.

Sandino proclamó la Unión de las Repúblicas Centroamericanas el 16 de agosto y estableció lo que él llamaba el Ejército Autonomista de Centroamérica. Asignó las carteras ministeriales a cada país y delineó las reglas electorales destinadas a escoger al presidente de la nueva entidad subcontinental. Él se declaró Comandante Supremo del nuevo ejército y Suprema Autoridad Moral de Centroamérica, tras lo cual se trasladó a Managua para reducir las tensiones entre él y el jefe de la Guardia Nacional.

Sandino, un profeta violento

La personalidad mesiánica de Sandino, como destaca Navarro-Genie, lo llevó a considerarse por encima de la moral y a tolerar que sus hombres cometieran atrocidades poco frecuentes. Él mismo era un hombre violento, aspecto poco tratado en la literatura sobre Sandino. Algunos autores apenas si tocan el tema y los seguidores de Sandino guardan un total silencio sobre el asunto, dando por supuesto que la violencia es una necesidad de la revolución.

Por otra parte, Sandino se había impuesto una misión, la expulsión de los infantes de Marina norteamericanos de suelo nicaragüense. Su guerra era, por lo tanto, una guerra de liberación nacional, pero la suya prometía además salvación espiritual eterna. La base doctrinaria de Trincado le permitió explicar todos los niveles de la existencia, el físico, el espiritual y el político. Esto, sin dudas, hace de Sandino un revolucionario nacionalista diferente a los restantes caudillos rebeldes latinoamericanos.

Fue adjudicándose variopintos títulos en las sucesivas etapas de su vida. Le gustaban las formalidades porque lo hacían sentirse importante. Primero fue Jefe de combatientes de montaña, luego fue general para de inmediato ascenderse a Generalísimo y Comandante Supremo. Cuando por fin se llegó a la paz de 1933, se dio el nuevo título de Comandante Supremo del Ejército Autonomista, gobernante de América Central. Pero su más rimbombante blasón fue el de "César", no sólo gran militar y conductor de hombres, sino también con veleidades de dios imperial. Si bien jamás se refirió a sí mismo como "profeta" o "mesías", no hay dudas de que se consideraba a sí mismo como tal. Por eso el título de "César" agregado a su nombre, Augusto, le permitía unir su misión religiosa con ambiciones militares y seculares tanto de poder como de conquista.

Su ejército se parecía al líder. La exigente disciplina que imponía a sus hombres reflejaba una porfiada voluntad de triunfo. Sandino no fumaba, ni bebía, ni apostaba. Al principio les ordenó a sus hombres que "no cometieran injusticias para poder seguir gozando de la protección de Dios". Estaban prohibidas todas las actividades de mercado negro así como el tráfico de animales, y nadie podía tener más de dos caballos. Quienes desobedecían estas reglas, abusaban de los campesinos, robaban o violaban, eran ejecutados.

Sandino llegó a convertirse en amo de un enorme territorio y dirigía un "gobierno por extorsión", obligando al pago del impuesto de guerra. Las medidas adoptadas contra quienes se resistían eran severísimas. Los castigos debían ser ejemplares, como apoderarse de todo el ganado de quien se negara a pagar, a lo que podía sumarse el incendio de su casa y de sus sembrados e incluso la toma de rehenes. Justificaba el saqueo con el argumento de que era "injusto que los hombres que luchaban por la liberación de Nicaragua tuvieran que vestirse con andrajos".

Menos afortunados resultaban quienes eran ajusticiados, claro. Las ejecuciones llevadas a cabo por los sandinistas de entonces son famosas tanto por su letal precisión como por su horrible originalidad. Como se ve en el sello oficial de Sandino, el arma de la justicia sandinista (en su concepción, justicia divina) era el machete. Las decapitaciones estaban a la orden del día, pero se consideraba que no era suficiente cortarle la cabeza al condenado, por ello se le administraban cortes que iban desde la simple laceración hasta las más espantosas mutilaciones en diferentes combinaciones, que causaban la muerte después de un largo sufrimiento.

Todas estas atrocidades estaban dirigidas al principio contra los infantes de Marina de los Estados Unidos y seguramente comenzaron hacia 1927. Sandino aseguraba que los *marines* fueron los primeros en usar las decapitaciones como castigo, de modo, que, para compensar, él ordenó que sus cabezas fueran colocadas en picas a lo largo de los senderos de la montaña como un acto de venganza. Más adelante comenzó a ejecutar a los nicaragüenses considerados traidores, y esto incluía a cualquiera que recibiera ayuda o protección de las fuerzas de ocupación, o que se las brindara. La regla pareció institucionalizarse en que cualquiera que estuviera en contra de Sandino sería considerado enemigo.

Algunos estudiosos de la personalidad del caudillo insurgente sugieren que semejante violencia tolerada, cuando no alentada, por él mismo, responde a la idea que de sí mismo tenía este curioso revolucionario. En él se conjugaban la visión libertadora con la mística mesiánica.

Enfrentamiento con la Guardia Nacional

Sin embargo, Sandino carecía de toda habilidad política y su autoridad carismática cesaba en el límite de las ciudades. Estaba convencido de la existencia de un movimiento destinado a unir Centroamérica patrocinado por los Estados Unidos con el fin último de hacer más conveniente el sometimiento de la región. No se encontraba demasiado errado en la convicción de que los Estados Unidos mantenían el control de Nicaragua a través de la Guardia Nacional. De modo que la Guardia se convirtió en su enemigo principal. No hay dudas de que Somoza quería eliminar a Sandino, ya que la existencia de la Fuerza Auxiliar ridiculizaba a su Guardia Nacional y a su propia posición como custodio del Estado. Sandino y Somoza estaban en curso de colisión.

La situación se puso cada vez más tensa a medida que se acercaba la fecha para revisar el estatus de la Fuerza Auxiliar. Sus partidarios lo instaron a retomar la lucha armada, ante lo cual Sandino se mantuvo dubitativo. Le escribió al presidente cuestionando la legitimidad de la Guardia y sugirió que él podría no entregar sus armas. Encolerizado, Sacasa lo convocó a la Capital.

Sandino viajó a Managua en febrero y firmó otro tratado de paz, en la práctica sin mayores consecuencias ya que el 20 de mayo debió viajar nuevamente a Managua para quejarse ante Sacasa por los constantes ataques de la Guardia Nacional en contra de su gente. Como no hubo respuesta concreta a sus pedidos, regresó el 30 de noviembre por la misma razón y con la misma falta de resultados.

El 18 de febrero de 1934 Sandino llegó a Managua y públicamente desafió la constitucionalidad de la Guardia Nacional, a la vez que afirmaba que él era la tercera autoridad del Estado con el Presidente y la Guardia.

Sandino permaneció en la capital para las conversaciones con el Presidente. El 20 de febrero arribaron a un acuerdo: el tamaño de la Guardia Nacional se reduciría en tres meses y un simpatizante de Sandino quedaría a cargo de los departamentos del Norte, con lo cual se disminuía el poder de Somoza.

El asesinato

La noche del 21 de febrero, Sandino fue citado por el presidente Juan Bautista Sacasa para continuar conversaciones sobre la paz en la casa presidencial, en La Loma de Tiscapa, mientras tanto se ajustaban los detalles del plan destinado a asesinar al General de Hombres Libres, elaborado por el entonces embajador de los Estados Unidos Arthur Blees Lane y el propio jefe de la Guardia, Anastasio Somoza García.

Sandino acudió de buena fe a La Loma de Tiscapa, pensando en la paz de Nicaragua y el futuro de la patria, pero la Guardia Nacional ya había decidido eliminarlo. Al abandonar la residencia del Presidente su automóvil fue detenido por los hombres de Somoza. Sandino y los generales Francisco Estrada y Juan Pablo Umanzor fueron llevados para ser ejecutados a un área deshabitada en las afueras de Managua.

Alineados frente a una trinchera, que había sido cavada anteriormente, los soldados de Somoza les dispararon a la luz de los faroles de los camiones. Despojados de ropas y todos los efectos personales –relojes, anillos, etc., todos vendidos al día siguiente en Managua– sus cuerpos fueron arrojados a la fosa. El lugar de esa tumba debía mantenerse en el más estricto secreto.

Poco antes, su hermano Sócrates había corrido la misma suerte. El coronel Santos López, quién participaría posteriormente en la fundación del Frente Sandinista de Liberación Nacional, logró escapar.

Al día siguiente, la Guardia Nacional realizó un ataque sorpresa a las cooperativas rurales organizadas por los ex soldados de Sandino y más de 300 campesinos fueron asesinados.

Dos meses después, Anastasio Somoza García, comandante en jefe de la Guardia Nacional, quien iba a fundar más tarde una dinastía dictatorial que gobernaría Nicaragua durante casi 50 años, asumió la responsabilidad por la muerte de Sandino, asegurando que había realizado tal acto "por el bien de Nicaragua".

Las matanzas y atrocidades cometidas contra los sandinistas inmediatamente después del asesinato iniciaron una salvaje cadena repleta de odios. Los cadáveres eran dejados en las calles por órdenes de los asesinos dirigidos por Anastasio Somoza. Quienes intentaban llevar a los muertos a un lugar de reposo eran amenazados de muerte. Los cadáveres abandonados en las calles era la forma que los hombres de la Guardia Nacional tenían de disuadir a quienes osaran oponerse al nuevo régimen somocista, la Estirpe Sangrienta, según la bautizó el periodista Pedro Joaquín Chamorro Cardenal, también asesinado por una pandilla de matones de los Somoza.

Dirigentes políticos

Cada uno de los asesinatos de dirigentes políticos seleccionados para este libro marca un momento especial de la política latinoamericana, casi siempre tan cercana a la violencia. La muerte de João Pessoa es una combinación de elementos políticos y románticos que se convirtió en la chispa inicial de los acontecimientos que unos meses después llevarían al gobierno de Brasil a Getulio Vargas. También clave para la historia de su país, Colombia, fue el asesinato de Eliécer Gaitán, que provocó la tragedia de El Bogotazo.

Acorde con los cambios de mentalidad producidos en la última parte del siglo xx, Chico Mendes es una figura cuya lucha tiene que ver no sólo con el bienestar de su gente, sino con la preservación ambientalista. Sus enemigos y asesinos fueron también los enemigos y destructores de la selva amazónica.

El asesinato de otro brasileño, Celso Daniel, alcalde de San Andrés, en el cinturón industrial de San Pablo, sigue sin esclarecerse del todo. De lo que no cabe ninguna duda es que su muerte significa que el ejercicio sano de la política en esta parte del continente americano sigue siendo una tarea peligrosa en la que la corrupción y la ineficiencia acechan a cada paso.

1930: João Pessoa,
gobernador del estado de Paraíba, Brasil

El domingo 27 de julio de 1930, los diarios de las principales ciudades brasileñas informaban sobre el asesinato del gobernador del estado de Paraíba, João Pessoa, ocurrido el día anterior. La noticia conmovió al país y fue la chispa que hacía falta para terminar de encender los ya caldeados ánimos. El camino para la Revolución del año 1930, que estallaría unos meses más tarde, estaba abierto. Pessoa había sido candidato a vicepresidente de la Nación en la fórmula encabezada por Getulio Vargas que fue derrotada en las elecciones realizadas en marzo de ese año. Denuncias de fraude ponían en duda la validez de los comicios. Época de turbulencias que modificarían para siempre la vida social, económica y política del Brasil del siglo XX. Singulares, trágicos acontecimientos se entretejen en una apretada trama de intereses materiales, ideas progresistas, costumbres retardatarias y ambiciones personales, al modo de una novela de Jorge Amado.

Los cables periodísticos de la tarde del 26 de julio convulsionaban las redacciones de los diarios de todo el país. Pronto la gente comenzó a agolparse frente a las pizarras que los periódicos de la época acostumbraban a poner en sus fachadas para dar a conocer las noticias de último momento.

Ese domingo *Folha da manhã,* de San Pablo, titulaba: "Fue asesinado en Recife el señor João Pessoa". Y explicaba: "El asesino confesó que mató al gobernador de Paraíba por una cuestión de honor personal. El atacante, João Duarte Dantas, atrapado por el chofer de la víctima, recibió algunas heridas". En todo el país se repetía esa información.

Un cable fechado el mismo sábado 26, a pocos minutos de producido el asesinato, procedente de Río de Janeiro y marcado como muy urgente, informaba: "Ha comenzado a circular en esta capital la noticia de que el gobernador João Pessoa acaba de ser asesinado en la ciudad de Recife, a la que había arribado por la mañana. El asesinato habría sido perpetrado en la conocida confitería Gloria de esa ciudad después de un incidente entre el gobernador de Paraíba y su matador. Parece que se trata de un individuo llamado Dantas. El asesino huyó. Hasta este momento no hemos recibido información alguna de nuestro corresponsal en Recife".

Pero pronto comenzaron a difundirse los despachos de los corresponsales de los distintos periódicos y agencias de noticias en la capital del estado de Pernambuco. La trágica noticia se confirmaba.

"Recife, 26. João Dantas acaba de asesinar al gobernador João Pessoa en plena *rua* Nova de esta ciudad."

Un cable telegrafiado pocos minutos después, ampliaba la información.

"Duarte Dantas, al aproximarse a João Pessoa le dijo: 'Yo soy João Dantas'. Y disparó su arma cinco veces seguidas contra el gobernador de Paraíba. El chofer de Pessoa, que esperaba fuera de la confitería Gloria, al oír los disparos corrió hacia el interior del local. Al enfrentarse a Duarte Dantas, mientras veía cómo se desplomaba el gobernador de Paraíba, le dijo: '¡Un brasileño como este no muere solo!'. E hizo varios disparos contra João Duarte Dantas, quien cayó herido en la cabeza mientras decía: 'Muero satisfecho'. Pero más tarde pudo verificarse que el asesino de Pessoa seguía con vida habiendo sido víctima más del shock que de la herida."

Algunas de las informaciones reiteraban que los disparos se habrían producido después de una discusión.

"Recife, 26. Muy urgente. El señor João Pessoa, gobernador de Paraíba, que había llegado esta mañana a esta capital, fue asesinado en plena *rua* Nova por João Duarte Dantas, dirigente político de la ciudad de Teixeira y adversario de Pessoa. El crimen se produjo después de un intercambio de palabras entre el asesino y su víctima. El criminal huyó y fue herido por el chofer del gobernador. El pueblo está profundamente consternado por lo ocurrido. Se informa que se han producido algunos enfrentamientos entre diversos grupos antagónicos. Parece que el asesino está herido."

En otros cables se elogiaba la serenidad del chofer.

"Recife. 26. El chofer del gobernador Pessoa, llamado Antonio Pontes de Oliveira, es un hombre de unos 30 años. Su reacción despertó entusiasmo, sobre todo por la serenidad con que actuó. Disparó con calma sobre Duarte Dantas, sin alterarse y apuntándole directamente a la cabeza. Dantas trató de defenderse, pero ya no tenía balas en su arma. Cuando el chofer le disparó, el atacante de Pessoa cayó al suelo y se lo dio por muerto, como informamos en un despacho anterior. El chofer de Pessoa quedó detenido."

Con el correr de las horas los despachos se hacían cada vez más específicos.

"Recife, 26. Urgente. João Pessoa fue asesinado precisamente a las 17:25 de hoy. El gobernador de Paraíba fue herido en el pulmón derecho, en el estómago y otra bala le dio en la mano derecha, en el momento en que trató de sacar su arma. Falleció a las 17:35."

Y otro informe de agencia, también fechado en Recife, agregaba: "Circulan en esta capital diversas versiones sobre la actitud de João Pessoa al verse agredido. Algunos afirman que el gobernador de Paraíba, al ser apuntado se puso de pie y trató de sacar, sin éxito, su revólver. Otros, en cambio, aseguran que sí llegó a sacar su arma. Esta versión parece la más verosímil ya que la herida en la mano indicaría que el revólver estaba en posición de ser disparado".

En despachos posteriores se ampliaban los detalles. "Recife, 26. El sábado es un día de mucho movimiento en esta ciudad. Cuando Pessoa entró en la confitería Gloria, la sala estaba llena de familias. No había una sola mesa vacía y el gobernador de Paraíba debió aceptar la silla que le ofrecieron unos amigos para que se sentara a la mesa que ocupaban cuando él llegó. Cuando el atacante disparó se produjo una gran conmoción, pero no llegó a producirse pánico. Los disparos realizados por el chofer, además de herir al atacante, alcanzaron varias lámparas del local. El arma usada por el chofer Antonio Pontes era una pistola de pequeño calibre, a lo que se atribuye la levedad de la herida de Duarte Dantas."

Los voceros oficiales de la gobernación del estado de Pernambuco informaban que "apenas confirmada la noticia, Estacio de Coimbra, gobernador del estado, se comunicó de inmediato con el presidente de la República, Washington Luiz, a quien le comunicó la tristísima novedad. Lo mismo hizo con el gobernador interino de Paraíba, a quien transmitió los sentimientos del gobierno pernambucano, poniéndose a su disposición para todo lo que consideraran necesario en cuanto al destino a dar al cuerpo del ilustre muerto".

Los detalles comenzaron a ser conocidos y pronto pudieron ser leídos en las pizarras de los diarios.

"Recife, 26. La primera persona que se acercó a auxiliar al gobernador de Paraíba fue el señor Francisco Gonçalves, natural de San Pablo. Él fue también quien trasladó el cuerpo del herido a la farmacia Pinho, cuyo propietario, no obstante ser un partidario de los liberales, receloso, se negó a atender a João Pessoa, que agonizaba. De modo que el cuerpo fue transportado a la farmacia Brasil."

El doctor Pessoa había llegado a Recife esa misma mañana y así lo confirmaban los cables. "El gobernador Pessoa había llegado en automóvil hoy a esta capital procedente de Paraíba. El viaje tenía como único fin visitar a su amigo Cunha Mello, juez federal de Pernambuco, quien se repone después de una delicada operación quirúrgica."

La visita del gobernador había sido ampliamente difundida por los diarios. "Recife, 26. Los vespertinos de hoy circulan con la noticia de la presencia de João Pessoa en la ciudad, haciendo referencias elogiosas a su actuación, de las que también se hace eco el *Jornal Pequeno*, lo que es bastante notable. La llegada del gobernador de Paraíba era conocida esta tarde por toda la ciudad, lo que produjo, como siempre, una cierta curiosidad por la figura de João Pessoa, quien fue constantemente saludado con simpatía al ser reconocido por la calle."

Y otro corresponsal completaba: "En rueda de periodistas se comentaba hoy el hecho de que el señor João Pessoa había transmitido el mando a su vicegobernador, el señor Alvaro de Carvalho. Por lo general, el gobernador de Paraíba no tomaba esa precaución cuando venía a esta capital por pocos días. Esa circunstancia, según algunos, tendría una gran importancia, ya que indicaría la intención de una permanencia más prolongada fuera de Paraíba".

Los despachos periodísticos se sucedían casi minuto a minuto en tanto las reacciones populares no se hacían esperar. Desde Recife los corresponsales informaban que inmediatamente después del asesinato se produjo en la misma calle donde se cometió el crimen una gran confusión que la policía apenas pudo dominar. La gente, exaltada, había querido linchar al asesino a pesar de que este ya estaba herido en la cabeza. La intranquilidad se extendía a todo el país.

Un cable proveniente de Belem, capital del estado norteño de Pará, también marcado como urgente, decía a menos de dos horas de producido el magnicidio: "Estamos telegrafiando esto a las 19:20. Los diarios acaban de publicar la noticia del asesinato de João Pessoa, en Recife. Enormes multitudes se agolpan frente a los diarios".

Los ánimos de la gente comenzaban a agitarse.

"Recife, 26. La noticia de la muerte del gobernador de Paraíba se difundió por la ciudad con una rapidez extraordinaria. Momentos después, una enorme masa de gente se acercaba desde todos los puntos de la capital a la escena del crimen, entorpeciendo el tránsito, a pesar de los esfuerzos realizados por la policía para agilizar la circulación de vehículos. La conmoción es grande a las 21, momento en que se telegrafía este despacho. La agitación de los ánimos sigue creciendo."

A eso de las siete de la tarde comenzaban a difundirse más datos acerca del asesino, de modo que surgían algunas pistas que permitían desembrollar una historia en la que se entretejía la política con una historia de amor.

"Recife, 26. João Duarte Dantas, que acaba de asesinar a João Pessoa, había abandonado Paraíba hace unos dos meses para fijar residencia en los alrededores de esta ciudad. Jefe político en el municipio de Teixeira, cuñado del diputado João Suassuna, João Duarte Dantas y su familia, muy conocida en todo el interior del estado, se enfrentaba duramente al gobernador Pessoa. Su hermano Joaquín Dantas estaba preso en la cárcel de Piancó. Luego de 38 días en los que padeció castigos y humillaciones, un recurso de hábeas corpus le permitió volver a obtener la libertad por disposición del Tribunal de Paraíba. Varias señoras de la familia Dantas fueron también detenidas y llevadas a la cárcel pública como presas comunes cuando, a fines de febrero, la policía del estado atacó la ciudad de Teixeira. También hace pocos días, un órgano oficial del gobierno de Paraíba comenzó a publicar documentos privados, sacados de la residencia del doctor Dantas, quien, a manera de represalia, comenzó a publicar en el *Jornal do Commercio* de esta ciudad, una serie de artículos contra el gobernador Pessoa".

Ya de noche, los cables emanados en las agencias y diarios de Recife informaban que se le estaba tomando "declaración al doctor João Duarte Dantas, en la jefatura de policía. Ha trascendido que Dantas confesó haber matado al gobernador João Pessoa por una cuestión de honor personal. En su declaración afirmó que hacía un tiempo el gobernador había mandado allanar su residencia en Teixeira para luego montar una campaña de difamación en su contra. Agregó que no estaba arrepentido. Todo lo contrario, estaba tranquilo y esperaba la acción de la justicia".

Los últimos cables de aquella jornada de conmoción política completaban la información.

"Recife, 26. Después de realizada la autopsia, el cuerpo del gobernador João Pessoa regresará mañana temprano a Paraíba. Es bueno el estado del doctor João Duarte Dantas, autor de la muerte de Pessoa, ya que las heridas recibidas son leves. El gobernador Estacio Coimbra, que se encontraba en Barreiros, se ha comunicado por telégrafo con el Jefe de Policía para pedir informes sobre la situación." Pero poco después la familia decidió que los funerales se realizaran en Río de Janeiro.

Pronto la labor periodística se iba cerrando con información ampliada acerca de la víctima.

"Río de Janeiro, 26. El doctor Pessoa nació el 24 de enero de 1878, en la ciudad de Umbuzeiro, estado de Paraíba. Es decir, tenía 52 años. Estudió derecho en la Facultad de Recife y se recibió en 1903. Inmediatamente ocupó un cargo en esa facultad hasta 1909, cuando abandonó esa ciudad para trasladarse a Río. En 1910 fue nombrado auditor auxiliar de Marina, luego auditor titular y más tarde auditor general. En 1921 fue nombrado ministro del Supremo Tribunal Militar, cargo que ejerció de manera interina en varias ocasiones. En 1928, el 20 de octubre, asumió la gobernación de Paraíba, para la cual había sido elegido.

"El doctor João Pessoa era hijo de Candido Clementino de Albuquerque y de María Pessoa de Albuquerque, y estaba casado con doña María Luiza de Carvalho Albuquerque Pessoa, hija del empresario Sigismundo Gonçalves. Deja cuatro hijos menores, Epitacio, Mariza, Jorio e Iza. Deja también ocho hermanos; Cándido Pessoa, diputado Federal, Joaquim, diputado en el estado de Paraíba, Oswaldo, comerciante de Paraíba, Perscilia, Henriqueta y Nenêm, las tres casadas".

También se informaba el desgraciado efecto que la noticia produjo en Candido Pessoa, hermano de la víctima.

"Río de Janeiro, 26. El diputado Candido Pessoa, cuando comenzaron a circular las primeras noticias del asesinato de João Pessoa en Recife, se dirigió a la redacción de un matutino, donde le fue confirmada la noticia. El diputado carioca fue presa de una violenta crisis nerviosa, a la que siguió un síncope."

La calma tardó en retornar al lugar de los hechos.

"Recife, 26. La *rua* Nova continúa intransitable a las 23 horas. En general se le da al asesinato de João Pessoa una motivación absolutamente personal. Se menciona en este sentido la gran conmoción de la familia Dantas desde el día en que el diario *A União* comenzó la publicación de cartas y otros documentos encontrados en la residencia del señor João Dantas, en Paraíba".

Comenzó finalmente a llegar la información acerca de los funerales.

"Paraíba, 26. El gobernador interino del estado telegrafió a la familia del asesinado gobernador João Pessoa, expresándole el deseo del gobierno del estado de hacerse cargo de los funerales del ilustre muerto."

Sin embargo la familia prefirió apartarse de todo homenaje propuesto por quienes podrían estar relacionados con los causantes de la tragedia.

"Río de Janeiro, 26. La familia de João Pessoa, que se encontraba en esta capital, manifestó al gobierno de Pernambuco que deseaba prescindir de cualquier manifestación por parte del gobierno de ese estado respecto de su jefe. Le hizo saber también que no aceptaría ninguna ceremonia ni homenaje por parte del gobierno federal, ni siquiera las honras fúnebres a las que como general de división y ministro del Supremo Tribuna Militar tiene derecho."

Y otra información ampliaba: "Recife, 26. El señor Estacio de Coimbra acaba de recibir un telegrama de la familia del gobernador João Pessoa, solicitándole el embalsamamiento del cuerpo de su jefe para poder ser embarcado en el primer vapor que zarpe con rumbo a Río de Janeiro, donde será inhumado".

Los cables pronto comenzaron a reflejar la intranquilidad oficial.

"Río de Janeiro, 26. El gobierno, luego de recibir la noticia del asesinato del gobernador João Pessoa, en Recife, ordenó el acuartelamiento de las tropas de la guarnición de esta capital, del batallón naval y la policía militar."

Rápidamente la medida se extendió a otras ciudades. "Río de Janeiro, 26. Telegramas recibidos en esta capital, provenientes de Porto Alegre y de Belo Horizonte, informan que las tropas federales de esas dos ciudades, están acuarteladas rigurosamente."

Los corresponsales de diarios y agencias de noticias en Paraíba no ocultaban la indignación producida por los hechos acaecidos en Recife.

"Paraíba, 26. Es indescriptible la emoción causada acá por la noticia del asesinato del gobernador del estado. Al primer momento nadie podía creerlo, pero poco después el diario *A União* exhibía una pizarra confirmándolo. A partir de ese momento, una multitud se congregó en el centro de la ciudad, presa de una gran agitación. Escenas de fuerte emoción se suceden en la vía pública. Se temen disturbios. El gobernador João Pessoa había transmitido el mando al señor Alvaro de Carvalho para luego partir en automóvil hacia Recife, donde lo esperaba su íntimo amigo, el juez federal Cunha Mello."

Un cable posterior daba más detalles. "Paraíba, 26. Es grande la indignación causada en esta capital por la noticia del asesinato del gobernador João Pessoa. La noticia llegó muy tarde, ya de noche, para luego difundirse por toda la ciudad, lo que hizo que la gente se lanzara a las calles. Las autoridades tomaron medidas urgentes para evitar actos de violencia, por parte de los partidarios del gobernador, en contra de sus adversarios. Existe una gran ansiedad por conocer los pormenores de la tragedia."

Los temores de que se produjeran hechos de violencia aumentaban y así lo reflejan los despachos periodísticos.

"Recife, 26. El comercio de esta capital, temeroso de un ataque por parte de la multitud exaltada, pidió garantías a la policía. En el momento en que estamos telegrafiando, numerosos efectivos armados montan guardia en el centro de la ciudad. Es grande la agitación en toda la capital."

En la capital de Río Grande del Sur la gente también se indignó y así lo hacía saber el corresponsal del diario paulista *Folha da Manhã* en aquella ciudad.

"Porto Alegre, 26. La noticia del asesinato de João Pessoa fue recibida acá poco después de las 22 a través de la Agencia Havas. El impacto en esta capital fue grande y causó gran indignación. Centenares de personas se reunieron frente al *Correio do Povo* para leer las pizarras en las que se daba la noticia lanzando gritos de venganza. Alguien lanzó la idea de que todos se dirigieran en masa al Club del Comercio, donde se estaba realizando un banquete ofrecido al señor Oswaldo Aranha y en el que participaban el gobernador Getulio Vargas, algunos secretarios de Estado y alrededor de 300 invitados. A los gritos, la multitud reclamaba la presencia de los señores Aranha, Getulio Vargas y João Neves. En el momento de enviar este despacho telegráfico es enorme la multitud frente al Club del Comercio."

La chispa de la revolución

Hasta 1930 se había establecido como práctica política que la presidencia de la república alternara entre los grupos dominantes de los estados de San Pablo y de Minas Gerais. El conservador paulista Washington Luiz había asumido como presidente de la Nación en 1926, por lo que se esperaba que su sucesor fuera algún dirigente de Minas Gerais, pero el gobernador *mineiro* de ese momento, originariamente conservador, se había pasado al lado de los liberales y se proponía llegar a la presidencia. Ante ello, Washington Luiz decidió inclinarse por Julio Prestes, gobernador del estado de San Pablo, con lo que se rompería la tradición de alternancia.

Los liberales *mineiros,* a su vez, trataron de lograr el apoyo de Rio Grande do Sul y con tal de derrotar a los paulistas, estaban dispuestos a dejarles el espacio a los *gauchos* riograndenses. De esta negociación nació la Alianza Liberal el 17 de junio de 1929, cuya fórmula para las elecciones de marzo de 1930 estaría encabezada por Getulio Vargas, gobernador del estado de Rio Grande do Sul, quien ofreció el segundo lugar al gobernador de Paraíba, João Pessoa. Vargas hasta ese momento se había mantenido fiel a la orientación política del gobierno federal, del que ya había sido ministro de Finanzas, pero ahora se transformaría en un candidato opositor.

El programa de la Alianza contaba con el apoyo de la clase media urbana y por los militares jóvenes descontentos, el movimiento militarista llamado "Tenientismo". La campaña fue violenta y llegaron a producirse enfrentamientos en los que fueron muchos los muertos.

Las elecciones se realizaron el 1º de marzo de 1930 y el ganador fue el conservador Julio Prestes, utilizando, una vez más, según corría la voz en los mentideros políticos, el fraude electoral. Los partidarios de la Alianza denunciaron la ilegalidad de los comicios, entonces fue cuando comenzó a armarse la conspiración que tenía como base el estado de Rio Grande do Sul.

Julio Prestes fue proclamado presidente de la República el 28 de mayo y el 1º de junio Vargas dio a conocer un manifiesto en el que rechazaba el resultado de los comicios de marzo.

Mientras tanto, João Pessoa seguía teniendo problemas con los rebeldes de José Pereira Lima que dominaban la ciudad de Princesa, a la que pretendían declarar territorio independiente. Para Pessoa era difícil la lucha, ya que el gobierno federal le negaba los recursos necesarios para armar adecuadamente a la policía de su territorio. Por su parte, la prensa fiel a Pessoa no cesaba en sus ataques al doctor João Duarte Dantas, hijo de Franklin Dantas, aliado de José Pereira Lima. El odio de Duarte Dantas se exacerbó cuando sus enemigos políticos dieron a publicidad papeles particulares que habían sido tomados de su casa por la policía después de un allanamiento. Fue en aquellos precisos momentos en que juró vengarse.

Hasta que el 26 de julio João Duarte Dantas finalmente asesinó a su enemigo tanto político como personal, el gobernador João Pessoa. Esta fue la chispa que encendió la movilización armada iniciada en el estado de Rio Grande do Sul el 3 de octubre siguiente.

La consecuencia inmediata de este movimiento fue la caída del gobierno de Washington Luiz y la toma del poder por parte de una junta militar. Al poco tiempo, el poder de la junta pasó a manos de Getulio Vargas, quien se convertía así en jefe del gobierno provisional.

La Revolución de 1930 ponía de esta manera fin a la alternancia en el poder de las oligarquías rurales de San Pablo y de Minas Gerais. El principal beneficiario de este movimiento fue Getulio Vargas, que gobernó el país desde 1930 hasta 1945, período caracterizado por la progresiva intervención del Estado en la economía y en la organización de la sociedad, acompañada por un autoritarismo populista creciente y una cada vez mayor centralización del poder. Fue también un punto de inflexión de la historia de Brasil, con el comienzo de la decadencia de las oligarquías rurales y la modernización de las instituciones.

¿Por qué fue asesinado João Pessoa?

Pocos crímenes como este ameritan una minuciosa reconstrucción; no sólo por sus implicaciones y consecuencias, sino también por la importancia de las personas involucradas. La víctima, João Pessoa, era gobernador de un estado y había sido candidato a vicepresidente de la República. El asesino, João Duarte Dantas, era un abogado paraibano, originario de la ciudad de Teixeira y amigo de José Pereira, líder de la rebelión que pedía un territorio libre, y de João Suassuna, líder de Catolé do Rocha.

João Duarte Dantas era un violento opositor de João Pessoa. En este marco, el 10 de julio, su residencia en el centro de la capital fue allanada por la policía. No queda claro si Pessoa había dado su consentimiento a este acto. Lo cierto es que libros, documentos y muebles de João Duarte Dantas fueron quemados en la calle.

También se rumoreaba que se encontró la correspondencia íntima entre Dantas y su novia Anayde Beiriz. El diario *A União*, que ya entonces era un órgano oficial del gobierno, publicó una serie de gravísimas acusaciones contra los parientes de João Duarte Dantas, incluido el patriarca, el doctor Franklin Dantas. De la oposición política entre ambos dirigentes se pasó al odio enconado. Los amigos de Dantas, preocupados por tan violenta rivalidad, lograron que João Dantas se refugiase en Olinda, estado de Pernambuco.

Hasta que el fatídico 26 de julio y sólo acompañado por su chofer, Pessoa partió hacia Recife en un viaje privado, pero ampliamente divulgado por los diarios locales, para visitar a su amigo enfermo, el juez Francisco Tavares da Cunha Melo, internado en el Hospital Centenario. A propósito de este viaje, se han tejido varias hipótesis, dando por supuesto que la visita al enfermo no era más que un pretexto. Parece que João Pessoa había viajado a Recife para pedir la ayuda del gobernador de Pernambuco, Estácio Coimbra, en su lucha contra la rebelión de José Pereira. Este contaba con el visto bueno del gobierno federal, razón por la cual el ejecutivo nacional negaba la ayuda económica necesaria para que la policía de Paraíba pudiera ser debidamente equipada y estar así en condiciones de rechazar a los rebeldes que trataban de tomar el gobierno del estado. De todas maneras, parece que el mayor interés de Pessoa se centraba en el encuentro con una importante soprano que debía llegar en barco desde Río de Janeiro. El diario *O Estado de Sâo Paulo* publicó meses más tarde, "todo indica que João Pessoa iba a verse con una cantante con la que mantenía un romance secreto, lo cual explicaría su vista a la Joyería Krause". Según los escritores paraibanos Horacio de Almeida y Amarylio de Albuquerque, citados por José Joffily en su libro *Anahyde. Paixão e Morte na Revolução de 30*, esa cantante sería la soprano Cristina Maristany.

Como el barco que la traía a Recife se demoró, el gobernador decidió dar un paseo por la ciudad y tomar café en la céntrica confitería Gloria.

Mientras tanto, enterado por la prensa de la llegada de su enemigo, en su refugio de Olinda, João Dantas puso un revólver en su bolsillo y se dirigió a la capital de Pernambuco. Iba acompañado por su cuñado Moreira Caldas y no le fue difícil encontrar a Pessoa en la confitería Gloria.

En medio de la turbulencia política había una mujer: Anahyde Beiriz

Poetisa y docente, Anahyde Beiriz quedó atrapada en medio del fuego cruzado de la política de su época. A esto hay que agregar la hipocresía de una sociedad poco permeable a las nuevas ideas. No menos bella que inteligente, escandalizó a la pacata sociedad de Paraíba con su vanguardismo, que la impulsaba a usar maquillaje, escotes, pelo corto "a la *garçonne*", teñido. Además se atrevía a salir sola, a fumar, a no querer casarse ni tener hijos y para colmo, escribía versos que sorprendían hasta a los más progresistas círculos intelectuales. También se permitió escribir para los diarios de su ciudad.

Esta mujer había nacido en Paraíba en 1905 y a los 17 años, en 1922, obtuvo el título de maestra normal. Desde jovencita no ocultó su simpatía por los movimientos de liberación femenina y pronto se manifestó públicamente partidaria del amor libre.

En 1928, la desprejuiciada y audaz Anahyde comenzó un romance con el diputado João Duarte Dantas, adversario de João Pessoa, entonces candidato a gobernador de Paraíba. 1930 fue un año de efervescencia política en Brasil, como ya se ha visto. El resultado final iba a ser la terminación del monopolio de la política del "café con leche" que centralizaba el poder entre los estados de San Pablo y Minas Gerais. El estado de Paraíba no permaneció ajeno a la turbulencia que tampoco demoró en convertirse en violencia y en la que comenzaron a mezclarse asuntos personales con cuestiones públicas.

La relación amorosa entre João Dantas y Anahyde Beiriz, por supuesto, no era bien vista por la conservadora sociedad paraibana, ya que los enamorados no estaban casados. Esto fue un regalo del cielo para los enemigos políticos de Dantas. Cuando en uno de los allanamientos promovidos por la policía oficialista se encontraron las cartas de amor de João y Anahyde, de inmediato fueron dadas a conocer en la prensa local. De esta manera el escándalo se ensañó con Anahyde, quien quedó expuesta ante la opinión pública de la época. La joven fue acusada de sensual y libertaria. Una historia de amores secretos era expuesta por motivos políticos.

Las versiones más románticas del momento del asesinato de Pessoa aseguran que Dantas se le acercó y antes de dispararle le dijo:

–Soy João Duarte Dantas, a quien tanto injuriaste y ofendiste.

La muerte de Pessoa conmovió a Brasil y cuando finalmente la Revolución de 1930 triunfó, Anahyde fue perseguida y señalada como "la prostituta del bandido que mató al gobernador".

En la actualidad su figura es reivindicada por los movimientos feministas de Brasil, y su historia ha sido llevada al teatro, al cine y a la literatura.

Una secuela de muertes trágicas

Detenidos, João Dantas y Moreira Caldas fueron conducidos a la cárcel de Recife, donde ambos, el 3 de octubre, después de iniciada la Revolución de 1930, aparecieron degollados y sus cabezas de inmediato enviadas a Paraíba al modo de un macabro mensaje. Una versión diferente refiere que ambos se suicidaron con el mismo bisturí, primero Dantas y después Caldas. En apoyo de la tesis de este suicidio en dúo, José Joffily revela en su libro la existencia de notas dejadas por ambos, notas que habrían sido imposibles de escribir y firmar si hubieran sido víctimas de asesinato. El autor también menciona una conversación entre Dantas y su hermano Manoel:

–En caso de que el movimiento armado salga victorioso, yo no me entrego. Me mato.

–¿Y tienes cómo hacerlo?

A modo de respuesta, João Dantas abrió el cuello de su pijama y sacó un afilado bisturí.

Tres días después se produjo otra muerte dolorosa: la de la novia de Dantas, Anahyde, la bonita, moderna –y avanzada para su época– mujer de 25 años. Anayde tomó veneno de cobra y trató de refugiarse en el Asilo Bom Pastor, en el barrio Madalena, de la ciudad de Recife. Entró allí a las 11 de la mañana del 6 de octubre y fue atendida por las religiosas que no pudieron impedir que muriera tres horas después. El médico certificó su deceso por envenenamiento.

Anahyde era huérfana de padre y madre. Fue enterrada en el cementerio de Santo Amra como mendiga, sin nombre ni dirección conocidos, como dice su certificado de defunción.

La quinta víctima de esta tragedia fue el ex gobernador y en ese momento diputado federal João Suassuna, asesinado por Miguel Laves de Souza de un disparo en la esquina de la Rua Riachuelo con la de Inválidos, en Río de Janeiro.

El parlamentario, amigo de João Dantas, había viajado al Distrito Federal con la esperanza de ser recibido por el presidente Washington Luiz, en los últimos días de su gobierno, para explicarle en detalle la situación en Paraíba.

Sobre este asesinato, su hijo Ariano Suassuna, académico y escritor, denunció en un artículo publicado por la *Folha de São Paulo*, el 11 de septiembre de 1980: "En cuanto a los acontecimientos de 1930, entre los cuales se cuenta el asesinato de mi padre cometido por personas que apoyaban a Getulio Vargas, y en nuestra familia éramos todos contrarios a Getulio".

1948: Jorge Eliécer Gaitán,
político colombiano

En la apacible Bogotá, el 9 de abril de 1948, el general Marshall, secretario de Estado del presidente Truman de los Estados Unidos, se hallaba reunido con los cancilleres de los países latinoamericanos en el marco de la IX^a Conferencia Internacional de Estados Americanos. Todos los delegados se sentían soberanos, pero esto no le impedía a Marshall moverse como el *primum inter pares* que efectivamente era. Con los audífonos pegados a las sienes el general escuchaba impasible la andanada de discursos que parecía no tener fin.

Más allá de los salones de la conferencia crecían los ecos de las palabras que alimentaban las ilusiones o las desesperanzas del pueblo del país anfitrión. En muchos lugares la batalla entre conservadores y liberales se libraba a tiros. La violencia ya se iba adueñando de a poco del país, aunque todavía nadie parecía darse demasiada cuenta.

Jorge Eliécer Gaitán era el jefe del Partido Liberal. Los pobres de todos los colores le brindaban una singular admiración a este hombre de figura atractiva y oratoria directa. Su figura se hallaba engrandecida hasta tal punto que la leyenda asegura que cuando hablaba, la niebla de Bogotá se dispersaba y hasta el mismo San Pedro paraba la oreja y detenía las nubes para que el agua nunca mojara las ingentes multitudes que se reunían para escucharlo. Su aspiración por alcanzar por medios democráticos la presidencia de Colombia de ningún modo era mirada con buenos ojos por los poderosos. El caudillo, de rostro flaco y austero como una estatua, denunciaba abiertamente tanto a las oligarquías liberales y conservadoras locales, como a la potencia imperialista cuyo representante visitaba en ese momento al país.

Un líder popular

En la década de 1940 Jorge Eliécer Gaitán había logrado erigirse como el líder popular más importante de Colombia y uno de los más destacados de América Latina.

Comenzó su carrera política como jefe del ala izquierda del Partido Liberal, plataforma de lanzamiento para su creciente figura ligada a una política de principios tanto éticos como solidarios. Cualidad unida a un personalísimo modo de relacionarse con los sectores ligados a la fuerza de trabajo que lo llevaron a convertirse en cabeza de la alternativa popular a lo largo de la crisis colombiana de 1946. Durante ese año, una ola de huelgas sacudió al país. Los trabajadores alzaron su voz contra los grupos que dominaban las empresas de navegación del río Magdalena, las carreteras, los ferrocarriles y las compañías extranjeras que explotaban el petróleo. Ante un paro del transporte público, en Cali se decretó alterado el orden público. La situación amenazaba con desatar un estrepitoso derrumbe del orden constitucional colombiano.

Las elecciones generales de 1946 se realizaron en un marco de suma pobreza y las consiguientes tensiones institucionales. Como resultado de la división de las mayorías liberales, la victoria la obtuvo el Partido Conservador, por más que la oposición dominaba el Parlamento. Los conservadores, para aferrarse al poder, crearon una policía secreta que, según se estima, entre 1946 y 1948 cobró alrededor de 15.000 vidas. En forma paralela miles de campesinos fueron despojados de sus tierras, empujándolos al éxodo hacia las ciudades y los países vecinos.

Gaitán sostenía la necesidad imperiosa de una administración social de la propiedad. Sus objetivos eran precisos y directos: modificación del estado de castas y de grupos, eliminación de los privilegios, ascenso al poder de las clases populares. Bajo la consigna "el hambre no tiene un color político", logró ganarse la adhesión en las ciudades y en el campo. "Hay un contraste profundo", decía, "entre los hombres de la política y las masas ciudadanas. El pueblo está por encima de los cananeos que fingen dirigirlos. Hay una juventud conservadora, una juventud liberal, hay una juventud socialista, que miran con asco y desprecio el triquiñuelismo actual. En realidad una unión aglutina a las masas de uno y otro partido en un gran deseo de acción contra el presente."

La tarde que asesinaron a Gaitán

"Primero fue el desconcierto, después la indignación, luego sopló una ráfaga de cólera que enegueció las conciencias. La historia de Colombia tomó otro rumbo. Ya el país no regresaría jamás a lo que había sido hasta las 13:45 del 9 de abril de 1948", escribió Aníbal Noguera Mendoza de la Academia Colombiana de Historia. "Jorge Eliécer Gaitán había despertado las esperanzas de las gentes, que consideraron el magnicidio como la frustración de sus sueños democráticos."

Aquel 9 de abril los diarios colombianos habían amanecido con los principales titulares de sus primeras páginas dedicadas a la IXª Conferencia Internacional de Estados Americanos. En el programa del día estaba previsto que los delegados asistirían por la mañana a la inauguración de la Exposición Pecuaria Panamericana y, por la tarde, a un cóctel en el antiguo panóptico convertido en Museo Nacional, en honor del general George Marshall.

A las 9 de la mañana el presidente Mariano Ospina Pérez se encontraba en su despacho del Palacio de Nariño y el doctor Jorge Eliécer Gaitán ingresaba a su bufete de abogado en el Edificio Agustín Nieto, carrera 7, número 14-35. Eran los dos colombianos con mayor poder en ese momento: uno era el jefe del Estado; el otro, máximo dirigente del Partido Liberal y candidato a la presidencia.

Gaitán había estado hasta la madrugada en el restaurante Morocco. Allí cenó para retirarse a las 4 de la mañana, después de su brillante y exitosa intervención como penalista en defensa del teniente Jesús María Cortés, acusado de asesinar a un camarada oficial. El líder liberal era asimismo requerido por sus condiciones de notable jurista.

El doctor Gaitán recibía en su oficina continuas llamadas telefónicas de felicitación. Su esposa, Amparo Jaramillo, quiso hablar con él, cuando la secretaria le informó que estaba conversando por otra línea:

–No le interrumpa... –sugirió doña Amparo. Y agregó, tal vez premonitoriamente–: pero dígale que se cuide.

A la una de la tarde, la comitiva presidencial encabezada por Ospina Pérez, sentado en la primera fila, acompañado por su esposa, Berta Hernández y su cuñada Ángela, el embajador de Venezuela Rómulo Betancourt y otros altos funcionarios de su gobierno con sus respectivas y elegantemente ataviadas esposas, dedicaban su atención a un espléndido lote de merinos.

En la oficina 406 del edificio Agustín Nieto se desarrollaba una amable reunión, en la que participaban Gaitán, traje gris oscuro a rayas con chaleco, escoltado por algunos colegas y compañeros del partido. El tema central rondaba en torno a su brillante actuación de la víspera en los tribunales. Por el viejo ascensor bajó un muchacho desconocido y aparentemente tímido, que se detuvo largo rato frente al despacho. Allí lo vieron, esperando con un pie apoyado contra la pared.

La reunión se interrumpió cuando el líder del Partido Liberal revisó su agenda para la tarde: "4:00 reunión con Palacios; 5:00 reunión con Salazar". Luego retornaría a fin de encontrarse con los jóvenes cubanos Fidel Castro y Rafael del Pino para hablar sobre el Congreso de Juventudes Latinoamericanas. "Estábamos esperando una reunión con Gaitán a las dos o dos y cuarto de la tarde del día 9. Nos habíamos citado para conversar sobre el Congreso y concretar lo relacionado con el acto que se iba a realizar al final del mismo, en el cual él iba a participar", le contó Fidel Castro a Arturo Alape en 1983, en un reportaje que aparece en el libro *El Bogotazo: memorias del olvido*, una de las obras más completas sobre el 9 de abril de 1948.

El distendido grupo bajó del cuarto piso hasta la planta baja, enfiló hacia puerta de salida que desembocaba en la carrera Séptima, donde por un segundo Gaitán se adelantó, llevado del brazo por uno de sus acompañantes que le hablaba en voz baja. Mientras caminaban por la acera seguidos por varios amigos, entre ellos el médico Pedro Eliseo Cruz, se escucharon cuatro disparos. Jorge Eliécer Gaitán se desplomó hacia atrás.

El reloj de la Torre de San Francisco marcaba la 1:15 de la tarde. El doctor Cruz se arrodilló a examinar al caído.

–Aún vive, vamos a una clínica –fue su destemplado comentario.

Con expresión mezcla de terror y asombro, con el revólver .32 corto todavía en la mano derecha, el asesino miró hacia todos lados en busca del camino de la huida.

"Un rostro pálido, anguloso, algo demacrado. No se había afeitado durante dos o tres días. En sus ojos brillaba una mirada de odio. No era un ser que estuviera cumpliendo un mero encargo; no estaba pagado simplemente. Ese rostro estaba animado de una pasión feroz. Era un fanático", así describía Alejandro Vallejo, en un artículo aparecido en el periódico liberal *Jornada*, al muchacho que pocos minutos antes del crimen había estado con el pie contra la pared frente al bufete de Gaitán.

Sin recobrarse del impacto los amigos del caído detuvieron un taxi, introdujeron al moribundo y lo llevaron a la Clínica Central, no lejos del lugar donde había sido abatido.

Una vez que el vehículo arribó a la clínica, el cuerpo exánime del caído dirigente fue llevado directamente a la sala de operaciones, presintiendo que nada podía hacerse ya para salvarle la vida. Pedro Eliseo Cruz, el médico amigo, no se apartó en ningún momento del moribundo. "Gaitán duró vivo o con signos de vida más o menos un cuarto de hora. Cuando llegó a la clínica ya estaba prácticamente muerto. No alcanzó a decir nada: no se le hizo la transfusión de sangre ni pudo iniciarse ninguna operación quirúrgica", declaró más tarde.

El asesino, en su huida, perseguido a los gritos por algunos lustrabotas y vendedores ambulantes que pasaban por allí, fue detenido en la misma cuadra por el policía Carlos Alberto Jiménez Díaz, quien luego contó cómo habían ocurrido las cosas: "Yo me adelanté con rapidez, sacando el arma, le coloqué mi revólver sobre uno de sus costados, mientras con la mano izquierda lo sujeté por delante con el fin de desarmarlo cuidándome de no ser agredido. Él alcanzó a verme el distintivo de la manga izquierda de mi guerrera, y me dijo estas palabras:

"–No me mate, mi cabo.

"En el recorrido que hicimos para buscar algún sitio de refugio no logramos evitar que varios lustrabotas le dieran golpes con sus cajones. Y uno de esos golpes, al llegar a la Farmacia Granada, que estaba abierta, lo tumbó. Nosotros lo introdujimos en la Farmacia levantándolo del suelo."

El boticario, que había salido a curiosear, cuando se dio cuenta de la magnitud de lo acontecido regresó apresuradamente con intención de cerrar la puerta de su farmacia. En ese momento se acercaron los agentes de policía con un individuo medio a la rastra, medio alzado. Hicieron que el boticario abriera la puerta y allí se metieron todos. El joven magnicida se refugió en un rincón del local, invisible desde la calle. La gente comenzaba ya a agolparse sobre la puerta, tratando de ingresar. Alguien le preguntó al aterrorizado asesino casi a los gritos:

–¿Por qué ha cometido este crimen de matar al doctor Gaitán?

–¡Ay, señor, cosas poderosas que no puedo decir! ¡Ay! ¡Virgen del Carmen, sálvame! –contestó en tono lastimero.

El policía insistió.

–Dígame quién lo mandó a matar, porque usted en estos momentos va a ser linchado por el pueblo.

–No puedo –contestó.

La cortina metálica de la Farmacia Granada cedió al empuje de los lustrabotas y vendedores de diarios. Alguien pidió que se respetara la vida del asesino para que confesara el origen del atentado, pero nadie escuchó. Como un ciclón, la turba irrumpió en el local. El asesino se sintió perdido.

Hernando Albarracín, un vendedor de la farmacia, quedó atónito al ver que el criminal saltaba por encima del mostrador en un último esfuerzo por salvarse. Más tarde contó: "El público lo agarró, pero el asesino me agarró a mí de una manga de la camisa y del pantalón y lo sacaron hasta la puerta de la farmacia y volvieron a entrarlo, forcejeándolo y golpeándolo, cuando vi que levantaron una maza y se la descargaron en la cabeza. Lo sacaron sin ningún esfuerzo".

Una pesadilla sin límite

El país ya se encontraba en estado de alerta. Las emisoras transmitían las primeras noticias del magnicidio aún con sentido informativo. Entre el alud periodístico, la radio de los partidarios de Gaitán lanzó un alarmante mensaje: "Últimas Noticias con ustedes. Los conservadores y el gobierno de Ospina Pérez acaban de asesinar al doctor Gaitán, quien cayó frente a la puerta de su oficina baleado por un policía. Pueblo: ¡a las armas; a la carga; a la calle con palos, piedras, escopetas, cuanto haya a la mano! Asaltad las ferreterías y tomaos la dinamita, la pólvora, las herramientas, los machetes...". El mensaje terminaba dando instrucciones para preparar y utilizar los cócteles Molotov.

En la esquina de la calle Catorce un grupo enfurecido de personas linchó al criminal e intentó arrojarlo debajo de un tranvía para terminar la macabra tarea. Unos gritaban consignas para dirigirse al Capitolio, en tanto la mayoría pedía que el cadáver fuera llevado al Palacio Presidencial. Finalmente lo arrastraron por la carrera Séptima hacia el sur. Recibía patadas, garrotazos, insultos, salivazos. Al llegar a la plaza de Bolívar le rompieron un ladrillo en el rostro.

De los barrios salía toda clase de gente hacia el centro de la ciudad. A pie, en buses, como racimos humanos colgados de los tranvías, en bicicletas, en carros tirados por mulas, la gente se apresuraba a unirse a la revuelta. Una multitud se agolpaba en las calles adyacentes a la Clínica Central.

A la una y veinte de la tarde, el presidente Ospina Pérez, de regreso a la Feria Pecuaria Panamericana, hizo su ingreso al Palacio

Presidencial acompañado por su mujer y toda la comitiva. Las puertas se cerraron detrás del automóvil y al descender el primer mandatario, el general Rafael Sánchez Amaya lo recibió con la noticia:

–Excelencia, acaban de asesinar al doctor Gaitán.

–Eso es imposible, general.

–No hay la menor duda. Puede su excelencia confirmarlo con el doctor Laureano Gómez, quien se encuentra en estos momentos en el teléfono de la Casa Militar.

Sin nerviosismo, el Presidente escuchó la confirmación del hecho que le hizo el Canciller y Presidente de la IXª Conferencia Americana.

–Doctor Gómez, deploro profundamente lo ocurrido y como primera medida considero que hay que reunir el Consejo de Ministros para declarar alterado el orden público y decretar el estado de sitio, a fin de poder hacer frente a los acontecimientos.

El grupo que arrastraba el cadáver del criminal se había convertido en multitud. El vocerío llegaba hasta el Palacio, en cuyo interior la guardia se aprestaba a enfrentar la emergencia. Al pasar cerca del Capitolio, al asesino se le salieron el saco y la camisa, que fueron recogidos por Gabriel Restrepo. Entre las calles Novena y Octava se le despojó del pantalón, que enarbolaron en una varilla, de donde lo rescató el mismo Restrepo quien, con su extraño botín, se fue a las oficinas de *Jornada*, el periódico del movimiento gaitanista, con la intención de lograr la identificación del asesino. Y, ciertamente, la obtuvo con la libreta militar y la cédula de ciudadanía. Se llamaba Juan Roa, natural de Bogotá, nacido el 4 de noviembre de 1921.

A todo esto, el cuerpo con el rostro abotagado y sanguinolento, en ropa interior, con una corbata azul ceñida al cuello y las carnes desgarradas, el cadáver de Roa quedó tirado frente a Palacio, después de una lluvia de piedras y ladrillos contra la vieja casona de Nariño que servía de despacho presidencial. La ola de furor comenzó a expandirse hacia localidades a cada vez más apartadas del epicentro de los acontecimientos.

En Barranquilla la multitud colmó el Paseo de Bolívar escuchando por los altoparlantes de Emisoras Unidas las noticias del asesinato. En forma inesperada, en el asta del balcón principal de la gobernación flameó una bandera con la hoz y el martillo que fue arriada de inmediato por los jefes liberales.

En Ibagué se formó una junta revolucionaria, a la vez que en la importante ciudad de Medellín se desencadenaban nuevos disturbios. Un torrencial aguacero impidió la inmediata reacción de Cali cuando en Cúcuta se produjo un fuerte encuentro entre el pueblo y el ejército. En Barrancabermeja las fuerzas sindicales tomaron la ciudad y las petroleras. En Bogotá comenzaron los incendios. En la plaza de Bolívar y en la avenida Jiménez de Quesada ardían varios tranvías. El país estaba en estado de guerra civil.

"¡A Palacio! ¡A Palacio!" La orden anónima corrió de boca en boca entre la multitud no menos enardecida que desorientada, huérfana, carente de conducción. En el cruce de la calle Novena con carrera Séptima la multitud se topó con una patrulla del ejército. Cayeron las primeras víctimas al tiempo que se desmoronaban los vanos intentos por tomar la casa presidencial.

Nada parecía ser suficiente para detener la catástrofe. La protesta se convirtió en revuelta. Tal como había sido proclamado por la radio liberal minutos antes, el pueblo consiguió pertrecharse en las ferreterías con machetes, serruchos, barras de acero, hachuelas, rastrillos, tridentes, caños de metal. La policía, ya adherida al levantamiento, aportó los fusiles. Los agentes, con escarapelas rojas en los kepis, se confundían con los paisanos. El desorden era completo. La policía ya no recibía órdenes de nadie y muchos de ellos comenzaban a dar señas de haber bebido en exceso.

La insurrección de la policía le dio confianza a la población desbocada. Los diferentes cuerpos rebeldes se concentraron en la Quinta División situada en la esquina de carrera Cuarto con calle Veinticuatro, en la parte alta de la ciudad. Bajo el comando del capitán Tito Orozco, las fuerzas permanecieron acuarteladas en espera de órdenes.

El fuego se apoderó del centro de Bogotá. Entre los que se enceguecían por el dolor estaban también los que abrían los ojos para el saqueo. Había peones y estudiantes, camareros, lavanderas del río, vivanderas del mercado, buscavidas y también saqueadores.

Las improvisadas bombas incendiarias causaban estragos en los edificios que el pueblo consideraba como centros del poder oligárquico. La búsqueda de estos objetivos se hizo en desorden, por grupos sin coordinación ni jefatura. El fuerte aguacero que caía sobre la ciudad fue incapaz de contener el furor de las llamas que saltaban a las casas vecinas arrasando todo el centro de Bogotá.

El fuego se apoderó del Ministerio de Gobierno, del edificio del diario *El Siglo*, del histórico Palacio de San Carlos que sucumbió con la pérdida irreparable del retrato de Bolívar pintado por Gill en Londres en 1810; la Nunciatura Apostólica, el Palacio de Justicia, la Universidad Femenina de los Jesuitas, los conventos de las Dominicanas y el de Santa Inés, la Procuraduría General de la Nación, el Ministerio de Justicia, el Hotel Regina, la Casa Cural de la Iglesia de Veracruz, el Hospicio con su vieja iglesia construida en 1604. En los cerros apareció el resplandor que producía el incendio del Colegio de la Salle de los Hermanos Cristianos. En el otro lado, hacia la sabana, ardía el Colegio San Facón.

El alcohol y el saqueo le imprimieron a la revuelta un toque demencial. La ira terminó en barbarie y la venganza en rapiña. Todo estaba permitido. Las cárceles fueron abiertas por los guardianes. Se olvidó el motivo de la sedición para dar paso a la brutalidad más primaria. Los saqueos de los negocios de la calle Real, de la Avenida de la República y de las platerías de la calle Doce se ejecutaron con frenesí. Una torpe obsesión dirigía a las pandillas al robo de pieles y joyas. Los depredadores se enfrentaban en luchas a muerte por un manguito de visón o un broche de diamantes.

Los bultos de mercancías eran trasladados a los cerros para guardarlos en las humildes viviendas suburbanas. Desfilaban los más singulares objetos: pianos, refrigeradores, lámparas de baccarat, bicicletas, sofás, mesas de mármol, cuadros, alfombras. "Los amotinados –registra la revista *Semana*, número 78 del 24 de abril de 1948– llevaban sobre sus espaldas los pesados fardos que contenía el fruto de los asaltos. Los había demasiado grandes y quienes los portaban resolvían ofrecerles en venta y por mitad de precios ridículos: botellas de champaña a dos pesos, docena de medias de nylon a tres; abrigos de pieles a treinta; ternos para hombres a diez; zapatos a dos; joyas; relojes; artículos de arte, se cambiaban por comida o por trago."

En los días siguientes se abrió una especie de remate del pillaje en las afueras de la ciudad, que el negro humor bogotano calificó de "feria panamericana".

Todo fue excesivo. Las borracheras traspasaron los límites de las conciencias. Los corchos de las botellas de Clicot volaban presionadas con la punta de machetes o tijeras de jardinería. El coñac corrió a torrentes por las gargantas acostumbradas al aguardiente y a la chicha. Los ebrios caían fulminados y como muertos los recogieron los camiones del ejército para llevarlos al Cementerio Central, donde despertaron rodeados de cadáveres.

Paradójicamente, el alcohol desempeñó una función salvadora para el Gobierno, que pudo dominar la situación. Sin la emergencia de este imprevisto factor el destino de la revuelta habría sido otro, puesto que la policía estaba al lado del pueblo. Sonaron los últimos tiros. La ciudad, arrasada por el fuego, recuperaba la paz, esta vez muy parecida a la de los sepulcros. Al cabo de tres días de venganza y locura, el pueblo desarmado volvió a lo de siempre, a trabajar.

El general Marshall no tuvo dudas. El "bogotazo" había sido obra de Moscú. El gobierno de Colombia suspendió relaciones con la Unión Soviética.

¿Quién fue Jorge Eliécer Gaitán?

Jorge Eliécer Gaitán había nacido en Bogotá el 23 de enero de 1898, hijo de Eliécer Gaitán y Manuela Ayala. Su infancia transcurrió en la pobreza. A los 15 años, luego de unos estudios sobre contabilidad realizados por sugerencia de su padre, ingresó al Colegio Simón Araujo, donde redactó sus primeras tesis influenciadas por la filosofía francesa de principios del siglo. Se interesó además por la pintura y leyó los clásicos. Los biógrafos coinciden en afirmar que en el curso de su vida resultó decisiva la influencia de su madre y que de ella heredó el carácter, la disciplina y el amor por el estudio. Por ella se hizo abogado.

En 1920 se convirtió en alumno de la Universidad Nacional. Con la tesis "Las ideas socialistas en Colombia" logró su título de Doctor en Derecho y Ciencias Políticas el 26 de octubre de 1924.

Dos años más tarde, en julio de 1926, viajó a Italia para hacer una especialización en derecho penal en la Real Universidad de Roma. Allí fue su maestro el tratadista Enrico Ferri. Para obtener el título de doctor en jurisprudencia, Gaitán elaboró un valioso trabajo sobre "El criterio positivo de la premeditación". El citado jurista italiano afirmó alguna vez públicamente que este había sido el mejor alumno en la especialización jurídico-criminal de aquella época. Fue también el primer latinoamericano egresado como miembro de la Sociedad Internacional de Derecho Penal.

A su regreso al país, se dedicó por entero al ejercicio profesional como penalista y a la actividad política integrando las filas del Partido Liberal, del que fue presidente en julio de 1947. En uno y otro campo sobresalió hasta el final de sus días.

El ascenso político le permitió lanzar su candidatura a la Asamblea de Cundinamarca para 1924-1925 y fue elegido diputado. A partir de 1929 responsabiliza al gobierno por la miseria del país. Comienzan a llamarlo *El tribuno del pueblo*.

Fundó la Unión Nacional Izquierdista Revolucionaria (Unir). Para el historiador y ex presidente venezolano Ramón J. Velásquez, "con el unirismo, Gaitán quiso romper el binomio secular de liberales y conservadores. Trató de agitar dentro de un estilo clasista a campesinos y obreros".

Encabezó luego la lista electoral del Partido Liberal por Cundinamarca. El 8 de junio de 1936 ganó la Alcaldía de Bogotá. Creó el desayuno escolar para niños pobres y construyó los primeros barrios obreros de la ciudad. Sólo siete meses estuvo en el cargo, del cual salió por presiones políticas.

Sus biógrafos mencionan que fue el primer político de su generación que viajaba por el país distribuyendo jabón y pasta de dientes. Suministraba uniformes a los taxistas. "Quiso eliminar el uso de las alpargatas y de la ruana, pues a esta la consideraba una prenda mugrosa que ocultaba una suciedad aún mayor", dice el politólogo Hebert Braun.

John C. Wiley, embajador de los Estados Unidos en Bogotá, lo conoció y en un informe del 16 de mayo de 1946 dice sobre él: "Vemos sus triunfos políticos con considerable aprehensión. Quienes lo conocen aseguran que él no quiere a los Estados Unidos".

El discurso de Gaitán del 7 de febrero de 1948 quedó inmortalizado con el nombre "Oración por la paz". Dijo: "Señor presidente Ospina Pérez [...] os pedimos que ejerzáis vuestro mandato, el mismo que os ha dado el pueblo para devolver al país la tranquilidad [...] Queremos la defensa de la vida humana. No creáis que nuestra serenidad es cobardía. Somos capaces de sacrificar nuestras vidas para salvar la paz y la libertad de Colombia".

Dos meses después lo mataron.

¿Quién mató a Jorge Eliécer Gaitán?

La mano asesina, la que disparó el arma, fue la de Roa, pero, ¿quién le ordenó hacerlo?, ¿quien instaló semejante idea en su cabeza? Estas preguntas siguen sin respuesta. Es muy posible que la CIA tuviera algo que ver, y lo que sí es seguro es que en Washington se sabía que se producirían desórdenes. Esto lo afirma la edición de *The Washington Post* del 16 de abril de 1948: "Se informó hoy que una serie de advertencias de problemas en Bogotá llegaron a manos de altos funcionarios del gobierno mucho antes del levantamiento del 9 de abril. Algunas de las advertencias fueron leídas ante una subcomisión de la Cámara por el contralmirante Roscoe H. Hillenkoeter, director de la CIA. Otros fueron dados a publicidad bien entrada la noche anterior por el Jefe de Prensa del Departamento de Estado, Lincoln White, quien dijo que el secretario Marshall había ido a Bogotá sabiendo que los comunistas podrían cometer actos de violencia [...]".

En el clima internacional de la posguerra el gobierno de Truman encontraría conveniente echar leña para acallar los siempre amenazantes fuegos del izquierdismo latinoamericano. No obstante lo cual, antes de salir hacia Bogotá, trascendió que el secretario Marshall se había expresado en un lenguaje poco elegante acerca de los supuestos planes para interrumpir la conferencia. Su actitud era que los delegados de 21 gobiernos soberanos podían reunirse en el lugar que quisieran y en el momento que quisieran, sin permitir que sus "planes fueran alterados por las amenazas comunistas de arrojar huevos o ladrillos".

La CIA

Las leyes de los Estados Unidos permiten a los ciudadanos examinar, pasado un tiempo, los documentos archivados en sus oficinas públicas, incluidas la CIA, el FBI y la secretaría de Estado. Gracias a esta herramienta jurídica se han aclarado numerosos hechos históricos, tanto como confirmado ya sospechadas actuaciones de la agencia otrora negadas por sus voceros. Paul Wolf, un investigador norteamericano estudioso de la política colombiana, solicitó el 9 de septiembre de 2000 a la CIA que revelara el contenido de sus archivos de hace más de medio siglo sobre Gaitán y el "Bogotazo". El 22 de ese mes una funcionaria le contestó que la CIA ni negaba ni afirmaba que hubiese archivos al respecto pero que, por si acaso, de todos modos rechazaba la petición de abrirlos, por cuestiones de seguridad nacional y protección de fuentes y del personal.

Es habitual que los papeles que abre la CIA lleven renglones tachados con tinta impenetrable para proteger nombres o lugares. Pero es menos frecuente que se niegue por completo toda información acerca de un caso, hasta el punto de callar si hay o no archivos sobre él. La conclusión de Wolf es obvia: algo sabe la CIA sobre el 9 de abril, y debe ser tan importante que ni siquiera 52 años después se aviene a exhibir los documentos respectivos. Wolf continúa con su petición. Resulta muy curioso que la CIA pretenda mantener con candado esas valiosas carpetas.

Más sorprendente resulta esta actitud ante el hecho de que algunos de los más interesantes documentos sobre aquellos días históricos proceden de archivos de otras oficinas de Washington. El libro *Grandes potencias, el 9 de abril y la violencia*, con edición de Gonzalo Sánchez y participación de varios historiadores y politólogos, transcribe importantes testimonios recogidos en gavetas oficiales estadounidenses. Por esa fuente ha llegado a conocerse lo que pensaba la embajada norteamericana sobre Gaitán (memorando interno del embajador John C. Wiley, 16 de mayo de 1947): "Quienes lo conocen hablan de su odio por los Estados Unidos [...] Podría ganar la Presidencia a través de procedimientos democráticos. No obstante, existe la opinión generalizada de que sus escrúpulos no le impedirían recurrir a otros medios, de ser necesario [...] Estados Unidos deben vigilarlo con discreción y tacto [...] Mi reciente almuerzo con él trajo a mi memoria un almuerzo que compartí alguna vez en Berlín con el doctor Goebbles [...] Gaitán representa un problema naciente para Colombia, que posiblemente influirá allende las fronteras [...] Mi percepción del doctor Gaitán y sus éxitos políticos es en extremo temerosa [...] El doctor Gaitán guarda un prejuicio primitivo y violento contra los Estados Unidos".

Gaitán, pues, no era del todo bien visto por el embajador. Cuando asesinaron al jefe liberal el 9 de abril, uno de los más detallados y completos reportes sobre lo ocurrido fue el enviado por el agregado naval norteamericano en Bogotá, coronel W. F. Hausman. Hasta fotos agrega el eficiente funcionario. Entre las principales conclusiones de este documento calificado como secreto el 24 de mayo de 1948 se destacan los siguientes párrafos: "Los acontecimientos del 9 de abril no fueron el resultado de un plan del Partido Comunista de Colombia; no se han producido pruebas de complicidad comunista foránea en el asesinato de Gaitán... El principal factor de motivación de los desórdenes fue el uso de la radio, especialmente en Bogotá, por elementos antigubernamentales [...] Juan Roa no tuvo una importancia capital en el crimen, excepto como dócil instrumento [...] La teoría más consistente es que Roa ejecutó un plan diseñado por una pequeña conspiración de furibundos conservadores [...] Todo el mundo, salvo los gaitanistas fanáticos, parecen sentirse contentos de que Gaitán se haya ido [...] no existió una dirección integralmente organizada de los desórdenes."

De muchos archivos oficiales de los Estados Unidos han salido importantes documentos sobre el 9 de abril que, incluso, niegan la tesis del gobierno de Ospina Pérez en el sentido de que se trataba de una conspiración comunista. Si otros abren sus archivos, ¿por qué la CIA se niega a hacerlo?

La confesión del agente Espirito

"Mi nombre es John Mepples Espirito. Soy nacido en los Estados Unidos, de origen siciliano. Mis padres, ambos, también son sicilianos; ciudadanos norteamericanos ahora. En el año 1948 sucedió lo que se llamó el Bogotazo. En el Centro de Houston, donde se encontraban las oficinas centrales de la CIA, fui mandado directamente a Colombia para incorporarme a un grupo de especialistas que ya trabajaba en el país. Debía unirme a ellos y poner en marcha una operación denominada 'Pantomima'. Esta operación tenía como objetivo tratar, por todos los medios, de hacer desaparecer a un abogado izquierdista. Era un hombre muy popular en aquel entonces. Se llamaba Eliécer Gaitán."

Estas palabras están tomadas de una película documental realizada en Cuba, titulada, precisamente, *Pantomima*. La confesión, cuyo texto fue editado para elaborar el documental, fue filmada en el transcurso de la indagatoria que la policía cubana le hiciera al agente estadounidense John Mepples Espirito, detenido en Cuba cuando realizaba operaciones de inteligencia para la CIA con miras a derrocar al régimen castrista a mediados de la década de 1960.

Gloria Gaitán, hija del asesinado líder, viene denunciando desde hace varios años la participación de la CIA en aquel asesinato. Según ella, una de las claves es, precisamente, John Mepples Espirito y su confesión ante las cámaras. En 1962 ó 1963, el comandante Piñeiro, Jefe de Inteligencia de Cuba, invitó a Gloria Gaitán, hija del líder y figura de la izquierda, y le mostró la película sin editar. Ella contó que la declaración de Espirito "coincidía con algo que ella había oído a su padre en casa en 1947 cuando reveló que le habían hecho seductoras ofertas si aceptaba marginarse de la campaña política y dedicarse a dictar clases de derecho en París y Roma". Asombrada, la mujer pidió una copia del documento. Sin embargo Piñeiro se excusó de dársela porque, al parecer, podía deteriorar las relaciones con un hijo del ex presidente Ospina Pérez que mantenía buenas relaciones comerciales en La Habana. Otro que vio la película fue Arturo Alape, autor del ya mencionado libro *El Bogotazo*. Para entonces algo había cambiado, porque los cubanos dijeron a Alape, según versión de Gloria Gaitán, que Espirito era un 'fantasioso' y que había "inventado su confesión".

Otros investigadores y periodistas, entre ellos el premio Nobel Gabriel García Márquez consideran que la confesión de Espirito no era "confiable" y por esa razón nunca salió a luz pública el famoso documento. Arturo Alape tampoco se muestra dispuesto a considerar como seria la declaración de Espirito, quien después de purgar una larga condena, vive en La Habana y se casó con una cubana. "Apoyo la propuesta de Gloria Gaitán", asegura Alape, "de que se cree un tribunal internacional independiente ad hoc, al cual se revelen los archivos de la CIA, la película original de la confesión de Espirito, los papeles de Scotland Yard que no fueron incluidos en el proceso Gaitán en su tiempo, y además que se 'extraditen' de los Estados Unidos las cartas cruzadas entre Juan Roa, el asesino material de Gaitán y la Organización Rosacruz, con sede en California, que no se pudieron revisar durante los 30 años que duró el proceso Gaitán. En el asesinato de Gaitán, como en otros asesinatos políticos ocurridos en América Latina, la CIA tiene muchos documentos que mostrar y confesar."

Hasta que se produzca la apertura de esos archivos, el asesinato de Gaitán seguirá formando parte de la lista de asesinatos políticos no resueltos en América Latina.

1988: Chico Mendes,
ambientalista y defensor de los pueblos de la selva amazónica

Mayor cuenca hídrica del planeta, reservorio del 20% del agua dulce, la cuenca del río Amazonas cubre 600 millones de hectáreas, la mitad de las cuales se halla enclavada en el Brasil mientras las restantes se esparcen por nueve países del Cono Sur. Dotada de una gigantesca biodiversidad, alberga aproximadamente unas 50.000 plantas catalogadas, más de 400 especies de mamíferos, 3000 variedades de peces, casi medio millar de clases de reptiles y otro tanto de clases de animales anfibios. Aseguran los naturalistas que aún restan por descubrir muchas especies de fauna y flora en lo que constituye uno de los tesoros naturales más ricos del orbe. Entre esta riqueza se encuentran, ante todo, las comunidades indígenas que habitan selvas y planicies, también buena parte de ella con escaso contacto con el hombre blanco y, aún, se presume, algunas tribus desconocidas que continúan sobreviviendo en el corazón profundo del Amazonas.

Más específicamente, se estima que 20 millones de personas viven actualmente en el Amazonas brasileño, la mayor parte de ellas concentrada en áreas urbanas. En la región residen más de 170 comunidades indígenas con diferentes culturas y distintos niveles de contacto con el mundo exterior y una variedad de grupos sociales y económicos, como explotadores de caucho, recolectores de nueces del Brasil, poblaciones ribereñas, pobladores emigrantes, mineros artesanales, madereros y ganaderos.

Las décadas de 1960 y 1970 fueron testigos de un rápido proceso de avance sobre la selva con fines comerciales. Se produjo un considerable incremento de tierras dedicadas a la ganadería; se crearon nuevos asentamientos rurales y se promovió intensivamente la minería; se impulsó también la construcción de caminos y de grandes presas hidroeléctricas. En el transcurso de cuatro décadas, se arrasaron alrededor de 78 millones de hectáreas de bosques del Amazonas brasileño (el 15,3% del área total). Cerca del 70% de esta deforestación se produjo a lo largo de las riberas meridionales del Amazonas, en los estados de Pará, Mato Grosso y Rondonia.

Chico Mendes, al defender la selva amazónica contra estos flagelos, no sólo luchó por preservar el hábitat y estilo de vida de los indios y los trabajadores del caucho, sino que también contribuyó a evitar la destrucción de Amazonia. Esto lo convirtió en algo más que una molestia para sus poderosos enemigos. Como ya había ocurrido con otros que le precedieron en esta lucha, él también fue asesinado.

Los seringueiros

El padre de Chico, Francisco Mendes, llegó en 1926 al remoto estado de Acre, en la selvática y aislada Amazonia occidental, dondel Brasil limita con Bolivia y Perú, para trabajar en la extracción del látex del árbol del caucho *(heveas brasiliensis)*, en portugués, *seringueira.* Con esa savia blanca los *seringueiros* fabrican el caucho de manera artesanal.

La familia venía huyendo de la extrema pobreza del árido *sertão*, en el estado de Ceará, situado en el extremo noreste del Brasil. Otra de las razones que los obligó a emigrar fue la lucha contra el trazado de una carretera que produjo una avalancha de *flagelados*, es decir, refugiados ambientales, sin trabajo, hambrientos, víctimas de la sequía. También Chico iba a luchar contra la construcción de otra ruta que tendría consecuencias nefastas para el ecosistema amazónico.

Francisco Mendes se instaló en un *seringal* llamado Santa Fe, cercano a Xapurí y allí aprendió el oficio de *seringueiro*. Había que navegar cinco semanas por los ríos Purús y Acre, afluentes del Amazonas, para llegar desde Manaos hasta Xapurí. Cada trabajador del caucho debía "sangrar" entre 100 y 200 árboles por día para obtener su sustento. La tarea consiste en abrir pequeños canales en la corteza del árbol, no demasiado profundos para no dañarlo, por donde fluye la blanca savia. Esta es recogida en un recipiente llamado *tigelinha*. Después este látex es ahumado y trabajado hasta darle forma de bola. Es en esta forma como llega el caucho a los acopiadores.

A siete horas remando desde Santa Fe estaba el establecimiento donde vivía Iraci Lopes Filho, hija y nieta de *seringueiros*, que sería la madre de Chico. Francisco (Chico) Mendes nació la noche del 15 de diciembre de 1944 en Pote Seco, una población del *seringal* Porto Rico. Se crió en un ambiente de analfabetismo, abandono, aislamiento, carencias de todo tipo y explotación desmesurada. El único sustento lo brindaba la selva.

Junto con la Segunda Guerra Mundial, en 1945 terminó también la llamada Batalla del Caucho, cuyo objetivo era satisfacer las necesidades bélicas. La crisis se agudizó con la competencia surgida en el sudeste asiático y el incipiente desarrollo de materias primas sintéticas que sustituían el ingrediente provisto por la naturaleza. La economía de la región se desplomó.

Al retirarse los norteamericanos, los *seringueiros* se vieron obligados a vender el caucho a precios viles a mercaderes clandestinos, arriesgando la vida por violar la obligación de vender sólo a los *serengalistas* oficiales, poderosos grupos monopólicos brasileños y extranjeros, que no vacilaban en castigar con violencia cualquier trasgresión a esta norma. Sin embargo para los misérrimos trabajadores valía la pena correr el riesgo de comerciar con los acopiadores clandestinos. Los monopolios y los traficantes ilegales tenían precios igualmente irrisorios, pero aquéllos agregaban la iniquidad de los engaños perpetrados por los administradores, tan duchos como impunes al alterar los registros del pesaje. A lo que había que sumar el abuso en el aprovisionamiento de las más esenciales vituallas, una especulación con cuentas cautivas en proveedurías propias, a expensas del analfabetismo de los trabajadores del caucho. El resultado era que el intenso trabajo del *seringueiro* era compensado con apenas algunas monedas.

A los 14 años. Chico dio los primeros pasos para sobreponerse al ambiente de pobreza extrema y analfabetismo gracias a Euclides Fernandes Tavora, un refugiado político que vivía en la Amazonia, una tierra sin escuelas. Él le enseñó a leer y no sólo ello, sino que además comenzó a enterarse de lo que ocurría en el mundo gracias a una radio de onda corta, preciosa posesión de Euclides.

En abril de 1983 Chico se casó con Ilzamar Moacyr y como luna de miel asistió a un congreso de la CUT (Central Única de Trabajadores) en San Pablo. Luego vivió en una casa prestada.

La depredación

En 1965, el Gobierno brasileño comenzó a promover el desarrollo de la región amazónica, tratando de atraer inversores del industrializado sur del país mediante programas de colonización. La propaganda decía que en Acre la tierra era abundante y barata.

A mediados de 1970 gobernaba el Brasil el dictador Emilio Garrastazu Médici, quien había asumido en octubre de 1969. Fue este uno de los gobiernos más duros de la dictadura militar y también uno de los que más aceleró el crecimiento de la deuda externa para dedicar esos dineros a la construcción de obras faraónicas y de dudosa necesidad, como la ruta transamazónica de 5000 kilómetros. El lema con que se publicitaba la obra decía que con esa ruta se ofrecía "una tierra sin hombres a hombres sin tierra". Omitían el significativo detalle de que aquella tierra no era apta para ser convertida en tierra de cultivo, ni tampoco estaba vacía. Había indígenas y *seringueiros*, gente que vivía de la selva, a la vez que la protegía. Y tampoco fueron hombres sin tierra quienes avanzaron sobre la selva. Entre 1970 y 1975 los *fazendeiros*, los grandes terratenientes, adquirieron seis millones de hectáreas de tierra en Acre, con apoyo del Estado. Los recién llegados recibían títulos ilegales de posesión sobre los predios ocupados hasta ese momento por los *seringueiros* o ancestralmente habitados por poblaciones indígenas. Estos hacendados no vacilaron en imponer el terror con el fin de lograr su objetivo. Todo método era válido para intimidar a las familias que allí vivían. Sus casas eran incendiadas, los animales eliminados, sus mujeres violadas.

–No firmen nada –les decía Chico–. Esta tierra es nuestra. Cuando la convierten en dinero, pierden la posibilidad de sobrevivir. ¡La tierra es nuestra vida!

Duro resultaba el desafío puesto que quienes no firmaban eran amenazados, expulsados de sus tierras y muchas veces asesinados por las bandas de matones a sueldo de los *fazendeiros*. Al mismo tiempo, la selva era rápida y sistemáticamente destruida. Para 1975 ya habían desaparecido 180.000 árboles de caucho y 80.000 castaños a causa de la explotación maderera y de los incendios provocados para convertir los bosques en campos de pastoreo y en terrenos para la explotación agrícola. Esta metodología se montó sobre un sistema ancestral, destinado a ganar sembradíos a la espesa selva; el "método de roza" consistía precisamente en incendiar una zona delimitada, la necesaria y suficiente para abastecer a la familia o grupo que lo cultivaba. El respeto ecológico de los nativos se transparentaba en el hecho de que, antes de encender los pastos, les pedían disculpas a éstos y a los animales que allí moraban.

Muy distintos, por el alto grado de destrucción, eran estos nuevos incendios que comenzaron siendo esporádicos, pero pronto se convirtieron en una actividad intensiva. En los peores momentos de esa destrucción, había sido necesario cerrar los aeropuertos debido a las densas nubes de humo. Los estados de Rondonia y Acre ardían por todos lados durante la estación seca del año, temporada que se aprovecha para provocar incendios, como modo rápido y barato de deforestar. De allí el título *Una temporada de incendios* para la película sobre la vida de Chico Mendes, interpretado por Raúl Juliá.

La nueva carretera BR-317, que uniría Río Blanco con Xapurí se convirtió en una pesadilla. Para quemar la selva, hasta se llegó a usar napalm. Estas nuevas rutas afectaron la vida de 96 tribus. Los nambiquara, estudiados por el antropólogo belga Claude Lévi-Strauss en la década de 1930, fueron reducidos de 20.000 a 650 después de la construcción de la BR-364.

A la tala indiscriminada y a los incendios vino a agregarse, a fines de la década de 1970, la búsqueda de yacimientos auríferos. Por esa época el precio del codiciado metal subió y la fiebre del oro se apoderó de Amazonia. En 1980 había 5000 personas trabajando en Serra Pelada. En 1983 esa cifra había ascendido a 100.000 y seguían llegando para vivir en condiciones infrahumanas. Este movimiento llevó a la construcción de pistas de aterrizaje en las que convergían los circuitos ilegales del oro, el tráfico de fauna, drogas y prostitución.

Pero no fueron éstos los únicos daños provocados. Dado que parte del oro es refinado con mercurio, por cada tonelada de metal precioso hay que calcular una tonelada de mercurio introducida en el ecosistema. Los análisis de sangre de los nativos kapayós, vecinos de los yacimientos auríferos, revelaron que más del 25% de la población era portadora de cantidades excesivas del letal mercurio. Lo mismo ocurrió con los peces.

La deforestación intensiva y los incendios intencionales iban a crecer durante las siguientes dos décadas. Las antiguas selvas fueron reemplazadas por granjas y haciendas de incierta rentabilidad y de una aun más improbable permanencia.

En Amazonia la expansión agrícola no es sustentable. Una vez deforestada la tierra queda desprotegida, se debilita y con las lluvias se erosiona con facilidad. En pocos años las granjas abandonadas de esta región, como los exhaustos campos de Mato Grosso, parecen zonas semidesérticas. Sus antiguos habitantes, indios y trabajadores del caucho, debieron emigrar para terminar en las *favelas*, desarraigados y sin trabajo, en el triste camino que va del pobre al miserable.

La resistencia

Cuando estos avances sobre las tierras ancestrales de los trabajadores del caucho se intensificaron, los perjudicados se vieron forzados a reaccionar. Dado que una huelga tradicional iba contra sus propios intereses ya que carecían de toda sindicalización, pergeñaron el método llamado de los *empates*, movilizaciones pacíficas de seringueiros y productores que se daban cuenta de que no sólo iban a perder sus trabajos, sino también su estilo de vida si no hacían algo. Chico Mendes fue uno de los líderes de su pueblo.

El *empate* era una acción no violenta en la que grupos de familias enteras se trasladaban a los diferentes lugares amenazados por la tala indiscriminada o por el más expeditivo incendio intencional a fin de oponerse a la destrucción de la selva, poniendo sus propios cuerpos como escudos protectores. A pesar de su debilidad física ante un enemigo poderoso en armas de fuego, sierras eléctricas y maquinaria pesada, estos *empates*, verdaderas murallas humanas, lograron resonantes éxitos. Sus principales organizadores fueron Chico Mendes y Wilson Pinheiro. Llegaron a organizar 45 *empates*, con un saldo de 400 detenidos, 40 torturados y varios muertos, terrible precio que pagaron para impedir la deforestación de casi un millón y medio de hectáreas de selva. Estas acciones siempre chocaron con los intereses de los grandes latifundistas que contaban, además, con el apoyo de la policía.

El sindicato

Los terratenientes castigaban con extrema violencia a quienes intentaban formar organizaciones que defendieran a los trabajadores del caucho. Todos los intentos terminaban en torturas y ejecuciones sumarias, con frecuencia en presencia de todos los *seringueros*, a manera de escarmiento. Hasta que el primer sindicato fue creado en 1975. Entre sus líderes estaban Chico Mendes y Wilson Pinheiro. Este fue asesinado por dos matones a sueldo en julio de 1980.

Chico continuó actuando desde el sindicato, desde donde lanzó su campaña electoral para ser elegido diputado en el estado de Acre, pese a lo que no obtuvo votos suficientes ni el esperado apoyo. El hecho es que, en palabras de Javier Moro, autor de *Senderos de libertad* (Seix Barral, Barcelona, 1992), "como Chico no era dogmático, había choques constantes entre él y los límites impuestos por las diferentes ideologías", lo suyo era "una autoridad moral más que política". De todas maneras, aprovechó las concentraciones populares de la campaña electoral para denunciar las talas ilegales, las expulsiones violentas y los arrestos arbitrarios.

La mayor repercusión de las acciones emprendidas por Chico Mendes fue internacional. Lo que parecía tan sólo una lucha local para la supervivencia, comenzó a ser percibido como un amplio movimiento ambientalista que abarcaba aspectos políticos, sociales y económicos. Se denunció públicamente la política del gobierno brasileño que promovía un modelo de desarrollo no sustentable, basado en la destrucción de la selva y en la miseria de sus habitantes. También se puso de manifiesto que la banca internacional financiaba proyectos con resultados catastróficos. La apertura de la ruta BR-364, por ejemplo, era construida con dinero prestado por el Banco Interamericano de Desarrollo (BID).

El Banco Mundial y el BID

A comienzos de la década de 1980 el gobierno dictatorial del Brasil impulsó el proyecto Polonoroeste con la intención de "promover la producción" de 25 millones de hectáreas en la frontera con Bolivia. Con ese propósito, a la ruta BR-64 había que agregarle 1200 kilómetros para unir Cuiabá, la capital de Mato Grosso, con Porto Velho, la capital de Rondonia.

El Banco Mundial y el BID, en contra de la opinión de sus propios expertos, financiaron el proyecto. Las predicciones fueron claras y se cumplieron. Después de la BR-364, vendría el aniquilamiento de los indios, la deforestación, la extinción de las especies, la erosión del suelo, el desastre económico y social.

En Tucuruí, para esa misma época, se construyó la cuarta represa más grande del mundo sobre el río Tocantins, un tributario del Amazonas, que hoy en día es considerada como un desastre ambiental, sanitario y social. A esto se agregó otra catástrofe: la construcción de la enorme represa Balbina para proveer de electricidad al área industrial de Manaos.

A mediados de la década de 1980, alentado por sus nuevos

amigos ecologistas, Chico Mendes viajó a los Estados Unidos, donde mantuvo conversaciones con directivos del Bando Mundial y del BID, en las que explicó su idea de las "reservas extractivas", a la vez que criticó las rutas transamazónicas. En Washington participó en una reunión clave en el Senado, a la que también asistió el senador Kasten, del Partido Republicano, titular de la subcomisión de fondos para asistencia al exterior. El viaje fue un éxito, pero también provocó reacciones adversas, en particular entre los terratenientes brasileños.

La magnitud de las consecuencias de estas obras promovió la elaboración de proyectos de legislación en los Estados Unidos que exigían informes de consecuencias ambientales y sociales antes de financiar este tipo de trabajos. "Es algo fácil de manipular, pero por lo menos es un comienzo", dijo Barbara Bramble, quien desde la National Wildlife Federation, conocía y apoyaba la lucha de Chico, junto con Bruce Rich, Steve Schwartzman y otros ecologistas norteamericanos.

Como respuesta a las consecuencias ambientales y culturales del proyecto Polonoroeste, las ONG dentro y fuera del Brasil, recurrieron al Congreso de los Estados Unidos con la intención de que este presionara al Banco Mundial para suspender la financiación de esas obras. Las principales ONG norteamericanas (Natural Resource Defense Council, National Wildlife Federation y el Instituto de Política Ambiental) encabezaron estas acciones. En octubre de 1984, todas esas organizaciones estadounidenses, de América Latina y de Europa, e incluso varios miembros de los congresos del Brasil y Alemania, firmaron un documento en el que se repudiaba el proyecto en su totalidad.

El Banco Mundial apenas si reaccionó ante esto y siguió con sus planes de financiación. No obstante, a mediados de marzo de 1985, dos semanas después de que el senador Kasten enviara una carta al director del Banco, la financiación del proyecto fue congelada. Esta fue la primera vez en la historia del Banco Mundial que la financiación de un proyecto era suspendida principalmente por razones ambientalistas. No sería la última.

En 1987, los préstamos del BID para la pavimentación de la ruta BR-364, que era originariamente parte del proyecto Polonoroeste, fueron detenidos. Esto se debió directamente a los recortes de fondos para el BID dispuestos por la subcomisión de presupuesto del Senado. Chico Mendes había logrado su objetivo. Era imprescindible suspender esas financiaciones, causantes directas de la deforestación de las selvas amazónicas.

Mientras tanto, Adrian Cowell, un director de cine inglés, asombraba al mundo con una serie titulada "Una década de destrucción", filmada en el Amazonas. En ella se incluye "Una apuesta por el desastre", un documental que muestra escalofriantes imágenes de los incendios y las dramáticas consecuencias de la pavimentación de la BR-364.

Reservas extractivas

Mary Allegretti, una antropóloga brasileña que había conocido a Chico y trabajado junto a él en la selva, se sumó al movimiento internacional destinado a atraer la atención sobre la Amazonia. Para ese entonces, Chico ya había elaborado en sus reuniones con los *seringueiros* la idea de las "reservas extractivas", áreas cuya explotación se basa en la obtención de productos autóctonos. En ellas no sólo se tomaría el caucho, sino que también se recolectarían frutos silvestres (castañas, nueces de Brasil, etc.) y plantas medicinales, como aquellas que contienen agentes contra el cáncer, por ejemplo. Se ha demostrado que una hectárea de selva produce, no sólo en caucho, sino también en resinas y otros frutos, mucho más que una hectárea dedicada a la cría de ganado. Como beneficio complementario, tales reservas garantizan la preservación de la selva y de los pueblos tradicionales.

"Nosotros, los *seringueiros*" decia Chico Mendes en 1980, "no queremos transformar la Amazonia en un santuario; sólo queremos que la selva no sea destruida. A la pregunta de cuál es nuestro propósito, respondemos que, además de discutir sobre nuestra lucha para frenar la destrucción, hemos empezado a pensar en una propuesta alternativa para la conservación de la selva amazónica. Esta propuesta se basa en la creación de reservas extractivas. Los *seringueiros* no estamos interesados ni queremos títulos de propiedad, no queremos ser dueños de nuestra tierra... Estamos presentando una alternativa económicamente viable, que da prioridad a la extracción de los productos que existen en la Amazonia, los que hoy en día están amenazados y que nunca fueron tenidos en cuenta por el gobierno brasileño."

A mediados de 1987, el satélite NOAA-9 detectó grandes incendios en Amazonia. Simultáneamente, a ambos lados de la carretera BR-364, se produjeron más de 200.000 incendios intencionales. Una superficie dos veces más grande que Suiza estaba en llamas. Setzer, un investigador brasileño que había seguido las imágenes satelitales en su computadora, calculó que tamañas devastaciones habían inyectado en la atmósfera más de 500 millones de toneladas de carbón, el equivalente al 10% de la contribución mundial a la acumulación de gases de invernadero que anualmente afectan el clima mundial.

En junio de 1987 Chico recibió el premio Global 500 de Naciones Unidas, que lo lanzó a la fama internacional. Nada conmovía, sin embargo al gobierno del Brasil y a los medios de su país, que olímpicamente lo ignoraron, mientras en Londres se le brindaba cobertura mediática internacional. Más adelante, en Nueva York, recibió el premio de la Better World Society, creado por Ted Turner, el entonces dueño de la CNN. En esa ocasión, Chico calculó que con el costo de cada desayuno en el Waldorf Astoria, una familia de trabajadores del caucho podía vivir unos cuatro meses. En noviembre de ese mismo año, Chico pudo pronunciar un discurso en la Asamblea Legislativa de Acre.

La resistencia seguía firme y fue en esos mismos días que se produjo el histórico *empate* en el *seringal* de Cachoeira ante un intento de tala y de colonización agrícola. Finalmente, en junio de 1988 los legisladores de la ciudad de Río de Janeiro le ofrecieron las llaves de la ciudad. Este fue el primer reconocimiento público que recibió de su propio país.

Pero el clima de represalias propiciado por los *fazendeiros* no cesaba. El 6 de diciembre de 1988, en San Pablo, Chico participó de un seminario sobre Amazonia organizado por la universidad. Allí pronunció el famoso discurso que termina diciendo: "No quiero flores, porque sé que irán a cortarlas en la selva. Lo único que quiero es que mi muerte ayude a detener los asesinatos y la impunidad de los asesinos, que son protegidos por la policía de Acre y que, desde 1975 han matado a más de 50 personas en la zona rural. Como yo, los dirigentes *seringueiros* han trabajado para salvar la selva lluviosa del Amazonas y para demostrar que el progreso sin destrucción es posible".

La violencia en Acre iba en aumento. Tras la muerte de un dirigente *seringueiro* en 1988, el gobierno federal estableció las primeras reservas extractivistas en Cachoeira y São Luis do Remanso. La furia de los *fazendeiros* alcanzó su punto máximo y el 22 de diciembre de 1998 Chico Mendes fue muerto por uno de ellos, en la puerta misma de su casa, en Xapirí.

El asesinato

Mendes estaba en su casa con dos policías militares que el gobierno había destacado para brindarle protección. Cuando salió para higienizarse antes de la cena, sonó un disparo. Chico cayó en la puerta misma de la cocina. "Esta vez me dieron", fueron sus últimas palabras.

"A Chico le gustaba mucho jugar al dominó. Llevaba jugando desde las cuatro de la tarde. A las seis y media le pedí que dejara de jugar, para servir la cena. Entonces se levantó de la mesa, dijo que iba a ducharse y me preguntó si podía usar la toalla que le había regalado para su cumpleaños. Le dije que sí. Tomó la toalla y se dirigió hacia la puerta. Abrió una rendija, vio que estaba oscuro y volvió. Tomó una linterna, volvió a abrir la puerta y entonces le dispararon."

Ilzamar Gadelha –esposa de Chico Mendes, que entonces tenía 24 años– recuerda con estas palabras los últimos momentos de su marido, a quien el día 22 de diciembre un tiro de escopeta disparado por Darcy Alves le segó la vida. El asesino era miembro de la

Unión Democrática Ruralista (UDR), formada por latifundistas brasileños con una larga lista de asesinatos en su haber.

Seis meses antes de morir, el líder de los *seringueiros* ya había denunciado a Darly Alves da Silva. Este y su hermano Alvarinho eran dueños de casi 20.000 hectáreas de tierras en la región y, según las denuncias divulgadas entonces por la Comisión Nacional de Obispos del Brasil, eran también responsables de más de 100 muertes de trabajadores desde su llegada al lugar en 1975.

Los asesinos materiales fueron el terrateniente Darly Alves da Silva y uno de sus 21 hijos, Darcy Alves Pereira, que fueron juzgados y condenados a 19 años de prisión, pero escaparon en 1993, sin muchos problemas, de la cárcel de Rio Branco, capital del estado de Acre.

Durante tres años la policía los estuvo buscando. Alves da Silva fue capturado y cumple su condena en una prisión de alta seguridad en Brasilia.

"La violencia contra quienes tratan de proteger la selva es permanente", dijo Vilmar Berna, de la organización Defensores de la Tierra, en ocasión de la captura del asesino de Chico. "Esperamos que este arresto marque el fin de la impunidad habitual en estos casos".

El 9 de diciembre de 1988, trece días antes de ser asesinado, Chico Mendes, en una entrevista con Edison Martins, del diario *Jornal do Brasil*, afirmó que estaba amenazado por los propietarios de la *fazenda* Paraná, Darly y Alvarinho Alves.

Desde 1973, esos dos terratenientes tenían orden de prisión en Paraná (en el sur de Brasil), pero el delegado de la Policía Federal de Acre, Mauro Spósito, retuvo el pedido de captura. El mismo Spósito, que llegó a acusar a Chico Mendes de tener relación con una entidad "comunista", la Fundación Ford de los Estados Unidos, posteriormente ocupó cargos importantes en la Policía Federal.

Un mes antes de la muerte de Chico, el abogado y terrateniente João Branco, presidente de la UDR de Acre, estuvo en la hacienda de Darly Alves discutiendo el asesinato de Chico Mendes, según declaró Genesio Ferreira de Silva, un muchacho que por entonces tenía 14 años y era empleado de Darly. La UDR de Acre, según Chico Mendes, "es el núcleo de un auténtico escuadrón de la muerte, responsable de numerosos asesinatos" y orientado a suprimir toda oposición a la expropiación y deforestación de la selva.

Para muchos, João Branco fue el verdadero instigador de la muerte de Chico Mendes y otros líderes sindicales en Acre. Branco declaró como testigo en el juicio, pero nunca fue juzgado, y tras pasar varios meses fuera, esperando a que se calmase la situación, regresó a Acre, dimitiendo como presidente de la UDR.

Pocos días antes de morir, Chico Mendes, que tenía cuando fue asesinado 44 años, declaró: "Si descendiese un enviado de los cielos y me garantizase que mi muerte facilitaría nuestra lucha, hasta valdría la pena. Pero la experiencia me enseña lo contrario. Las manifestaciones o los entierros no salvarán la Amazonia. Quiero vivir".

El caso de Chico Mendes atrajo por primera vez la atención sobre los problemas de los *seringueiros*. Su asesinato, de no ser por la enorme repercusión que tuvo tanto en Brasil como en el resto del mundo, habría quedado tan impune como los más de 1000 asesinatos de dirigentes sindicales, militantes de izquierda, abogados, sacerdotes e indígenas registrados en los últimos años en la Amazonia brasileña. Tras la muerte de Mendes, las muertes violentas han continuado, aunque en menor cantidad, pero con idéntica impunidad. El 26 de marzo de 1998 fueron asesinados dos líderes del Movimiento de Trabajadores Rurales Sin Tierra (MST) en Parauapebas, en Pará, uno de los municipios donde la lucha por la tierra es más violenta. En ese mismo estado han sido asesinados más de 500 campesinos en la última década. Los conflictos por la tierra y la destrucción del bosque tropical son las dos caras de la política de ocupación de la Amazonia.

Postscriptum: Incendios en Amazonia

Los incendios que afectaron al estado de Roraima durante 63 días en 1998, hasta que las lluvias de abril los apagaron, destruyeron cerca de 40.000 kilómetros cuadrados de sabanas y 10.000 de bosques tropicales. Deflagraciones que afectaron a la población indígena y a los colonos, causaron daños ambientales irreparables en el mediano plazo, con pérdida de biodiversidad, alteración del ciclo hidrológico, aumento de la erosión y la emisión de más de 125 millones de toneladas de carbono, según el Grupo de Trabajo Amazónico, coordinadora de las tareas de numerosas ONG en la Amazonia brasileña.

El gobierno culpó al fenómeno climático El Niño, pero tal explicación esconde la realidad de políticas de colonización orientadas a proteger los intereses de la industria de la madera. En la Amazonia actúan 22 multinacionales madereras y miles de aserraderos.

En los últimos diez años, según el Instituto Brasileño de Medio Ambiente, se han deforestado 163.700 kilómetros cuadrados. Los terribles incendios se produjeron al poco de haberse asfaltado la carretera que une Manaos con Boa Vista, y esta con Ciudad Guayana en Venezuela.

Desde la muerte de Chico Mendes en 1988 hasta hoy se han deforestado 210.600 kilómetros cuadrados.

2002: Celso Daniel,
alcalde de San Andrés, cinturón industrial de San Pablo, Brasil

Alrededor de 500 personas se habían reunido en el Palacio Municipal de San Andrés. Eran las 11:30 de la mañana del 20 de enero de 2002 y reinaba un absoluto silencio. El vicealcalde de la ciudad, João Avamileno, subió a un pequeño estrado armado en el frente de la sede de la dependencia oficial. La emoción lo embargada al punto que precisó de ayuda para trepar los escasos peldaños. Recorrió con la mirada a la concurrencia; luego dejó los ojos fijos en un imaginario horizonte.

–Han asesinado a nuestro alcalde –anunció. Los presentes ya lo sabían, mas la tristeza mezclada con rabia volvió a envolverlos a todos.

Muchos eran los ojos que se empañaban con lágrimas. El clima de consternación se había ido apoderando de la ciudad después de las 9 de la mañana, a medida que se fue difundiendo la noticia: habían hallado el cuerpo sin vida del alcalde Celso Daniel.

Avamileno no pudo decir nada más. Sus ojos también estaban húmedos. Luiz Marinho, presidente del sindicato de los metalúrgicos, se acercó al micrófono y comenzó a rezar.

Minutos antes, el vicealcalde había hecho el anuncio oficial de la muerte a los periodistas.

–Lamentablemente, sucedió lo peor –les había dicho.

Muchos dirigentes del Partido de los Trabajadores (PT), al que pertenecía el asesinado alcalde, ya comenzaban a dar instrucciones para reforzar sus sistemas personales de seguridad.

–Tenemos que poner fin a este desorden –repetía una y otra vez el diputado federal por San Pablo José Genoino, también del

PT–. Si no organizamos un movimiento por encima de los partidos en favor de la paz, la escalada del crimen será incontrolable. –Este ex guerrillero tampoco podía contener las lágrimas–. Celso gobernaba con capacidad y seriedad. Siento un gran dolor, una gran tristeza. El PT, tanto como todo el pueblo de San Andrés, están muy tristes, muy conmovidos.

La pregunta se repetía en todos los corrillos. ¿Asesinato político o delito común? Nadie tenía aún la respuesta.

Al día siguiente el pueblo de San Andrés no ocultó su dolor al despedirse de su amado alcalde. Un cortejo de más de 50.000 personas lo acompañó a lo largo de los cuatro kilómetros que separan el Palacio Municipal del cementerio. La gente por la calle llevaba pancartas de paz. En las fachadas de los edificios públicos los crespones apenas se movían con la cálida brisa en señal de duelo.

Secuestro y asesinato

Celso Daniel fue asesinado a la 1:30 de la madrugada del domingo 20 de enero de 2002. Su cuerpo recibió por lo menos ocho impactos de bala y fue encontrado pocas horas después, cuando ya había amanecido, en Juquitiba, a poco menos de 80 kilómetros de San Pablo. Había sido acribillado con municiones disparadas por sofisticadas armas, como las que usaba la policía. Presentaba evidencias de brutales torturas (una mandíbula fracturada y fuera de lugar) antes del asesinato. Tenía el rostro desfigurado, probablemente para dificultar su identificación y dar tiempo a los asesinos para que emprendieran la fuga. El cadáver fue reconocido oficialmente por el secretario de Seguridad del Estado de San Pablo y por el presidente nacional del PT, José Dirceu.

Aunque la policía había dicho que el cuerpo tenía ocho perforaciones (tres en el rostro y cinco en el pecho), lo cierto es que el número exacto nunca fue confirmado. El informe de los médicos forenses señala que se detectaron entre siete y nueve disparos en el cuerpo del alcalde. Se explicó que la dificultad para precisar la cantidad se debió al gran número de orificios de entrada y de salida de las balas.

El cuerpo estaba vestido con camisa azul, zapatos de vestir y jeans. La camisa y los zapatos eran los mismos que llevaba puestos en el momento del secuestro, no así el pantalón.

Había sido secuestrado la noche del viernes 18 de enero, después de haber comido en el restaurante Rubayat, en la zona de los Jardines, en la capital paulista. Viajaba en una camioneta blindada conducida por su amigo, el empresario Sergio Gomes da Silva. En el barrio de Sacomã (en la zona sur de San Pablo) fueron interceptados por varios automóviles. La camioneta que llevaba a Daniel chocó contra uno de ellos. Se produjo allí un intenso tiroteo. La mayoría de los disparos fueron dirigidos a los neumáticos y a los vidrios trasero y delantero. Los atacantes, fuertemente armados, descendieron de sus automóviles mientras continuaban disparando. Con sorprendente facilidad abrieron la puerta del acompañante de la camioneta de Gomes da Silva y arrancaron de su asiento a Celso Daniel. Al empresario ni siquiera lo tocaron. Según este, los asaltantes eran ocho.

A partir de ese momento, tanto los dirigentes del PT como las autoridades policiales y del gobierno se movilizaron para obtener información acerca de su paradero. La noche del sábado, un supuesto secuestrador se comunicó con el senador Eduardo Suplicy, correligionario y amigo del alcalde. La voz anunció que liberaría al alcalde si el gobierno aceptaba trasladar a algunos presos (no especificó cuáles) alojados en presidios del interior del estado, a alguna de las cárceles de San Pablo. Fue un llamado breve. Suplicy se comunicó con el gobernador Gerardo Alckmin.

–Puede darle mi número de teléfono –respondió este.

Alckmin recibió una llamada diez minutos después. El pedido fue el mismo. Exigían el traslado de algunos presos, sin dar mayores precisiones. Finalmente el secuestrador cortó la comunicación. Nunca más se supo de él. Celso Daniel, en ese momento, estaba ya muerto. Dos horas más tarde, la policía pudo confirmar que la víctima había sido brutalmente ejecutada.

La noticia del secuestro provocó una serie de reuniones e intercambios telefónicos entre el presidente de la República, el ministro de Justicia, el gobernador paulista y los dirigentes del PT. De inmediato la Policía Federal se hizo cargo del caso, junto con la policía paulista. La familia autorizó la divulgación del secuestro.

Una vida dedicada a la docencia y a la política

Celso Daniel era profesor en la Pontificia Universidad Católica de San Pablo desde 1982, donde había coordinado el curso de economía entre 1987 y 1989. También era docente en la maestría de administración pública de la Fundación Getulio Vargas.

Fue uno de los fundadores del PT y durante varios años estuvo abocado a la elaboración de los planes políticos del partido. Estaba en su tercer mandato como alcalde de San Andrés, municipio que administró por primera vez entre 1989 y 1990, regresando al cargo en las elecciones de 1996. Antes de ser reelegido en 2000 con el 53% de los votos, ejerció un mandato como diputado federal. Formaba parte del ala moderada de su agrupamiento político y trabajaba en la plataforma del PT para las elecciones presidenciales de 2002. Se desempeñaba asimismo como director general de la Agencia de Desarrollo Económico del Gran ABC, región que incluye a la ciudad de San Andrés.

A los 50 años era un trabajador de la política: adoraba lo que hacía, amaba su ciudad y mantenía contacto permanente con sus conciudadanos. Nacido en San Andrés el 16 de abril de 1951, Celso Daniel estaba divorciado y tenía un hijo. Se había recibido de ingeniero en 1973, en la Escuela de Ingeniería de Mauá, en San Cayetano del Sur, estado de San Pablo.

El contacto con el mundo de la política había comenzado en la casa paterna. La suya era una familia tradicional y su padre, Bruno José Daniel, había sido presidente de la Cámara Municipal de su ciudad natal. Como alcalde se hizo conocido internacionalmente por remar contra la marea neoliberal dominante al priorizar los programas sociales y temas como el salario mínimo, el banco del pueblo y el presupuesto participativo. En julio de 2001 representó a

Brasil en la Conferencia Mundial de Estambul, promovida por el Programa Habitat de Naciones Unidas. En esa ocasión expuso su experiencia, única en Brasil, respecto de viviendas populares. La suya fue una de las cuatro experiencias administrativas exitosas de América Latina elegidas en esa reunión.

El alcalde repartía su tiempo entre sus cinco pasiones: el PT, la docencia, el básquet, las películas de Ingmar Bergman y el jazz del trompetista Miles Davis. Esta gran sensibilidad y diversidad de intereses lo convertía, en palabras de Luiz Inacio Lula da Silva, en un notable divulgador de las ideas del partido y en el alcalde del PT más atractivo en su relación con la sociedad.

La violencia como sistema

Desde algunos círculos oficiales y policiales se comenzaba a atribuir la muerte de Celso Daniel a delincuentes comunes que, asustados por la repercusión del secuestro, decidieron eliminar al único testigo que podía incriminarlos, la propia víctima.

No fueron pocos los que, por el contrario, se inclinaron desde el principio a considerar el hecho como un asesinato político. Lo cierto es que el secuestro y posterior asesinato nada tuvieron de "aficionados" y sí todos los ingredientes de un crimen de esa naturaleza. Para su ejecución fueron utilizados vehículos ultra-modernos y armamento propio del ejército o la policía. Afianzando esa evidencia, el hecho se produjo en un momento electoral particularmente promisorio para el PT. Celso Daniel, un dirigente con prestigio entre los trabajadores que, además, era bien visto por los empresarios, había sido invitado para coordinar la campaña que a la postre consagraría a Lula en la presidencia. Era uno de los políticos más conocidos del PT, partido al que las encuestas daban en ese momento como seguro participante de la segunda vuelta en las elecciones presidenciales que se avecinaban.

En una entrevista en la radio CBN, el senador Suplicy señaló que el hecho de que los secuestradores hubieran disparado sobre los vidrios delantero y trasero del vehículo constituía una clara indicación de que la intención era asesinarlo. A su criterio, no cabía ninguna duda de que el ataque obedecía a razones políticas.

–Es muy posible que se trate de un caso como el de Toninho, el ex alcalde de Campinas asesinado el año pasado –dijo.

No era el único para quien el asesinato del alcalde de Campinas, Antonio da Costa Santos, del PT, a quien todos conocían como Toninho, ocurrido unos meses antes, en septiembre de 2001, no debía ser tratado independientemente de otros ataques a dirigentes del PT. Manos muy poderosas se estarían moviendo detrás de todo ello. Las mismas que al día siguiente del secuestro de Daniel, trataron de matar a José Rainha, líder de los Sin Tierra, en un operativo semejante al que tuvo al alcalde por víctima.

La hipótesis del asesinato político apuntaba al modus operandi típico de los grupos de ultraderecha, y articula el asesinato de Celso Daniel con otros atentados. En este contexto resulta interesante recordar que el sábado 12 de junio de 1994 la pareja de militantes de los Sin Tierra, José Luis y Rosa Sundermann, fue asesinada dentro de su casa en la ciudad de San Carlos. Ambos luchaban contra el latifundio y la explotación del trabajo inestable y pertenecían al sindicato de Trabajadores de la Universidad de San Carlos. Ese mismo fin de semana, el domingo 13, el militante del PT Edmilson también fue asesinado. Hasta ahora nadie ha sido detenido por ninguna de estas tres muertes. Desde 1997, y especialmente a partir de 1999, se produjo una escalada de atentados y asesinatos contra políticos, en especial de izquierda y del PT. Dorcelina Folador, miembro de la izquierda del PT y alcalde de Mundo Novo, en el estado de Mato Grosso do Sul, fue asesinada a finales de 1999. El PT dirigió una nota al gobierno federal señalando la escalada de violencia contra sus militantes, con una lista de 94 atentados, amenazas y asesinatos cometidos contra gobernadores, alcaldes y concejales del partido en los últimos tres años.

Los senadores del PT, Heloísa Helena y José Eduardo Dutra, que han recibido constantes amenazas, declararon de inmediato que el de Daniel fue un asesinato político, sin atribuirlo específicamente a nadie. Esta idea es compartida por los diputados José Dirceu, presidente del PT, y Aluizio Mercadante, secretario de Relaciones Internacionales: "Lamentablemente, no existe otra explicación alternativa", declararon a *Folha de São Paulo* inmediatamente después de la muerte de Daniel.

Se sumaban a la seguidilla por lo menos 15 prefectos del PT en el Estado de San Pablo (incluida Marta Suplicy, alcalde de San Pablo en el momento del asesinato de Daniel) y varios senadores conocidos que habían sido amenazados de muerte por carta en noviembre de 2001. La provocación estaba rubricada por un grupo autodenominado FARB (Frente de Acción Revolucionaria Brasileña). En la carta, que también había recibido Celso Daniel, el grupo se atribuía el asesinato de Antonio da Costa Santos.

En tales mensajes, el FARB decía que había sido creado en 1998, en el Gran San Pablo, para acabar con los "traidores", es decir, aquellos "políticos de izquierda que están aproximándose a los partidos de centroderecha". La presunta milicia afirmaba haber nacido con siete personas y que contaba, en noviembre de 2001, con cerca de 50 militantes activos, dispuestos a "luchar por un estado justo y sin desigualdades". Se trataba de un burdo intento por presentar al FARB como un grupo de izquierda descontento con la tibieza ideológica del PT.

La carta llegó a los alcaldes el 13 de noviembre, después de la tentativa de secuestro de Airton Luiz Montanher, alcalde de Ribeirão Corrente (428 kilómetros al norte de San Pablo). Un grupo fuertemente armado llegó a invadir la hacienda donde Montanher se hospedaba. La policía intervino a tiempo y evitó el secuestro.

La aparición de este nuevo grupo implicaría sin dudas un mayor caos en el panorama político y social brasileño. En algunas columnas periodísticas comenzó a compararse este estado de cosas en Brasil con lo que venía desarrollándose desde hace muchos años en Colombia. La comparación no es casual. En ambos casos se percibe el intento de dar color político a prácticas que no tienen nada de ideológicas.

El FARB se ha convertido en un fantasma hasta para los servicios de inteligencia de la Policía Federal y de las Fuerzas Armadas. Profesionales de ambos sectores sostienen que las primeras menciones del frente surgieron en Campinas en 2001 a propósito del asesinato de Toninho. "El texto se caracteriza por errores groseros de gramática y ortografía y por la extremada agresividad", destacó un analista de la policía de San Pablo, para quien "la existencia de una entidad con ese perfil es un factor de preocupación porque indica una dirección hacia un escenario semejante al de la guerra civil en Colombia".

En realidad el FARB podría tratarse de un grupo paramilitar de derecha del tipo de las AUC (Autodefensas Unidas Colombianas), como sugiere el especialista francés en ciencias sociales y en temas brasileños Robert Mignot. "Estos grupos conservadores", adujo, "de alguna manera siempre asociados al crimen organizado, se presentaban por medio de cartas anónimas a las cuales siguen atentados con bombas, secuestros y asesinatos de líderes de la izquierda organizada", concluyó.

En otros sectores se atribuye tanto el asesinato de Celso Daniel como los precedentes, al llamado "crimen organizado". No pocos miembros del PT son de esta opinión y señalan que esto se debe a la incapacidad de las policías estaduales y de la Federal de enfrentar al crimen organizado. "El problema fundamental, hoy, es el de la impunidad con que actúan las bandas", sentenciaban al *Jornal do Brasil* al día siguiente del asesinato algunos correligionarios del alcalde asesinado.

La realidad es que buena parte de la "mano de obra desocupada" de la dictadura brasileña se recicló, como en otros países de América Latina, para ejercer actividades criminales. Recientemente, por ejemplo, Airton Guimarães, ex capitán y responsable por la "Operación Oban" de la dictadura, fue relacionado como traficante de drogas y responsable del juego clandestino. Lo que tampoco implica necesariamente que estos grupos no puedan ser usados en caso necesario como fuerza de choque y provocación política por parte de sectores reaccionarios.

Sergio Gomes da Silva, una figura clave

Otras hipótesis apuntan a la acción emprendida por Celso Daniel y otros miembros de la cúpula del PT contra la corrupción enquistada en la misma administración de la alcaldía de San Andrés. Todas estas investigaciones conducen a Sergio Gomes da Silva, amigo del alcalde y última persona en verlo con vida.

Después de participar en la campaña que llevó a Celso Daniel por primera vez a la alcaldía de San Andrés en 1988, Gomes da Silva fue nombrado director de Defensa Civil del municipio. Organizó también el equipo de seguridad personal del alcalde con expertos en artes marciales y ex policías que le eran devotamente fieles.

Para la siguiente campaña de Daniel, esta vez como candidato a diputado federal en 1994, Gomes da Silva ocupó la estratégica posición de tesorero, una tarea vital en las campañas del PT, casi siempre falto de recursos. Estratégica posición que lo colocó aún más cerca del ex alcalde y luego diputado. De esa época data asimismo el estrechamiento de sus relaciones con empresarios de la construcción y del transporte de San Andrés.

En 1996, Daniel fue elegido por segunda vez como alcalde con el 52% de los votos, ganando en la primera vuelta. Para sorpresa de muchos, su inseparable Gomes da Silva prefirió esta vez no formar parte de la administración y se dedicó a la actividad privada. Comenzó a trabajar con Ronan María Pinto, dueño de líneas de ómnibus y empresario con importantes negocios con la alcaldía. Ambos se asociaron en otras empresas, fuera de San Andrés. Otro importante nuevo amigo del ex tesorero de Daniel fue Klinger de Oliveira Sousa, un super secretario de la administración del reelegido alcalde, responsable de los sectores de Obras y Transportes.

En otras palabras, aun sin ocupar cargo oficial alguno, Gomes da Silva conservó importantes contactos en la administración. Esto ha sido confirmado por algunos miembros del PT que trabajaban y siguen trabajando en la alcaldía de San Andrés. Su poder llegó a ser tan grande que algunos dirigentes del PT, molestos por la interferencia de quien consideraban un advenedizo, renunciaron a sus cargos en la administración.

A medida que iba pasando el tiempo crecían los rumores de oscuras relaciones de Gomes da Silva con empresarios que hacían negocios con la alcaldía a través de la secretaría de Oliveira Sousa.

Tales versiones llegaron a los oídos de la cúpula del PT. El dirigente nacional Gilberto Carvalho, hombre de confianza de Lula da Silva y José Dirceu, fue designado para ocuparse del tema. Lo haría desde dentro mismo de la administración municipal, con el cargo de secretario de Comunicaciones. Un hombre con experiencia, afecto al diálogo y de estilo conciliador podría, según Lula y Dirceu, volver a poner las cosas en su sitio sin provocar demasiadas complicaciones.

En 2000 Celso Daniel fue reelegido con el 72% de los votos. La notable cifra fue el reconocimiento popular a una gestión que cambió la imagen de la ciudad. Daniel era un competente especialista en cuestiones urbanas y San Andrés se había transformado durante su administración, circunstancia que hasta los adversarios admiten.

Ese mismo año el ministerio público comenzó a investigar al cada vez más sospechado Gomes da Silva. Un cúmulo de hechos dudosos brotaba de las áreas en que ejercía alguna influencia.

Al antiguo chofer y organizador de la seguridad del alcalde no le había ido nada mal y se había convertido en un próspero empresario. Una investigación del ministerio público dio como resultado un dossier de 40 páginas en las que no se disimulaba el asombro que provocaba el súbito incremento de su patrimonio. En cuatro años, su renta aumentó diez veces. Según las investigaciones de los fiscales, en 1996 gozaba de una renta anual de 30.000 reales que apenas cuatro años más tarde, en 2000, trepaba a 300.000 reales. Para más datos, Gomez da Silva se había convertido en socio de Ronan Pinto, propietario de tres empresas de ómnibus y beneficiario de contratos millonarios con la alcaldía de Santo Andrés, muchos de ellos sospechados de gruesas irregularidades. El propio Gomes da Silva fue sometido a indagación por haber recibido, entre 1997 y 1998, 272.000 reales de una de las empresas de recolección de basura de Ronan Pinto, que en ese momento tenía contratos por 13 millones de reales con la alcaldía. La suma estaba inscripta como remuneración por consultoría en las áreas de transporte y limpieza urbana. La indignación en el partido y fuera del mismo fue enorme. Era obvio que el hombre carecía de títulos y experiencia profesionales como para brindar asesoramiento alguno acerca de esos temas. Para muchos esto fue la confirmación de que la actividad de Gomes da Silva era en realidad el tráfico de influencias.

Celso Daniel no logró desarticular la organización de Gomes da Silva, como quería la dirección nacional del PT, pero dio los primeros pasos para fortalecer a sus adversarios en la administración. Le otorgó a Gilberto Carvalho una secretaría más importante, la de Gobierno, y amplios poderes a su ex mujer, Miriam Belchior, secretaria de Administración y a cargo también del presupuesto de Acción Social, con lo que quedaba por encima de los proyectos de otras áreas. Con el estilo combativo de ella en la primera línea, acompañada por Carvalho, más diplomático, comenzaron a darse los primeros pasos para oponerse a Oliveira Sousa y al grupo de Sergio Gomes da Silva.

A mediados de 2001, Celso Daniel fue invitado a participar en la coordinación de la campaña de Lula y a dirigir el grupo encargado de armar el programa de gobierno. Pero la invitación incluía una exigencia: antes de apartarse de la alcaldía para dedicarse a la campaña presidencial, debía desarticular aquella organización enquistada en su administración. Celso Daniel, por primera vez, comenzó a apartarse de su amigo.

Los golpes a la organización continuaron. El hombre clave de Gomes da Silva en la alcaldía, Oliveira Sousa, se preparaba para suceder a Celso Daniel en 2004. Para ello debía primero ser elegido diputado, con lo cual aparecería como el candidato más natural del PT para disputar el cargo de alcalde.

Contra lo previsto, en diciembre de 2001 Daniel anunció que no se elegiría el candidato a diputado entre los secretarios de la alcaldía. Tal decisión hacía inviable la candidatura del secretario y echaba por tierra la operación 2004, tal como la había imaginado el grupo de Gomes da Silva. El propio Oliveira Sousa no disimuló su malestar en declaraciones a los diarios locales. La relación entre Celso Daniel y Sergio Gomes da Silva se hizo tensa.

Muerto Celso Daniel los misterios se multiplicaron. Resultaba curioso, por lo menos, que, al ser encontrado asesinado, el alcalde llevara ropa diferente de la que vestía al ser secuestrado y con la cual había sido fotografiado en compañía del empresario en el restaurante Rubayat. Para mayor incógnita, el jean que tenía puesto el cadáver, era de su propiedad. Así lo reconoció su novia, Ivone de Santana. O sea, alguien relacionado con los asesinos tenía consigo el pantalón, o fue a buscarlo al departamento de Daniel después del secuestro. En cualquiera de los dos casos, tenía que ser alguien del círculo íntimo del alcalde asesinado.

El día del velatorio Gomes da Silva permaneció internado en una clínica, sedado. Oliveira Sousa no esperó el entierro para anunciar un cambio de planes. En declaraciones publicadas al día siguiente, el 21 de enero de 2001, en el *Diário do Grande ABC*, a una pregunta sobre la candidatura, respondió: "Estoy emocionado y tengo que reflexionar más. Pero es obvio que esta decisión (de dejar de ser candidato a diputado del estado) estaba en el contexto personal de un Celso que ya no existe más. Todo esto tiene que ser analizado".

Beneficios mutuos

Sergio Gomes da Silva había conocido a Celso Daniel en el club Pirelli, donde este último jugaba al básquet y donde llegó a convertirse en un eficiente ayudante y compinche indispensable en la vida de Celso Daniel. Hasta se llegó a insinuar una relación homosexual entre ambos. Pero la difamación no prosperó. No sólo era irrelevante desde el punto de vista del interés público, sino que el prestigio del alcalde era demasiado sólido como para verse afectado. Por otra parte, era tema de comentarios generalizados que Celso Daniel siempre había tenido éxito con las mujeres y, después de su divorcio, había establecido una fuerte relación con Ivone de Santana.

El origen de estas insinuaciones es controvertido. Algunos responsabilizan a los adversarios del PT. Otros apuntan a un ex miembro del PT, ahora en otro partido. Pero el hecho es que hasta panfletos de color rosa fueron distribuidos en la víspera de una de las elecciones que disputó, como si hubieran sido producidos por un grupo gay que apoyara a Celso Daniel.

A principios de 1993 Celso Daniel se había separado de su mujer, Miriam Belchior, a la que siempre estuvo muy ligado. De personalidad fuerte, ella resolvía buena parte de los problemas prácticos de la vida del marido, cuya cabeza vivía dedicada a la política. En ese período se consolidó la amistad con Gomes da Silva, quien se convirtió en su mejor amigo, confidente y secretario. Incluso tenía llave de la casa de Daniel y era bien conocido por los porteros del edificio. Su extremada eficiencia y capacidad para resolver toda clase de pequeños problemas domésticos, respecto de los cuales era pública la escasa pericia de Celso, hizo que el hombre se volviera cada vez más importante. Conviene destacar que toda esa eficiencia se vio bien recompensada. Esta amistad le abrió muchas puertas. Es menester sumar otra cualidad que lo hacía importante: conseguía abundantes recursos para las campañas electorales.

Gomes da Silva siempre tuvo libre acceso tanto a la policía Civil como a la Militar de San Andrés. Frecuentemente almorzaba o cenaba con los comisarios. Su manera de pensar era también un tanto policíaca. Tenía siempre un arma al alcance de la mano. La costumbre de circular armado motivó que más de una fuente consultada por los periodistas se extrañara por la manera en que se produjeron los hechos que culminaron con el secuestro. A pesar de todas sus habilidades, Gomes da Silva ni siquiera pisó el botón de la Mitsubishi que manejaba para accionar la alarma.

Otro hecho que despierta sospechas es la declaración del ladrón de bancos y secuestrador Dionisio de Aquino Severo. Este, según informó en su momento *Jornal do Brasil*, habría admitido ante el oficial policial Romeu Tuma Junior haber participado en la operación de secuestro. El delincuente, que había formado parte de la seguridad personal del alcalde y estaba relacionado con el empresario Sergio Gomes da Silva, habría asegurado, en una declaración firmada ante su abogada Maura Marquez, que tenía cosas para decir acerca del secuestro de Daniel, pero que sólo lo haría en el juicio. Única manera, argumentó, de proteger su vida. Pero Aquino Severo fue asesinado el 10 de abril, menos de una semana después de haber sido detenido en Maceió. Lo mató a cuchilladas un grupo de encapuchados en el Centro de Detención Provisoria de Belem, en la zona este de San Pablo.

El delegado Tuma Junior, que fue apartado de las investigaciones por la muerte del alcalde a pedido del PT, confirmó de manera indirecta haber oído a Aquino Severo decir que había participado en el secuestro de Celso Daniel. "No puedo negar que él haya dicho eso. Además, otras personas fueron testigos de esa conversación."

Otro elemento de sospecha es que los secuestradores nada hayan hecho contra el acompañante de Daniel en la rural blindada, el propio propietario del vehículo, Sergio Gomes da Silva, a pesar de ser este un conocido empresario y de encontrarse fuertemente armado durante la acción (bajó del coche exhibiendo una pistola).

Por otro lado, hay dudas respecto de las declaraciones del mismo Sergio Gomes da Silva. En la delegación de policía relató una historia que después se descubrió estaba plagada de contradicciones. Afirmó ante los policías que las trabas electrónicas de las puertas de su camioneta se abrieron solas después del choque con los autos de los secuestradores. Fue por eso que los delincuentes pudieron sacar al alcalde de la camioneta con toda tranquilidad y llevárselo con ellos. El empresario declaró también que le fue imposible perseguir a los bandidos, ya que su vehículo había quedado inutilizado. Con el choque el motor habría girado el falso, rompiendo la caja de velocidades, circunstancia que los peritos no lograron encontrar ni reproducir.

–Yo no soy mecánico y no entiendo nada de eso, pero todo lo que dije fue lo que sucedió –atinó a esgrimir a modo de descargo. La policía por su parte sostuvo que ese tipo de confusión es un habitual correlato del cuadro de pánico y terror como el experimentado por el empresario al lado de su amigo.

La familia no cree en la versión policial

A fines de enero de 2003 unas 250.000 personas participaron de una ceremonia ecuménica en homenaje a Celso Daniel realizada en el parque que ahora lleva su nombre en la ciudad de San Andrés. Muy emocionada, su familia rechazó la hipótesis esgrimida por aquellos que suscriben la versión policial de que el ex alcalde fue víctima de un delito común.

Ya en agosto de 2002 sus hermanos comunicaron a la prensa, en San Bernardo, que la familia no estaba satisfecha con la versión de la policía acerca del motivo del asesinato y solicitaba a las autoridades que bajo ningún concepto abandonaran las investigaciones.

Para María Elizabeth, María Clelia, Bruno José y João Francisco Daniel todavía abundan las lagunas que pueden ayudar a la solución del misterioso homicidio. "A más de seis meses de su muerte, todavía existen muchas dudas acerca de las circunstancias y los motivos del asesinato", explicaba Bruno Daniel. Y esas dudas siguen siendo compartidas por mucha gente, sobre todo en San Andrés.

Si, como aduce la policía, los asaltantes esperaban a otro empresario y se confundieron de blanco, ¿quién era ese empresario? ¿Existe realmente? También quedan dudas en cuanto al lugar de cautiverio, donde se encontró un auto igual al usado por los secuestradores, un sobre con el logo del restaurante Rubayat, pelos humanos blancos y un trozo de pantalón beige, como el que usaba en el momento del secuestro.

La familia también aseguró que no se le dio acceso a una serie de documentos, como el resultado de la autopsia. "Sin ellos no podemos saber cuáles fueron las circunstancias exactas de la muerte y si efectivamente fue torturado", explicaron los hermanos, que ya han autorizado la exhumación del cuerpo, en caso de que fuera necesaria para completar la autopsia. Las conclusiones a la que llegó la investigación policial del secuestro seguido de muerte del alcalde Daniel indican que el hecho fue perpetrado por delincuentes comunes.

Un buen alcalde burgués

Celso Daniel se apartó del perfil radicalizado de los políticos del PT de la década de 1980. "Celso era un político en el sentido griego de la palabra", ha dicho Celso Frateschi, ex secretario de Cultura de San Andrés. "Era político las 24 horas del día, adoraba lo que hacía, amaba su ciudad y conversaba con los ciudadanos para intercambiar ideas."

Su accionar público se apartaba de lo que se esperaba de un alcalde del PT. Hizo renunciar a funcionarios ineptos o innecesarios, redujo las jornadas de trabajo y los salarios de quienes sobraban en la administración y dio lugar a la iniciativa privada. En ocasión de una reunión política en Rio Grande do Sul, afirmó que el mejor consejo para darle a un nuevo alcalde sería: "Nada de aumentos para los funcionarios durante el primer año".

En la primera reunión para tratar los planes de gobierno de Lula, afirmó que quería una mayor interacción en la elaboración de la plataforma electoral: "Vamos a hacer seminarios en todas las regiones para discutir los temas de Brasil".

La preocupación por la seguridad de San Andrés siempre estuvo presente en su administración. La guardia municipal de la ciudad era un ejemplo para otras alcaldías ya que, al poner más hombres en la calle, consiguió reducir el número de delitos prácticamente a cero. "Pero una discusión sobre la violencia tiene que ser conjunta. Cualquier medida aislada de las ciudades será neutralizada por la falta de una acción concertada en toda la región", decía.

Daniel recién comenzó a preocuparse por su propia seguridad después de haber recibido en noviembre de 2001 la misma carta con amenazas de muerte que recibieron muchos de sus colegas. "Pero esas medidas fueron muy simples", comentó Gibelberto Carvalho, secretario de Gobierno de San Andrés.

Carvalho era uno de los mejores amigos del alcalde y recuerda que esa amistad se hizo más estrecha cuando, en 1997, Daniel lo invitó a ocuparse de la Secretaría de Comunicaciones. "Fue entonces que descubrí su increíble capacidad gerencial. Celso era el mejor coordinador de planeamiento del PT." A lo que agregaba su inteligencia superior y su profundo sentido ético.

Cuando lanzó su candidatura para alcalde de San Andrés en 1988, Celso Daniel fue llamado "el candidato burgués del PT" por sus adversarios. Algo había de verdad en eso pues Daniel no encajaba en el clásico perfil de petista radicalizado de la década de 1980.

No podían aquellos adversarios imaginar que, trece años después, aquel candidato burgués se convertiría en modelo de éxito y buena administración para su propio partido. Y en septiembre de 2001 le llegó el mayor de los reconocimientos. Lula da Silva lo invitó para que se desempeñara como coordinador general del programa de gobierno del PT para la presidencia. Iba a ser una pieza clave en el intento de su partido por mostrar a los empresarios que Lula no constituía una amenaza.

Sacerdotes

La Iglesia Católica, desde los primeros tiempos de la conquista, estuvo íntimamente ligada a la vida política de América Latina. En sus diversas vertientes participó en la lucha emancipadora y muchas veces sus representantes tomaron abiertamente partido por uno u otro grupo. Los casos de sacerdotes asesinados seleccionados para este libro reflejan el accionar de algunos hombres de la Iglesia que por sentir que su labor pastoral iba más allá de la retórica, fueron asesinados.

Monseñor Enrique Angelelli, obispo de La Rioja, encontró su trágico final después de reunir pruebas que señalaban a las autoridades de la dictadura militar argentina de ese momento como culpables del asesinato de dos de sus sacerdotes. Monseñor Oscar Arnulfo Romero, arzobispo de San Salvador, de origen conservador, encontró su verdadera vocación pastoral al tener que defender a sus misioneros de ataques que no trepidaron en llegar al asesinato. El arzobispo murió a manos de un escuadrón de la muerte. Similar destino le esperaba a monseñor Juan Gerardi, obispo auxiliar de la arquidiócesis de Guatemala, cuando se disponía a dar a conocer los resultados de sus investigaciones sobre violaciones de los derechos humanos.

1976: Monseñor Enrique Angelelli, obispo de La Rioja, Argentina

Chamical, 18 de julio de 1976. Gélida mañana de invierno. En esta pequeña ciudad de la región de Los Llanos riojanos fray Carlos de Dios Murias, uno de los primeros franciscanos conventuales argentinos, y el padre Gabriel Longueville, sacerdote francés a cargo de la parroquia de esa ciudad, fueron alevosamente asesinados luego de ser secuestrados por quienes se identificaron como miembros de la Policía Federal. Eran épocas difíciles. La más truculenta de las dictaduras militares argentinas del siglo XX había convertido en un bien devaluado la vida de quienes no compartían sus mesiánicas ideas.

A la mañana siguiente, otros hombres encapuchados fueron a buscar al párroco de Sanogasta, pero este se había ido por recomendación del obispo, monseñor Enrique Angelelli. Cuando el laico que los atendió les dijo que el párroco no estaba, lo acribillaron.

El 4 de agosto, 17 días después del asesinato de aquellos sacerdotes, murió monseñor Enrique Angelelli, obispo de La Rioja. El informe oficial decía que se había tratado de un accidente automovilístico. Las presunciones y luego pruebas de que fue un atentado urdido desde el aparato estatal, se acumularon de manera abrumadora.

El obispo regresaba de la localidad de El Chamical, donde había celebrado una misa y pronunciado una homilía en la que denunciaba aquellos asesinatos: "También hay en este presbiterio muchachos que están estudiando, todavía no son sacerdotes, están preparándose, experimentando a Cristo, descubriéndolo con la inteligencia y fundamentalmente descubriéndolo en la vida y asimilándolo para que puedan ser presbíteros. Yo creo que ellos hoy deben recibir la mejor lección de teología de la vida. Porque un muchacho de 30 años y un presbítero han muerto, por ser fieles a las bienaventuranzas de Jesús, mártir. Hermanos seminaristas, a ustedes también les dejan una lección, un mensaje".

Manejaba una camioneta, y el padre Arturo Pinto, que lo acompañaba, recuerda que apenas dejaron el pueblo comenzó a seguirlos un automóvil; el obispo aceleró pero entonces apareció otro coche y a la altura de Punta de los Llanos los encerraron hasta hacer volcar la camioneta.

Seis horas estuvo tirado en la ruta el cuerpo de Angelelli. La camioneta desapareció y la única lesión que presentaba su cadáver era la nuca destrozada por los golpes. Una carpeta que llevaba el obispo jamás pudo ser encontrada.

Su vida

"No vengo a ser servido sino a servir. Servir a todos, sin distinción alguna de clases sociales, de modos de pensar o de creer; como Jesús, quiero ser servidor de nuestros hermanos los pobres", dijo monseñor Angelelli al asumir la conducción de la diócesis de La Rioja en 1968.

Había nacido el 17 de julio de 1923, en Córdoba, Argentina. Sus padres, los inmigrantes italianos Juan Angelelli y Celina Carletti, vivían en las afueras de Córdoba dedicándose al cultivo de hortalizas. Había ingresado a los 15 años al Seminario Metropolitano Nuestra Señora de Loreto. Al iniciar el segundo año de teología fue enviado a Roma para completar su formación. En 1949, a los 26 años, fue ordenado sacerdote y continuó sus estudios en la Pontificia Universidad Gregoriana de Roma hasta obtener la Licenciatura en Derecho Canónico.

De regreso a Córdoba comenzó una intensa labor pastoral como Vicario Cooperador en la Parroquia San José de Barrio Alto Alberdi y como capellán del hospital Clínicas. Visitó las villas miseria de la zona. El encuentro con la realidad de los marginados fue haciendo crecer en él la predilección por el servicio a los pobres. En 1952 se hizo cargo de la atención pastoral de la Capilla de Cristo Obrero y fue designado asesor de la JOC (Juventud Obrera Católica), radicándose en el Hogar Sacerdotal. Era este un lugar de encuentro y consulta permanentes para buena parte del clero cordobés. Participó en la Junta Arquidiócesana de la Acción Católica, dictó clases de Derecho Canónico y Doctrina Social de la Iglesia en el Seminario Mayor de Córdoba y era profesor de Teología en el Instituto "Lumen Christi". Trabajó en la Curia Arzobispal y ayudó en la pastoral universitaria, asesorando algunos centros de la JUC (Juventud Universitaria Católica).

Desarrollaba su labor pastoral en el marco de las enseñanzas del Concilio Vaticano II (1962-1965), de la Segunda Conferencia General del Episcopado Latinoamericano realizada en Medellín en 1968 y de la Declaración del Episcopado Argentino dada conocer en San Miguel en 1969. El joven sacerdote Angelelli se sintió de inmediato atraído por las instancias más dinámicas de la renovación pastoral en la Argentina. En la Comisión Episcopal de Pastoral, creada en 1966 por el episcopado argentino para poner en marcha un plan nacional a la luz de las progresistas conclusiones del Concilio Vaticano II, Angelelli ocupó un sitial clave, no sólo en la conducción sino también por su integración al equipo de peritos.

Es en este terreno donde hay que indagar acerca de los criterios que guiaban tanto su vida como su acción como pastor y como hombre preocupado por la sociedad. En la perspectiva del Concilio Vaticano II se recupera el carácter histórico de la salvación. La dimensión salvífica de la historia resonó en América Latina de forma muy concreta. Así como el mensaje del Concilio significó para las iglesias de los países centrales una llamada al encuentro y al mutuo entendimiento con la cultura contemporánea, en América Latina este diálogo se desarrolló con un nuevo interlocutor hasta ese momento relegado: el pueblo, sobre todo, los más los pobres. Muchos llamaron a este fenómeno "irrupción de los pobres en la Iglesia y en la teología". Tal irrupción iba a guiar tanto a la flamante corriente conocida bajo la designación general de Teología de la Liberación como a la nueva difusión del Evangelio. Habría de atravesar la pastoral popular hasta las comunidades de base, con la implicación del compromiso socio-político de amplios sectores de la Iglesia con las nuevas formas de expresión litúrgica y catequística. También iba a significar un nuevo sentido para la vida sacerdotal en la que aparecería la figura del mártir.

Este reencuentro con las enseñanzas del Evangelio encontró en Angelelli expresiones simples y profundas como la conocida "con un oído en el pueblo y otro en el Evangelio". O aquella otra "el Evangelio del pobre". Su don de poeta creó una frase inolvidable para referirse a su misión: "desovillando a mi pueblo".

Las décadas de 1960 y 1970 fueron complejas y revulsivas. Muchos de sus protagonistas eran hombres y mujeres exaltados cuya mirada llegaba sólo a la pronta concreción de los cambios que ellos mismos anunciaban. Aferrados a un éxito cercano en lo social y lo político, parecían no darse cuenta de que la realidad que los rodeaba no era lo que ellos querían. De ningún modo era este el mensaje de Angelelli, todo lo contrario. En una homilía de febrero de 1976 contó que había estado releyendo los padres apostólicos y las actas de los mártires. De alguna manera se preparaba, acaso, para los tiempos que venían.

El papa Paulo VI lo designó obispo de La Rioja en 1968. Asumió el 24 de agosto, el mismo día en que se iniciaban en Medellín las deliberaciones del Episcopado Latinoamericano. Angelelli decidió que iba a ser "un riojano más" y desde el inicio visitó instituciones, comunidades, barrios y poblados de la provincia que le había sido asignada. En septiembre los sacerdotes fueron convocados a jornadas pastorales de donde surgieron las orientaciones para toda la diócesis. También los movimientos laicales fueron convocados a sumarse a esta renovación como corresponsables de su acción.

En 1969, la Misa radial que se celebraba desde la Catedral asumió el carácter de diocesana. En mayo de ese año, se realizó la Semana Diocesana de Pastoral, allí se redactó un documento que profundizaba el análisis de la realidad provincial y el compromiso por la liberación del hombre y la mujer riojanas. Desde esta opción, la pastoral de Angelelli se caracterizó por estar junto a los trabajadores en sus reclamos y con los campesinos impulsando su organización cooperativa, que alcanzaba asimismo la institucionalización gremial hasta de las empleadas domésticas.

Su compromiso con la sociedad como totalidad lo llevó a denunciar la usura, la droga, las casas de juego y el manejo de la prostitución en manos de los poderosos de la sociedad riojana. Visitó los barrios alentando a los vecinos a solucionar el problema de la vivienda y a organizar una cooperativa de consumo, recorrió toda la provincia visitando los pueblos más remotos y olvidados. Sus reclamos se hicieron más amplios al condenar las arbitrariedades de los gobernantes e instó a todos a comprometerse en la acción política para el servicio y bienestar del pueblo.

Los títulos de sus homilías son más que significativos ya que por sí mismos muestran la dirección por donde fluía la reflexión del pastor de hombres. He aquí algunos ejemplos: *"Pacificar el corazón, mirar al futuro, preparar los hombres del mañana"* (1º de enero de 1969).

"El obispo, hombre crucificado; en su corazón deben encontrar cabida las alegrías y los dolores de su pueblo" (1970).

"Con alma de niños, dar acogida en nuestro corazón al don de la paz", Mensaje de Navidad (1970).

"Colecta Más por Menos, toma de conciencia nacional, un comienzo para aplicar en cristiano la distribución de los bienes" (1971).

"Urge escuchar la voz de Cristo y llegar incluso a opciones y rupturas interiores si queremos cambiar nuestra manera de vivir", Carta pastoral de Cuaresma (1972).

"En nuestras madres encontramos un eco de la grandeza y del amor de Dios", Mensaje en el Día de la Madre (1973).

"Quiero manifestar un amor grande al pueblo riojano que el Señor me confió; un amor grande a esta hora histórica que nos toca vivir y que juntos vamos tejiendo dolorosamente; amor grande a Cristo y a su Iglesia" (1973).

"Somos obispos y pastores de un Concilio que debe ser llevado a la práctica" (1974).

"Ser hombres de la luz es no evadirnos de nuestra realidad y construir nuestra historia con los demás" (1975).

"Seguimos mirando nuestro presente y nuestro futuro con esperanza, aunque sea dolorosa nuestra realidad" (1975).

Los primeros enemigos

Como era de esperar, los grupos católicos más conservadores se escandalizaron ante tanto cambio e iniciaron campañas en su contra, que se intensificaron ese año, hasta culminar con la prohibición de la misa radial. Las movilizaciones y protestas en la provincia contrastaban con el silencio de la Conferencia Episcopal.

Entre 1971 y 1972 se concretó el Movimiento Rural Diocesano y la Cooperativa de Trabajo Amingueña Limitada, impulsando la expropiación del latifundio de Asalini. La cooperativa permitiría obtener mejores precios para los productos regionales y trabajar solidariamente las tierras improductivas. En agosto, Angelelli y su presbiterio se enfrentaron de nuevo con el gobierno de facto, cuando la policía detuvo a dos sacerdotes y un laico.

El escritor argentino Osvaldo Bayer recogió testimonios de esa época para una película realizada por la televisión alemana. "Es ahí [en Aminga] donde Angelelli ayuda a la cooperativa de viñateros que querían aprovechar esas tierras, pero más que tierras las aguas; es decir, lo más valioso en La Rioja son las aguas y no la tierra; y ahí estaban las mejores aguas, en ese territorio abandonado del predio de Asalini. Los herederos de Asalini se habían ido a vivir a Roma y no les interesaba nada de eso, se había abandonado todo ese hermoso lugar para los viñedos. Esa gente entonces, los auténticos trabajadores de la tierra, del agua y del vino, quisieron hacer una auténtica cooperativa, 'Coodetral'; y realmente la crearon desde la base con la ayuda y el consejo del obispo Angelelli."

La reacción no tardó en llegar. Y provino de Anillaco, precisamente. "Nosotros", cuenta Bayer en un Homenaje a Angelelli publicado por *América Libre* en enero de 1997, "y esto está grabado y filmado, fuimos a la bodega Menem y fuimos atendidos por Amado Menem... es interesante ver a Amado Menem describir a este Obispo y señalar con todo desparpajo frente a las cámaras de la TV alemana: 'Él se la buscó. Era un comunista'. Tal cual." El hermano del ex presidente Carlos Menem califica ante la televisión alemana de acto realmente democrático y heroico por parte de los bodegueros el haber echado a pedradas al obispo.

El recuerdo de Osvaldo Bayer incluye también un encuentro entre Angelelli y Carlos Menem, entonces gobernador de La Rioja. Fue en un Tinkunaco, la fiesta popular donde concurrieron todos los trabajadores de Aminga encabezados por el obispo. Angelelli pidió una audiencia con el gobernador, quien responde a sus requerimientos diciéndole:

–Por supuesto, señor Obispo.

Lo que pedían era la expropiación de la tierra para dársela a los trabajadores. Carlos Menem prometió hacerlo. Y envió el proyecto de ley a la legislatura. "Y ocurre una cosa por primera vez en la legislatura riojana", escribe Bayer. "El bloque peronista, al votar esta ley de expropiación, se divide. Todos respondían a Menem pero justamente al votar esta ley se dividen, y desgraciadamente el bloque radical, y esto es una vergüenza para el radicalismo, en La Rioja se junta con los disidentes del peronismo y rechazan la ley de expropiación de la tierra. Esta fue una maniobra de Carlos Menem gobernador para no legalizar la entrega de tierras a los trabajadores."

Era el año 1973. En respuesta, Angelelli sancionó canónicamente a los promotores que intentaban disfrazar el conflicto acusando de "comunista" a la iglesia riojana.

Al año siguiente el país vivía un recrudecimiento de la crisis social y política, con asesinatos, atentados y ataques a los dirigentes y organizaciones populares. En septiembre Angelelli viajó a Roma en visita "ad limina" y allí le sugirieron que no regresara porque su nombre figuraba en la lista de amenazados por la nefasta organización terrorista de ultraderecha "Triple A" (Alianza Anticomunista Argentina). Se trataba de un grupo parapolicial manejado desde el Ministerio de Bienestar Social por su titular, José López Rega, mano derecha y poder detrás del trono de la débil Isabel Perón. Angelelli decidió enfrentar los riesgos y retornó a su diócesis, donde de inmediato planteó los ejes de trabajo para 1975: "caminar con y desde el pueblo, seguir actuando el Concilio y continuar la promoción integral de los riojanos".

En febrero de 1976 fueron detenidos en Mendoza el Vicario General de la diócesis riojana, monseñor Esteban Inestal, junto a dos dirigentes del Movimiento Rural, Rafael Sifre y Carlos Di Marco. Luego del golpe de Estado del 24 de marzo se intensificó el control y seguimiento a los miembros más comprometidos social y políticamente de la Iglesia, en el marco de la represión desatada por la dictadura militar. Monseñor Angelelli levantó su voz para denunciar las violaciones a los derechos humanos e hizo conocer al episcopado la persecución de que era objeto la iglesia en La Rioja. Hizo gestiones ante las autoridades militares, incluso ante el Comandante del III Cuerpo de Ejército, el general Luciano Benjamín Menéndez. Durante aquella entrevista el prelado le sugirió "rezar un Padre Nuestro" por los perseguidos, por ser "los dos creyentes". El jefe del Tercer Cuerpo de Ejército le replicó:

–El Padre Nuestro no lo rezo por los subversivos porque no los considero hijos de Dios.

Al terminar la tensa entrevista el mismo general, le advirtió en un tono que era más bien de amenaza:

–El que se tiene que cuidar es usted.

Angelelli, preocupado por la seguridad de los suyos aconsejó a sacerdotes, religiosos y laicos abandonar la diócesis para protegerlos, aunque él mismo rechazó la invitación de obispos latinoamericanos para un encuentro en Quito, Ecuador. "Tengo miedo, pero no se puede esconder el Evangelio debajo de la cama", confesó a sus familiares, quienes vislumbraban el trágico final.

Las fuerzas represivas del gobierno intensificaron su accionar. Fueron detenidos los sacerdotes Eduardo Ruiz, de la parroquia de Olta, y Gervasio Mecca, de Aimogasta. El 18 de julio fueron secuestrados, torturados y asesinados los padres Gabriel Longueville y Carlos Murias, de El Chamical. Apenas una semana más tarde, el 26 de julio, ametrallaron en la puerta de su casa al laico campesino Wenceslao Pedernera, en Sañogasta, hombre de profunda fe cristiana que ayudaba a los curas.

Angelelli comenzó a investigar cómo ocurrieron las cosas. Fue al lugar de los hechos, donde estos religiosos tenían su capilla junto a las monjas que colaboraban con ellos. Pasó la noche recogiendo datos que ordenó en una carpeta con todas las declaraciones que reunió sobre el asesinato de sus dos curas y de Wenceslao Pedernera. Al día siguiente ni siquiera quiso quedarse a almorzar con las monjas. Sólo comió higos frescos. Puso la carpeta con los testimonios en el asiento de atrás de la camioneta Fiat 1500 rural cubierta por una manta y partió con un cura nuevo, Pinto, como acompañante, quien ha dado testimonio de lo ocurrido.

Era la hora de la siesta y no se veía ni un alma. Viajaban a mediana velocidad. Pinto miró hacia atrás sin ver a nadie. Sólo la ruta. De pronto el obispo divisó algo por el espejo retrovisor y le dijo:

–¿Y qué quiere este?

El automóvil ya estaba al lado de ellos para luego adelantarse y cerrarles el paso. Angelelli intentó frenar y la camioneta volcó dando tumbos en la banquina.

El cura Pinto fue protegido por monseñor Jaime De Nevares, quien lo fue trasladando por varias parroquias del país para que los militares no lo encontraran. Después dejó los hábitos y se casó. Años más tarde asistió a las audiencias sobre el accidente dudoso y recordó ante más de un juez, que en aquel viaje veían un Peugeot que los perseguía, y que, al ser arrinconados, la camioneta volcó. Precisó que, cuando despertó de su desmayo, lo vio a Angelelli muerto en la carretera. Había sido brutalmente golpeado. El caso llegó a la justicia, en parte, por reiteradas denuncias de los fallecidos obispos Jaime Nevares y Jorge Novak, y el emérito Miguel Hesayne.

En 1986 el juez Aldo F. Morales dictaminó que la muerte de monseñor Angelelli fue un "homicidio fríamente premeditado", debiéndose identificar a los autores. En 1989, los altos jerarcas de las Fuerzas Armadas implicados en el crimen fueron beneficiados por las leyes de Obediencia Debida y Punto Final.

Recuerdos y testimonios

Desde el mismo 4 de agosto la gente tuvo el convencimiento de que se había tratado de un asesinato aunque el episcopado argentino no se ha pronunciado respecto del martirio de monseñor Angelelli.

Osvaldo Bayer recuerda que en el primer viaje que hizo con el equipo alemán de filmación para el documental televisivo sobre Angelelli solicitó una entrevista con monseñor Primatesta, obispo de Córdoba, para preguntarle qué opinaba de quien había sido su obispo auxiliar antes de ser obispo de La Rioja. Pero el prelado no los recibió. Les respondió a través de un secretario que no tenía absolutamente nada que decir. Parece que otros altos dignatarios católicos tampoco quisieron hacer declaraciones para esa película.

Cuando se cumplieron 25 años del asesinato del obispo Angelelli, Miguel Hesayne, obispo emérito de Viedma, utilizó su alocución dominical para ensalzar su figura. Hesayne criticó severamente a la jerarquía eclesiástica argentina por no hacer "reconocimiento oficial del martirio" de Angelelli, a pesar de que el papa Juan Pablo II pidió expresamente a las iglesias locales que "hicieran memoria de sus mártires". Afirmó también que acerca "del martirio de Enrique Angelelli tenemos más pruebas que de los de innumerables mártires de los primeros siglos". Y recordó que a pesar de la falta de reconocimiento oficial "la fe cristiana popular, año tras año, celebra su martirio el 4 de agosto, con razón y compromiso con la verdad".

El pronunciamiento de Hesayne, realizado en el marco de la misa dominical celebrada en la ciudad bonaerense de Azul, lindera a una importante guanición militar, lo ubica en una posición diferente a la que adoptaron colectivamente los obispos católicos. En efecto, unos meses antes, en una declaración aprobada por la asamblea general, en la que reivindicaban la figura de Enrique Angelelli subrayando que "vivió y murió como pastor", evitaron en todo momento referirse a su muerte como "martirio", eludiendo cualquier pronunciamiento sobre las circunstancias que provocaron su deceso. El documento de la asamblea reconoció en el obispo riojano "una gran entrega en el servicio a los pobres", señalando que "la muerte lo encontró cumpliendo una dificilísima misión", que consistió en acompañar "a las comunidades heridas por el asesinato de sus pastores", en referencia a los sacerdotes Juan de Dios Murias y Gabriel Longueville.

Hesayne, por su parte, recordó datos extraídos de los documentos judiciales referidos a la investigación del asesinato, considerada como homicidio calificado y tentativa de homicidio calificado, oportunamente pronunciada por el Juzgado de Instrucción en lo Criminal y Correccional N° 1 de la ciudad de La Rioja, donde el magistrado actuante concluye "que la muerte del obispo Enrique Angelelli no obedeció a un accidente de tránsito, sino a un homicidio fríamente premeditado y esperado por la víctima".

El propio Hesayne dio testimonio de que "el día 3 de agosto de 1976, en una reunión con sacerdotes y religiosas, le manifiestan nuevamente (a Angelelli) el temor por su vida". "Él –sigue diciendo Hesayne apoyándose en las informaciones que obran en la causa judicial– dibujó un espiral donde fue ubicando figuradamente los asesinatos de dos de sus sacerdotes (Longueville y Murias) y un laico (Wenceslao Pedernera, acribillado en Sañogasta el 25 de julio del mismo año) y concluía ubicándose en el centro de dicho espiral, manifestando que a quien en definitiva buscaban era a él."

En otro pasaje de su alocución Hesayne recordó palabras de Angelelli dirigidas "a un grupo de empresarios injustos con sus obreros", a quienes les advirtió que "si estas injusticias continúan, algún día estaremos juntos en el mismo paredón: ustedes los patrones y nosotros los curas. Ustedes por no haber practicado la justicia social. Nosotros por no haber sabido defenderla". Según Hesayne "Angelelli es nuestro obispo mártir porque quiso anunciar el Evangelio iluminando la situación socioeconómica-política-cultural de su pueblo", mientras que "los dirigentes políticos y empresarios contemporáneos y algunos coterráneos suyos, pretendieron callar su voz profética, urdiendo un vil y traicionero asesinato en el desierto riojano, tal cual consta en actas tribunalicias libres".

En diciembre de 2003 se realizaron unas Jornadas sobre "Los derechos humanos, la democracia y la deuda de la exclusión social" en el Centro Nacional de la Música de la Ciudad de Buenos Aires con la participación de dirigentes de diferentes credos. Allí, el obispo Hesayne inició la serie de reflexiones recordando a Enrique Angelelli, obispo de La Rioja. En su alocución dio a conocer datos de un fallo judicial donde se dan varias pruebas que atestiguan el asesinato, entre ellas que el cuerpo de Angelelli había sido arrastrado de un lugar a otro, información que también estaba en manos del papa Pablo VI. Sobre este punto la monja Marta Pelloni, que también participaba de esas jornadas, dio a conocer otro dato, dado a ella directamente por la monja María Teresa Marcó, de la Orden de las Carmelitas Misioneras, que en ese tiempo trabajaba en el Hospital de La Rioja. La hermana Marcó, al recibir el cadáver de Angelelli se dio cuenta de que tenía heridas en la cabeza. Dio a conocer el hecho de inmediato a las autoridades, pero los militares que custodiaban el Hospital la sacaron de allí y al poco tiempo fue trasladada a una población de África.

Peregrino Fernández prestó declaración ante el grupo de trabajo de Desapariciones Forzadas de Personas de la Comisión de Derechos Humanos de Naciones Unidas. Registra el acta: "El dicente, en este sentido, quiere agregar que uno o dos días después de ocurrido el suceso, los papeles que portaba el obispo Angelelli en el momento de su fallecimiento llegaron a la Çasa de Gobierno dirigidos al ministro Harguindeguy, en una carpeta remitida desde la guarnición militar de Salta, con expresa indicación de que se trataba de documentación confidencial. Este hecho llamó la atención del declarante, ya que los citados papeles no fueron entregados a la causa judicial, como tampoco entregados a los allegados a Monseñor Angelelli.

"Todas estas circunstancias motivaron que el dicente se decidiera a fotocopiar parte de esa documentación, que estaba integrada por correspondencia intercambiada entre el obispo de La Rioja y el arzobispo de Santa Fe, Monseñor Vicente Zazpe, referida a la persecución que sufrían sectores de la Iglesia Católica por su actividad social, un cuaderno de notas y otros papeles. La documentación fue entregada al general Harguindeguy... quiere aclarar el dicente que prestó especial atención al hecho por la forma estrictamente 'secreta' que se dio a la existencia de esta carpeta. Añade que no tiene conocimiento del destino posterior de la misma, puesto que el general Harguindeguy manejaba en forma personal todos los hechos referentes a la Iglesia."

Ante la justicia argentina dio testimonio Plutarco Antonio Scheller, lo que hizo que se reabriera en La Rioja la investigación.

Afirma Scheller: "[...] Durante uno de los interrogatorios, el capitán Marcó y el capitán Goenaga me dijeron que el obispo de La Rioja, Enrique Angelelli, el psiquiatra Raúl Fuentes y Alipio Paoletti iban a ser muertos... antes del mes, Angelelli, murió en circunstancias que aún se investigan, Fuentes se encuentra desaparecido desde fines de 1976 y Alipio Paoletti fue buscado intensamente [...] en agosto del mismo año, debido a las condiciones físicas en que había quedado por las torturas fue trasladado al Hospital Presidente Plaza. Estando allí fue ingresado una noche el cadáver de Angelelli para realizarle una serie de autopsias; quienes me custodiaban, miembros de la policía de la provincia, aludiendo a la muerte del obispo, manifestaban cosas como: 'eso le tenía que pasar a ese cura comunista hijo de...'".

En el lugar de la ruta donde Angelelli fue asesinado, la gente levantó una cruz de madera que al poco tiempo fue destrozada; luego colocaron una segunda cruz, esta vez de hierro, pero la volaron; la tercera fue de cemento y también cayó bajo los explosivos. Al respecto comenta el periodista Daniel Cecchini, que investigó el caso en su momento: "En el lugar, cuando fui, habían puesto una cubierta de automóvil en perfectas condiciones, como símbolo de que el 'accidente' no había sido producto del reventón de un neumático. Monseñor Witte me dijo en 1983:

"–Usted vio esa ruta, ¿no es cierto? Casi no tiene curvas.

"–¿Usted dice que no fue un accidente? –le pregunté.

"A lo que me contestó:

"–Las conclusiones tiene que sacarlas usted."

Una historia repetida

El 11 de julio de 1977 murió el obispo de San Nicolás Carlos Ponce de León, también en un sospechoso accidente automovilístico. Se dirigía a la Capital Federal en compañía de su colaborador Víctor Oscar Martínez con el objeto de llevar a la Nunciatura Apostólica documentación relativa a la represión ilegal implementada en la Diócesis de San Nicolás y también en Villa Constitución, provincia de Santa Fe. Esa documentación involucraba al entonces general Carlos Guillermo Suárez Mason, jefe del Primer Cuerpo de Ejército, al coronel Camblor, Jefe del Regimiento de Junín y a otros oficiales también destinados en San Nicolás. Cabe señalar que Suárez Mason fue dado de baja del Ejército a mediados de 1984 por no haber comparecido a la citación de la Justicia Militar por las denuncias sobre violación de los derechos humanos.

La documentación que el Obispo de San Nicolás llevaba en su poder desapareció sin ser reclamada por el Canciller de la Diócesis, monseñor Roberto Mancuso, capellán de la Unidad Carcelaria. Esa documentación versaba sobre los obreros desaparecidos de las fábricas metalúrgicas Somisa y Acindar, documentación que involucraba al general Suárez Mason, al coronel Camblor y al teniente coronel Saint Amant, jefe del regimiento de Junín.

Después del accidente el obispo fue conducido a la clínica San Nicolás (en la misma estuvo internado Víctor Martínez) donde falleció horas más tarde como consecuencia de las heridas sufridas. Pudo establecerse que ni al médico de cabecera del prelado le fue permitido ingresar en la sala de terapia intensiva; sólo pudo verlo, antes de morir, su madre.

A los pocos días del accidente, Víctor Martínez, que estaba haciendo el servicio militar en la Prefectura de San Nicolás, fue arrestado y sometido a toda clase de vejaciones físicas y psíquicas durante su cautiverio. "En ese lugar me golpearon hasta desmayarme. Así durante horas. Luego comenzaron a preguntarme cuáles eran las actividades del obispo, qué personas lo visitaban, a cuantos extremistas había ocultado", declaró Martínez ante la justicia. También dijo que desde hacía tiempo que monseñor era objeto de amenazas. "Tenga cuidado, usted está considerado un obispo rojo", le dijo un alto oficial del regimiento de San Nicolás. El mismo jefe militar le había prohibido celebrar misa de campaña en el regimiento "porque allí no entraban los curas comunistas".

1980: Monseñor Oscar Arnulfo Romero,
arzobispo de San Salvador, El Salvador

—**R**omero ha sido nombrado obispo auxiliar –se susurraba con alegría no disimulada en los salones de la Casa Presidencial de San Salvador. Los ecos de tales voces resonaban también en las más elegantes mansiones del país. La noticia tenía mucho de alivio. El nombramiento había recaído sobre un cura conservador que no ponía en riesgo la estabilidad política y económica del país.

Efectivamente, en 1970 monseñor Oscar Arnulfo Romero fue nombrado obispo auxiliar del arzobispo de San Salvador, Luis Chávez y González. Nada podía estar más alejado de los deseos del alto prelado. Chávez y González era un progresista que se empeñaba en seguir los vientos renovadores surgidos del Concilio Vaticano II y de la Conferencia de Medellín de 1968, mientras que el nuevo obispo auxiliar era un reputado conservador. Además, su desempeño como rector del Seminario Mayor San José de la Montaña había sido un fracaso administrativo que terminó con el cierre de la pía casa de estudios.

Monseñor Romero era un hombre tímido y reservado, imbuido en una fuerte vocación religiosa que en su juventud lo hizo pensar en la mística. Nada en él lo predisponía para la vida pública y mucho menos para involucrarse en las turbulencias políticas de su convulsionado país.

Para diciembre de 1974, el discreto obispo auxiliar, que no ocultaba sus simpatías por el derechista Opus Dei y su fundador, Escrivá de Balaguer, fue nombrado obispo de la diócesis de Santiago de María y allí se trasladó. El clima político de esos tiempos se caracterizaba por la represión gubernamental dirigida particularmente contra los campesinos organizados. En junio de 1975, en Tres Calles, la Guardia Nacional asesinó a cinco campesinos. Monseñor Romero se horrorizó y personalmente se ocupó de consolar a los familiares de las víctimas y a celebrar la correspondiente misa fúnebre. Sin embargo todavía no había llegado su tiempo. Condolido y preocupado por su grey, tan artera y profundamente herida, en esa oportunidad se abstuvo de realizar una denuncia pública, tal como le habían solicitado algunos sectores, limitándose a enviar una dura carta al presidente Molina.

La misiva no significó para la elite gobernante más que una manifestación pastoral de un obispo respetado por todos. Tanto fue así, que cuando el 23 de febrero de 1977 monseñor Romero fue nombrado arzobispo de San Salvador, nuevamente los grupos conservadores se sintieron tan aliviados como decepcionados se sentían los sectores renovadores. Los grupos de poder veían en este religioso de 59 años un posible freno a la actividad de compromiso con los más pobres que estaba desarrollando la Arquidiócesis bajo la anterior conducción.

Pero algo iba a ocurrir, apenas unas semanas más tarde, que cambiaría definitivamente la posición de monseñor Romero y sería también un hecho decisivo en la escalada de violencia sufrida en El Salvador. El 12 de marzo fue asesinado el padre jesuita Rutilio Grande, hombre progresista que colaboraba en la creación de grupos campesinos para la autogestión y buen amigo del prelado. El recién electo arzobispo urgió al presidente Molina para que investigara las circunstancias de la muerte y, ante la pasividad del gobierno y el silencio de una prensa censurada, amenazó incluso con el cierre de las escuelas y decidió apartar a la Iglesia Católica de todo acto oficial. Finalmente decidió cancelar todas las misas en su jurisdicción, salvo la que él celebraría en memoria del padre Grande. Esta decisión provocó de inmediato la reacción del gobierno militar, de las elites dominantes y del nuncio apostólico.

El padre Rutilio Grande, S.J.

La historia de la vida de Oscar Arnulfo Romero quedó unida en forma indisoluble a la del padre Rutilio Grande aquel 12 de marzo de 1977. Este jesuita fue asesinado junto con dos campesinos mientras se dirigía en su automóvil a dar misa. Muchos de los biógrafos de Romero identifican el momento en que el tímido y conservador arzobispo viajó al lugar de los hechos para ver los cadáveres de las tres víctimas como el punto clave de su transformación. Él mismo jamás lo expresó en palabras, pero quienes lo conocieron no pudieron dejar de advertir el profundo cambio que se había producido en su alma.

Romero hizo oír por primera vez su renovada voz en la homilía que pronunció en el transcurso del funeral del padre Grande.

"En momentos muy culminantes de mi vida él estuvo muy cerca de mí y esos gestos jamás se olvidan; pero el momento no es para pensar en lo personal, sino para recoger de ese cadáver un mensaje para todos nosotros que seguimos peregrinando" sostuvo embargado por la emoción. "El mensaje quiero tomarlo de las palabras mismas del Papa [...] Paulo VI, cuando nos habla de la evangelización, nos da la pauta para comprender a Rutilio Grande. '¿Qué aporta la Iglesia a esta lucha universal por la liberación de tanta miseria?' Y el Papa recuerda que en el Sínodo de 1974 las voces de los obispos de todo el mundo, representadas principalmente en aquellos obispos del Tercer Mundo, clamaban: 'La angustia de estos pueblos con hambre, en miseria, marginados'. Y la Iglesia no puede estar ausente en esa lucha de liberación [...].

"Yo me alegro, queridos sacerdotes, que entre los frutos de esta muerte que lloramos y de otras circunstancias difíciles de momento, el clero se apiña con su obispo y los fieles comprenden que hay una iluminación de fe que nos va conduciendo por caminos muy distintos de otras ideologías [...].

"Hermanos, aquí no debe palpitar ningún sentimiento de venganza [...] hemos pedido a las autoridades que diluciden este crimen; pues ellos tienen en sus manos los instrumentos de la justicia en el país y tienen que aclararlo [...] Esperamos la voz de una justicia imparcial porque en la motivación del amor no puede estar ausente la justicia [...]"

El prelado le estaba diciendo a su grey que cualquiera que tocara a alguno de sus sacerdotes lo atacaba a él. Las decenas de miles de salvadoreños que llenaban la plaza aplaudieron las sorprendentes palabras del arzobispo. Era el nacimiento de otro hombre, de Romero el luchador.

A partir de ese momento jamás volvió a participar de los actos de gobierno. Durante tres años se convirtió en la voz profética del pueblo salvadoreño. Sus ardorosas homilías comenzaron a ser temidas por sus nuevos enemigos.

Rutilio Grande, aquel hombre al que los pobres de su país amaban y cuya muerte tanto afectó a su amigo Romero, había comenzado su actividad en 1972 como párroco de la iglesia de Aquilares. Allí trabajaba con un equipo de jesuitas que había adoptado como propios los preceptos surgidos de la Conferencia Episcopal Latinoamericana de Medellín, Colombia, de 1968. Se ocupaban de unos 30.000 campesinos, la mayoría de ellos sin tierra, cuyo único ingreso provenía del trabajo estacional de la zafra.

Semejante tarea de pastoral social fue inmediatamente caracterizada como una amenaza por los terratenientes locales que de ningún modo se hallaban dispuestos a tolerar un campesinado organizado. Cabe recordar que todavía en la década de 1970, apenas unas catorce familias eran dueñas de la mayor parte de las tierras cultivables de El Salvador, y a fin de mantener sus privilegios no vacilarían en valerse de todos los medios a su alcance ante cualquier amenaza a su poder económico.

Para 1974, estos sacerdotes se habían convertido en blanco de acusaciones y amenazas. Las elites locales los consideraban subversivos y comunistas. En ese momento el país estaba gobernado por una dictadura militar, que con su Guardia Nacional y su Policía del Tesoro, imponían a sangre y fuego tanto el orden político como el antojo económico. Para nadie resultaba un secreto que algunos ricos terratenientes ayudaban a financiar y a organizar a los escuadrones de la muerte, muchos de los cuales no se distinguían de los propios militares.

La acción de estos jesuitas se volvió entonces intolerable. En febrero de 1977, el padre Grande pronunció la homilía que, para muchos, selló su destino. Denunció la opresión perpetrada por la afrentosa alianza tramada entre militares y terratenientes con duras palabras: "La misma violencia que ellos generan, nos une aunque nos derriba [...] Sé muy bien que pronto ni la Biblia ni el Evangelio podrán cruzar las fronteras de nuestro país [...] todas sus páginas serán consideradas subversivas. Creo que si el mismo Jesús entrara a nuestro país por Chalatenango, no lo dejarían entrar. Lo acusarían de confundir a la gente con ideas exóticas y contrarias a la democracia [...] Hermanas y hermanos, no tengamos ninguna duda, lo volverían a crucificar".

El sábado 12 de marzo de 1977, mientras iba en su automóvil hacia el pueblito de El Paisnal, fue atacado por un escuadrón de la muerte armado con ametralladoras. Grande fue asesinado junto con un anciano llamado Manuel, fiel asistente del sacerdote. Con ellos también murió un muchacho de 15 años, Nelson, que a veces tocaba las campanas en la iglesia.

En su libro sobre Oscar Romero, María López Vigil registra una anécdota que refleja la personalidad y accionar del padre Grande. Cuenta que una mujer anciana de la zona cercana a Aquilares, al preguntársele si todavía se acordaba del padre Grande, ella respondió que sí, que jamás lo olvidaría.

"–¿Y qué es lo que más recuerda de él?

"–Lo que más recuerdo de él es que un día me preguntó qué era lo que *yo* pensaba. En los 70 años que tengo nunca nadie me había preguntado eso. A él le interesaba lo que yo pensaba."

La vida de Romero

Trazar un recorrido de la vida de Óscar Arnulfo Romero supone adentrarse en uno de los períodos más convulsos de la historia de su país, El Salvador, y de toda América Latina. Desarrolló su actividad religiosa entre 1966 y 1980, una época en que se multiplicaron los movimientos campesinos izquierdistas en Latinoamérica.

Estos se vieron favorecidos por dos factores. Por un lado, la revolución cubana de 1959; por el otro, el compromiso de un sector importante de la Iglesia Católica con los más pobres, iniciado en el Concilio Vaticano II y ratificado en la Conferencia de Medellín de 1968. Semejante efervescencia tenía necesariamente que chocar con los poderes establecidos. Muchos de estos gobiernos eran dictaduras opresoras, surgidas a menudo de golpes de estado y apoyadas por los Estados Unidos, cuyos intereses en la zona, como se sabe, han sido siempre mucho más económicos que humanitarios.

Oscar Arnulfo Romero nació en Ciudad Barrios, San Miguel, en la república de El Salvador, el 15 de agosto de 1917. Fue el segundo de los ocho hermanos de una modesta familia formada por Santos Romero y Guadalupe de Jesús. Su padre era empleado de correo y telegrafista. El Salvador era por entonces un país de relativa prosperidad económica gracias al cultivo y exportación de café, aunque dominado por un poder oligárquico que mantenía en la pobreza a la población campesina.

Desde pequeño fue tímido y reservado. A muy corta edad tuvo que interrumpir sus estudios debido a una grave enfermedad, de manera que a los 12 años trabajaba ya como aprendiz en una carpintería. En 1931 ingresó en el seminario menor de San Miguel, donde permaneció durante seis años hasta que tuvo que interrumpir de nuevo sus estudios, esta vez para ayudar a su familia en momentos de dificultad económica. Durante tres meses trabajó con sus hermanos en las minas de oro, por 50 centavos al día.

En 1937 Oscar ingresó al Seminario Mayor de San José de la Montaña, en San Salvador. Siete meses más tarde fue enviado a Roma para proseguir sus estudios de Teología. Fue ordenado sacerdote el 4 de abril de 1942 y continuó en Roma un tiempo con el fin de iniciar una tesis doctoral orientada hacia la mística o la teología ascética. Pero la guerra lo obligó a regresar a su país.

Su labor como sacerdote comenzó en la parroquia de Anamorós, para continuar poco después en San Miguel, donde durante 20 años realizó una intensa labor pastoral. Allí impulsó movimientos apostólicos como la Legión de María, los Caballeros de Cristo o los Cursillos de Cristiandad, además de desarrollar obras sociales como

Alcohólicos Anónimos o Cáritas. También promovió la construcción de la Catedral de San Miguel y favoreció la devoción a la Virgen de la Paz. En esos años, su trabajo fue el de un sacerdote dedicado a la oración y la actividad pastoral, pero todavía sin un compromiso social evidente, más bien de ideas conservadoras. Mientras, el país vivía sumido en el caos político. Los golpes de Estado se sucedían y el poder quedaba casi siempre en manos de los militares.

En 1966, Romero fue nombrado secretario de la Conferencia Episcopal de El Salvador. Comenzó así una actividad pública más intensa que coincidió con un período de mayor desarrollo de los movimientos populares. Cuatro años más tarde, en 1970, fue nombrado obispo auxiliar del arzobispado de San Salvador. Este nombramiento, como ya vimos, no fue bien visto por los sectores más renovadores. Los planteamientos de monseñor Romero, que también era director del periódico *Orientación*, eran todavía demasiado tradicionalistas.

Luego fue obispo de Santiago de María, por lo que se trasladó allí en diciembre de 1974. En 1977 fue nombrado arzobispo. Hasta que el asesinato de Rutilio Grande le cambió la vida.

La postura de Oscar Romero, cada vez más "peligrosamente" comprometida con las causas populares, comenzó a ser reconocida y valorada en todo el mundo. En febrero de 1978 la Universidad de Georgetown (Estados Unidos) le otorgó el título de Doctor *Honoris Causa*; en 1979 fue candidato al Premio Nobel de la Paz, y en febrero de 1980 le fue otorgado el doctorado *Honoris Causa* por la Universidad de Lovaina (Bélgica). En ese viaje a Europa visitó a Juan Pablo II en el Vaticano, con la intención de transmitirle su inquietud ante la terrible situación que estaba viviendo su país.

La visita a Roma

Desde San Salvador y con el tiempo necesario para salvar los obstáculos de las burocracias eclesiásticas, Monseñor Romero había solicitado una audiencia personal con el Papa Juan Pablo II. Un tanto ingenuo se trasladó a Roma con la tranquilidad de que al llegar todo estaría arreglado. Pronto se encontró con las respuestas evasivas de la burocracia vaticana. Nadie parecía tener noticias de aquel pedido de audiencia. El prelado salvadoreño no dejó oficina por recorrer ni despacho o antesala curial por visitar. Tenía que hablar con el Papa en forma imperiosa: su pequeña nación se incendiaba. Tenía que hacerle conocer al pontífice polaco la delicada situación por la que atravesaba su país. Los burócratas lo recibían con delicadeza, pero sin entusiasmo. Cuando aseguraba haber enviado una carta con el pedido, el funcionario de turno se excusaba atribuyendo el extravío a la ineficiencia del correo italiano.

Las puertas se iban cerrando una tras otra. Romero comenzaba a sospechar que los funcionarios de la Curia no querían que se entrevistara con el Papa. ¿O el mismo Juan Pablo II había sugerido que le impidieran llegar hasta él?

Su tiempo en Roma llegaba a su fin. No podía regresar a San Salvador sin haber hablado con el Sumo Pontífice. Mendigaría la audiencia personalmente. El último domingo de su estadía en el Vaticano madrugó para lograr colocarse en primera fila en el inmenso salón donde después de la misa dominical Su Santidad concede una multitudinaria audiencia general. Cuando el Papa pasó saludando, el prelado salvadoreño le tomó la mano y no se la soltó. María López Vigil en su libro, *Piezas para un retrato*, una colección de anécdotas y testimonios acerca del arzobispo Romero, cuenta los detalles de este encuentro.

"–Santo Padre –le reclama con la autoridad de los mendigos–, soy el arzobispo de San Salvador y le suplico que me conceda una audiencia.

"El Papa asiente. Por fin lo ha conseguido. [...] Le trae, cuidadosamente seleccionados, informes de todo lo que está pasando en El Salvador para que el Papa se entere. Y como pasan tantas cosas, los informes abultan.

"Monseñor Romero los trae guardados en una caja y se los muestra ansioso al Papa apenas iniciada la entrevista.

"–Santo Padre, ahí podrá usted leer cómo toda la campaña de calumnias contra la Iglesia y contra un servidor se organiza desde la misma casa presidencial...

"No toca un papel el Papa. Ni roza el cartapacio. Tampoco pregunta nada. Sólo se queja.

"–¡Ya les he dicho que no vengan cargados con tantos papeles! Aquí no tenemos tiempo para estar leyendo tantas cosas.

"Monseñor se estremece, pero trata de encajar el golpe. Y lo encaja: debe haber un malentendido.

"En un sobre aparte, le ha llevado también una foto de Octavio Ortiz, el sacerdote al que la guardia mató hace unos meses junto a cuatro jóvenes [...]

"El Papa mira fijamente la foto y no pregunta más. [...]

"–Tan cruelmente que nos lo mataron y diciendo que era un guerrillero... –hace memoria el arzobispo.

"–¿Y acaso no lo era? –contesta frío el Pontífice.

"Monseñor Romero guarda la foto de la que tanta compasión esperaba. Algo le tiembla la mano: debe haber un malentendido. Sigue la audiencia. Sentado uno frente al otro. El Papa le da vuelta a una sola idea.

"–Usted, señor arzobispo, debe de esforzarse por lograr una mejor relación con el gobierno de su país [...] Una armonía entre usted y el gobierno salvadoreño sería lo más cristiano en estos momentos de crisis [...]

"Tanto insiste el Papa que el arzobispo decide dejar de escuchar y pide que lo escuchen. Habla tímido, pero convencido:

"–Pero Santo Padre, Cristo en el Evangelio nos dijo que él no había venido a traer la paz sino la espada.

"El Papa clava aceradamente sus ojos en los de Romero:

"–¡No exagere señor Arzobispo!

"Y se acaban los argumentos y también la audiencia."

Lo que Romero quería decirle al Papa era que El Salvador vivía una etapa especialmente violenta en la que sin duda el gobierno era uno de los máximos responsables. La Iglesia calculó que, entre enero y marzo de ese año, más de 900 civiles fueron asesinados por fuerzas de seguridad, unidades armadas o grupos paramilitares bajo control militar. Era sabido por todos que el gobierno actuaba en estrecha relación con el grupo terrorista Orden y los escuadrones de la muerte.

La carta al presidente Carter

Apenas llegado de su viaje, el 17 de febrero, desilusionado tras su periplo vaticano, el arzobispo Romero apuntó en otra dirección, acaso más realista: envió una carta al presidente Carter, de los Estados Unidos, en la que se manifestaba su alarma por la ayuda que el país del norte le estaba prestando al gobierno salvadoreño y que hasta ese momento sólo había servido para aumentar la represión. En esa carta, señalaba: "El dinero está siendo usado para oprimir a mi pueblo".

El gobierno estadounidense había estado enviando millones de dólares en ayuda militar. El objetivo de la misiva era decirle a los Estados Unidos que no podía seguir ignorando que su ayuda fortalecía a unas fuerzas armadas aliadas a los grupos oligárquicos antidemocráticos. Tampoco podía ignorar que esas fuerzas violaban con brutalidad los más elementales derechos humanos, cuya defensa el presidente Carter había convertido en bandera de su gobierno. La ayuda tenía que cesar.

Sus cartas y súplicas fueron ignoradas. La respuesta del presidente estadounidense se tradujo en una petición al Vaticano para que llamara al orden al arzobispo. Sin embargo, en otros países continuó el reconocimiento a la labor de Romero. Fue durante aquellos días que la organización Acción Ecuménica Sueca le entregó el premio de la Paz, antesala del Nobel.

El cerco se cierra

A fines de febrero de 1980, Héctor Dada, miembro de la Segunda Junta de Gobierno de El Salvador, informaba al arzobispo que habían llegado a su conocimiento la existencia de amenazas de muerte contra su persona. Romero recibió también un aviso similar del Nuncio Apostólico en Costa Rica, monseñor Lajos Kada.

Por esos días Romero denunció la destrucción con explosivos de la estación de radio de la Iglesia Católica YSAX, así como el testimonio de impactos de disparos en la sacristía de la Basílica del Sagrado Corazón, desde donde regularmente difundía sus homilías. Los días 22 y 23 de marzo, las religiosas del Hospital de la Divina Providencia, donde vivía el arzobispo, recibieron llamadas telefónicas anónimas que lo amenazaban de muerte.

El domingo 23 de marzo de 1980 marcó el inicio de la Semana Santa en El Salvador y, como siempre, la catedral de la ciudad de San Salvador estaba repleta de feligreses que esperaban oír la misa y homilía del arzobispo Romero. Esta vez, Monseñor invitaba al pueblo a unirse a la lucha contra las Fuerzas Armadas, contra el gobierno corrupto de una junta militar establecida luego de un golpe de Estado. Finalmente, dirigió su mensaje a los soldados del Ejército Salvadoreño, la Guardia Nacional y de la Policía Nacional: "Yo quisiera hacer un llamado de manera especial a los miembros del ejército y, en concreto, a las bases de la Guardia Nacional, de la Policía y de los cuarteles. Hermanos: ustedes son de nuestro mismo pueblo y matan a sus hermanos campesinos. Antes que una orden dada por un hombre, debe prevalecer la ley de Dios que dice, 'No matarás'. Ningún soldado está obligado a obedecer una orden en contra de la ley de Dios. Nadie tiene que cumplir una ley inmoral. Ya es hora de que recuperen su conciencia y obedezcan a su conciencia antes que a la orden del pecado. La Iglesia, defensora de la ley de Dios, de la divinidad humana, de las personas, no puede quedarse callada ante tanta abominación [...] La Ley de Dios debe prevalecer. En el nombre de Dios pues, en el nombre de este sufrido pueblo cuyos lamentos suben hasta el cielo, les ruego, les suplico, ¡les ordeno en el nombre de Dios que cese la represión!".

Amaneció el lunes 24 de marzo de 1980. Como de costumbre, monseñor Romero acudió muy temprano a la capilla del pequeño hospital para rezar sus oraciones matutinas y continuar su meditación personal. Cuando las hermanas llegaron a la capilla, él ya estaba en oración ante el Santísimo Sacramento. Luego se unió a la comunidad de hermanas para el rezo de Laudes, antes de celebrar misa, con su acostumbrada breve reflexión sobre el evangelio del día. El desayuno se desarrolló, como siempre, entre charlas ligeras y bromas con las monjas.

Monseñor Romero se había presentado con su sotana blanca.

Las hermanas sabían que cuando vestía esa sotana era señal de que iba a descansar al mar. Por eso le preguntaron:

—Monseñor y ahora, ¿a dónde?

Él, en tono de broma, les respondió:

—Metidas.

Ellas también reaccionaron en tren de bromas.

—Llévenos monseñor... —le dijeron con voz de falsa súplica.

—A donde yo voy ustedes no pueden ir —respondió el arzobispo.

—Pero ¿por qué? —respondió una hermana—. ¿Adónde va?

—¡Ah! Ustedes todo lo quieren saber... ¡Qué mujeres! —respondió monseñor, tomando un bocado.

Aquella mañana Monseñor quería ir al mar con un grupo de sacerdotes. Pensaba descansar un poco y dedicar algún tiempo a la lectura y al estudio de un reciente documento papal sobre la vida y la identidad sacerdotal, orientando especialmente al problema del sentido del celibato.

Antes de dirigirse hacia la playa, después del desayuno, se propuso dar una vuelta por el arzobispado. Antes del paseo quería consultar la agenda de actividades y saludar personalmente a sus vicarios y cancilleres, como lo hacía habitualmente.

Se encontró con un grupo de sacerdotes. A todos saludó estrechándoles la mano. Para cada uno tuvo palabras amables. Algunos lo felicitaron por su valiente homilía del domingo anterior. Otros comentaban entre sí, en voz baja, los riesgos que había corrido con aquellas palabras, instando a las bases del ejército a obedecer a Dios antes que a sus jefes cuando éstos les ordenaban matar. ¿No pondría en peligro su vida?

Sin duda se multiplicaban las amenazas sobre la cabeza de monseñor Romero. Aquella misma mañana alguien del arzobispado fue a la oficina de Difusión del Ejército para recibir la versión oficial sobre un incidente con la Universidad Católica. Las fuerzas policiales habían ingresado violentamente en los predios académicos sin dar demasiadas explicaciones.

Un oficial le interpeló con tono airado:

—¡Y dígales a esos padres de la UCA que lo que Monseñor dijo ayer en la homilía es un delito!

¿Advertencia? ¿Amenaza? ¿Señal fatídica? Tal vez los enemigos del arzobispo habían encontrado un pretexto para poner en marcha un reloj fatal cuyas agujas se detendrían a las 18:26 de aquella misma tarde. Las palabras de Romero fueron interpretadas como un peligroso llamamiento a la sublevación en el ejército. No tenían ninguna duda de que si el arzobispo se había atrevido a pronunciar semejante homilía, era porque también él era un "subversivo" que preparaba la llegada del comunismo al país.

El asesinato

Al llegar al mar, la propiedad en la que pensaban pasar la mañana se encontraba cerrada. El encargado no estaba, pero los dueños eran amigos de Monseñor y el grupo decidió entrar por una pequeña abertura en el tapial.

Adentro tampoco había nadie. Se sentaron en el suelo para estudiar el documento. Así estuvieron durante el resto de la mañana. Luego el grupo se desplazó con la intención de dar un paseo junto al mar. Al mediodía se refugiaron en la sombra de unos cocoteros para el almuerzo. Todo se hizo con la sencillez que caracterizaba a monseñor. El ambiente era distendido y abundaron las bromas.

Poco antes de las tres de la tarde Monseñor decidió regresar a San Salvador, ya que tenía que celebrar una misa. La diversión terminó y emprendieron la vuelta. Monseñor viajó con un grupo de sacerdotes en un mismo automóvil que lo dejó en el hospital de la Divina Providencia. Se dio una ducha en unos minutos y se dispuso a continuar con las tareas pendientes. Recibió a una persona que lo estaba esperando. Veinte minutos después fue a ver su médico para que le examinara los oídos, que últimamente le venían molestando. Media hora duraría aquella visita, y de allí salió hacia Santa Tecla. Eran las cuatro y media de la tarde. Al llegar se dirigió a la casa de los jesuitas, en donde vivía su confesor.

–Vengo, padre –le dijo–, porque quiero estar limpio delante de Dios.

De inmediato hizo una confesión detenida. Quienes lo vieron

aquella tarde no notaron nada especial, más allá de su habitual serenidad y su característica timidez. Tal vez estaba un poco más taciturno. Alguien le ofreció un vaso de limonada.

–No tengo mucho tiempo, pero esto no me lo pierdo –aceptó el arzobispo. Le encantaba la limonada. Bebió a pequeños sorbos hablando siempre con su confesor y con las personas que estaban en el corredor. A eso de las cinco y media de la tarde ya estaba de regreso en el pequeño hospital. Allí lo esperaba otra persona para hablar sobre asuntos pastorales. Monseñor la atendió. A las seis de la tarde ya estaba ante el altar dando comienzo a la misa. A las 18:26, en el momento del ofertorio, sonó el disparo que le quitó la vida.

Doce años antes, Monseñor Romero, meditando sobre la muerte durante un retiro espiritual, había escrito estas palabras, tomadas del libro del Apocalipsis: "Y cenaré con él" (Apocalipsis: 3,20). Eran las 18:26; acostumbraba a cenar a las 18:30.

El funeral de Monseñor causó muchos disturbios en la plaza Libertad, junto a la Catedral de la capital salvadoreña. Miles de personas, entre gritos y llantos se refugiaron en la Catedral, abarrotándola hasta sofocar, mientras la comunidad ecuménica rezaba. Decenas de fieles murieron de asfixia dentro de ella debido a la inmensa cantidad de gente. Muchos otros fueron asesinados fuera de la Catedral por las fuerzas del gobierno, que trataba de impedir el funeral. Al final, tras enterrar el cuerpo, quedaron en la plaza montañas de zapatos, bolsas, anteojos perdidos por los que huían aterrorizados en medio de decenas de cadáveres cubiertos de sangre. El resultado fue de más de 40 muertos y 200 heridos.

Dentro de la Catedral, una cripta contiene los restos de Monseñor Romero con una placa en la cual se lee: "Nadie tiene mayor amor que el que da su vida por sus amigos", Juan: 15,13.

Los culpables

Tal como denuncia el Informe de la Corte Interamericana de Derechos Humanos, el gobierno no realizó ninguna investigación exhaustiva sobre el asesinato del arzobispo Romero.

El 7 de mayo de 1980, el Ejército Salvadoreño hizo una redada en la finca "San Luis", en las afueras de San Salvador. Allí confiscaron un diario personal que pertenecía un ex capitán del Ejército, Álvaro Rafael Saravia. Dicho documento contenía suficiente evidencia del plan para asesinar a monseñor Romero, incluyendo una notificación escrita de Saravia a Roberto D'Aubuisson. Este era un militar derechista, entrenado en la Escuela de las Américas y líder de los escuadrones de la muerte. Aunque fue arrestado en mayo de ese mismo año y, a pesar de las pruebas que lo implicaban tanto en el asesinato de Romero como en la conspiración para realizar un golpe de Estado, fue puesto en libertad con el beneplácito del ministro de Defensa.

Cuatro años más tarde, el embajador estadounidense Robert White declaró ante un comité del Congreso de su país que existían pruebas suficientes para afirmar "más allá de cualquier duda razonable" que D'Aubuisson había planeado y ordenado el asesinato, aunque este nunca fue procesado. El mismo embajador dijo alguna vez de él que era un "asesino patológico".

Roberto D'Aubuisson se iba a convertir en uno de los más importantes y despreciados personajes de la historia salvadoreña. Miembro de la poderosa camada de militares graduados en la Academia Militar de El Salvador en 1963, estudió inteligencia con el ejército de los Estados Unidos, en la Escuela de las Américas, y se convirtió en protegido del comandante de la Guardia Nacional, José Alberto Medrano, uno de los líderes de la extrema derecha dentro del ejército. D'Aubuisson alcanzó la posición de tercero en la línea de comando del servicio de inteligencia salvadoreño.

Abandonó el ejército en 1979, pero se llevó consigo parte de los archivos secretos de ese servicio. Después del golpe de Estado de ese mismo año se puso a la cabeza de los escuadrones de la muerte.

La Comisión de la Verdad sobre los Escuadrones de la Muerte, con el auspicio de Naciones Unidas, describe así su ascenso al poder: "D'Aubuisson obtuvo considerable apoyo de civiles ricos que temían que sus intereses se vieran afectados por el programa de reformas anunciado por la Junta de Gobierno. Estaban convencidos de que el país se enfrentaba a una seria amenaza de insurrección marxista que ellos debían aplastar. La Comisión de la Verdad obtuvo testimonios de diferentes fuentes acerca de que los más ricos terratenientes y empresarios, dentro y fuera del país, ofrecieron sus campos, sus hogares, sus vehículos y sus guardaespaldas para ayudar a los escuadrones de la muerte. También proporcionaron los fondos usados para organizar y mantener esos escuadrones. D'Aubuisson era un enlace bien ubicado entre un muy agresivo sector de la sociedad salvadoreña y la red de inteligencia y operaciones de las fuerzas de seguridad".

No perdió oportunidad de infiltrar las fuerzas de seguridad y las fuerzas armadas para obtener información. En línea con su proyecto político, toda esa información era usada para la acción directa, que explícitamente incluía asesinatos, secuestros para obtener dinero y sabotaje.

Hay importantes pruebas de que D'Aubuisson operó durante este período a través de canales secretos en los que civiles y militares, tanto en servicio como retirados, mezclaban la política, el asesinato y la defensa de sus propios intereses económicos en su celo por combatir tanto la oposición pacífica como la armada.

En 1981, D'Aubuisson fundó ARENA, el principal partido de derecha del país. Después de las elecciones de 1982, se convirtió en presidente de la nueva Asamblea Constituyente, que debía redactar la nueva Constitución. En 1984 se presentó como candidato a presidente de la República, pero fue derrotado por José Napoleón Duarte, a quien acusó de haber cometido fraude.

Según la Comisión de la Verdad, D'Aubuisson resultó señalado por un cúmulo de evidencias como el responsable directo de la muerte de Romero. Fue él quien dio a los miembros de su servicio de seguridad, que actuaba como un escuadrón de la muerte, la orden de asesinar al incómodo arzobispo.

1998: Monseñor Juan Gerardi,
obispo auxiliar de la arquidiócesis de Guatemala

El obispo Gerardi fue un sacerdote de la región de Quiché, Guatemala, cuya labor pastoral se desarrolló durante los difíciles tiempos de la campaña antiguerrillera de principios de la década de 1980. En su empeño por alejar el peligro del comunismo, el gobierno y las fuerzas armadas no vacilaron en dirigir también la represión contra monjas, curas y catequistas que se ocupaban de los más pobres. Debido a estos ataques, muchos líderes religiosos debieron abandonar el país. Gerardi fue uno más de los muchos que se vieron obligados a emprender el camino del exilio.

Cuando regresó se hizo cargo de la Oficina de Derechos Humanos del Arzobispado y realizó un estudio de largo alcance sobre las atrocidades ocurridas durante los 35 años de guerra civil. Semejante tarea implicaba riesgos que el prelado no vaciló en correr. En abril de 1998, cuando ya hacía un año y medio que se habían firmado los Acuerdos de Paz definitivos entre las fuerzas enfrentadas en Guatemala, presentó los resultados y conclusiones de aquel estudio. Estos fueron muy similares a los que iba a dar a conocer unos meses después la Comisión de la Verdad o Comisión para la Clarificación Histórica auspiciada por Naciones Unidas.

El informe de monseñor Gerardi, llamado Informe REMHI (Recuperación de la Memoria Histórica), llegó a la conclusión de que el ejército guatemalteco y las fuerzas relacionadas con él eran los responsables directos de la gran mayoría de las violaciones de los derechos humanos durante el largo período de violencia política que había vivido el país. El obispo dio a conocer su informe el viernes 24 de abril de 1998. Antes de pasadas las 48 horas, había sido asesinado.

El asesinato

La noche del domingo 26 de abril monseñor Gerardi regresó a su casa, después de una apacible cena con parientes y amigos. Al entrar con su auto al garaje fue atacado con ferocidad hasta que cayó muerto. El informe forense revela que fue golpeado salvajemente con un pesado bloque de cemento. Los golpes le produjeron en la cara y la cabeza 17 fracturas y heridas. Investigaciones posteriores sugieren que un segundo atacante usó un objeto de metal, como una palanca o una barreta. El asesinato fue muy profesional por su combinación de brutalidad extrema, cuidadoso planeamiento y pruebas prolijamente eliminadas.

Las declaraciones de los testigos, confirmadas por las investigaciones, coincidieron en señalar la presencia de un automóvil estacionado frente a la casa de monseñor Gerardi mientras se llevaba a cabo el cruel ataque. El vehículo estaba registrado a nombre del ejército guatemalteco. También pudo establecerse que desde la sala se hizo una llamada telefónica a una cabina ubicada frente a un establecimiento militar. Pero esta cabina fue rápidamente eliminada sin dejar rastros.

Cuando llegó la policía a la escena del crimen había dos militares filmando el lugar. Nadie los había llamado y cuando se les pidió identificación, abandonaron el edificio. Más adelante, una fuente secreta confiable y conocida por algunos altos dignatarios de la Iglesia, reveló que dos personas, padre e hijo, ambos militares, eran los responsables del crimen. El padre había sido jefe de la división de inteligencia del ejército guatemalteco. El hijo abandonó el país inmediatamente después del asesinato.

A pesar de toda esta información, ningún militar fue interrogado. En lugar de eso, más de 100 policías fuertemente armados rodearon la casa del obispo. El padre Orantes, un compañero de monseñor Gerardi que compartía la vivienda desde mucho tiempo atrás, fue detenido y llevado a prisión. También se "detuvo" a su viejo perro, un ovejero alemán llamado Balú. Las autoridades dijeron que ello se debía a que una segunda inspección a las fotos de la autopsia revelaba marcas que se parecían a la mordedura de un perro. La observación había sido hecha por un médico forense en España que jamás había visto el cuerpo. Como también se habían encontrado rastros de sangre en la casa, se llegó a la "conclusión" de que el padre Orantes se había escondido en el garaje a la espera de su víctima. Cuando el obispo Gerardi regresó, Orantes habría ordenado a su "feroz" perro que saltara sobre Gerardi, derribándolo. Luego, en un ataque de ciega pasión, el padre Orantes lo había golpeado salvajemente. Se sugirió la existencia de una relación homosexual para darle al crimen un sesgo pasional.

Lo cierto fue que, aunque efectivamente había rastros de sangre en la casa, el lugar jamás fue aislado, por lo que numerosos amigos y parientes habían caminado libremente desde el garaje cubierto de sangre hasta la casa para orar, conversar y llorar juntos. Además, no pudo descubrirse en la escena del crimen ninguna huella de patas de perro, a pesar de que era mucha la sangre que había por todos lados. Por otra parte, Balú era un perro muy viejo que sufría de una dolencia en la columna vertebral que le dificultaba la marcha y, ciertamente, le impedía saltar. Una película casera lo muestra arrastrando las patas traseras. Diversos testimonios aseguran que se trataba de un animal sumamente dócil que, a pesar de que muchos extraños lo llevaron de un lado a otro, nunca ladró ni gruñó.

Cuando se realizó una segunda autopsia, se demostró que no había mordedura de perro alguna y por cierto no había ninguna herida que coincidiera con el hocico de Balú. Las pequeñas marcas punzantes en cuestión sólo presentan un arco, no dos, y es sabido que los perros no pueden morder con una mandíbula sola. Pronto se supo que el médico forense español que había "descubierto" las mordeduras de perro, resultó no ser un patólogo sino un antropólogo forense, de modo que no estaba calificado para emitir juicio acerca de heridas en la piel. De manera absurda, continuó insistiendo no sólo en que existía la mordedura de perro, sino también que se trataba de un crimen pasional.

En cuanto al padre Orantes, aunque pronto debió ser liberado por falta de méritos, posteriores investigaciones lo relacionaron con los asesinos.

Cuando los funcionarios de la Iglesia presionaron para que se interrogara a algunos jefes militares, el ejército respondió sugiriendo que más bien había que interrogar a ciertas personas vinculadas a la Iglesia. Según esta hipótesis, un grupo de parientes y amigos de altos dignatarios eclesiásticos formaba parte de una banda a la que Gerardi había descubierto. Para evitar ser denunciados, lo asesinaron.

Después de que las Naciones Unidas dieran a conocer el notable informe de la Comisión de la Verdad en febrero de 1999, las presiones internacionales crecieron para que se llevara a cabo una investigación honesta del asesinato. El resultado fue que la justicia llamó discretamente a declarar a varios jefes militares. El juez tuvo tantas amenazas de muerte que rápidamente se vio forzado a renunciar. El nuevo juez suspendió indefinidamente esos interrogatorios.

Su vida

Juan Gerardi nació en la Ciudad de Guatemala, el 27 de diciembre de 1922. Hijo de Manuel y Laura, trajeron al mundo cuatro hijos, de los cuales Juan era el segundo. A los doce años entró al Seminario Menor. Terminó los estudios de filosofía en el Seminario de Guatemala y, con una beca, finalizó sus estudios de teología en el Seminario Diocesano de Nueva Orleans, Estados Unidos.

Su ordenación tuvo lugar en la Catedral Metropolitana de Guatemala el 21 de diciembre de 1946. Durante los siguientes 20 años, el padre Juan Gerardi llegó a conocer muy bien el campo, la vida de los indígenas y de la gente pobre, ya que sirvió como párroco en lugares del interior del país como Mataquescuintla, Tecpán, Patzicia, San Pedro Sacatepéquez y Palencia. Luego regresó a la Ciudad de Guatemala, donde fue párroco de Santa Clara, de El Sagrario y de Candelaria, para finalmente ser nombrado canciller de la

Curia y Provicario General, primero con Monseñor Rosell y luego con Monseñor Casariego. El 9 de mayo de 1967 fue designado obispo de La Verapaz y su consagración episcopal se realizó el 30 de julio. Se hizo cargo de sus funciones el 11 de agosto.

La Verapaz era una diócesis bastante pobre, con poca estructura y escasa vida piadosa. El flamante obispo decidió que su prioridad sería el trabajo con los indígenas. Para ello organizó por primera vez en su jurisdicción cursillos destinados a formar catequistas, el movimiento de los Delegados de la Palabra de Dios y la Pastoral Indígena. Con los miembros de la pastoral organizaron la liturgia en lengua Q'eqchi', propia de los nativos del lugar. Consiguió también la autorización para una de las primeras radios católicas del país e impulsó la presencia de comunidades religiosas en su diócesis.

Se convirtió en obispo de El Quiché en septiembre de 1974 y durante tres años continuó simultáneamente como Administrador Apostólico de La Verapaz. La situación pastoral y social de El Quiché no era fácil de manejar. Por aquellos años la violencia iba en aumento en ese territorio, uno de los más empobrecidos de Guatemala. La lucha entre ejército y guerrilla en su diócesis se hacía cada día más intensa hasta alcanzar proporciones inimaginables entre 1980 y 1983. Cientos de catequistas y dirigentes de las comunidades cristianas, casi todos de ascendencia maya, fueron asesinados. Como se muestra en el informe del REMHI, la violencia estaba dirigida principalmente contra los líderes sociales, el 90% de los cuales eran dirigentes civiles.

En 1980, cuando monseñor Gerardi era ya presidente de la Conferencia Episcopal de Guatemala, viajó al Vaticano para asistir al Sínodo de la Familia y también para informar al Papa sobre la situación que vivía su país. El Sumo Pontífice le ordenó regresar de inmediato, pero Gerardi no pudo obedecer a Su Santidad pues las autoridades guatemaltecas nuevamente le prohibieron el ingreso. Es probable que tal negativa, paradójicamente, lo haya salvado de la emboscada que el ejército le había preparado a la salida del aeropuerto. Se comunicó con las autoridades de San Salvador, que le negaron el asilo. Finalmente, Costa Rica se mostró dispuesta a recibirlo. Un grupo de monjas que lo esperaba juntó el dinero necesario y le compraron a monseñor un pasaje de ida a San José de Costa Rica, desde donde siguió ejerciendo sus funciones como cabeza de la Conferencia Episcopal de su país.

Regresó a su tierra en 1984, y el 28 de agosto de ese mismo año fue nombrado Obispo Auxiliar de la Arquidiócesis de Guatemala y también párroco de San Sebastián. En 1988 la Conferencia Episcopal de Guatemala designó a los monseñores Rodolfo Quezada Toruño y Juan Gerardi para integrar la Comisión Nacional de Reconciliación. También fue él quien promovió la creación de la Oficina de Derechos Humanos del Arzobispado, que hasta el día de hoy sigue ocupándose de las víctimas de la violencia y cualquier violación a los derechos humanos. En este contexto, comenzó a elaborarse el proyecto interdiocesano REMHI (Recuperación de la Memoria Histórica), al cual monseñor Gerardi se iba a dedicar casi por completo. Guardaba la esperanza de conocer la verdad a través de testimonios para que el pasado no volviera a repetirse. Estaba convencido de que la paz y la reconciliación se lograrían solamente sacando a la luz la realidad de los acontecimientos.

Los motivos del asesinato

La gente desfilaba ante el agredido cuerpo del obispo expuesto en el atrio de la Catedral Metropolitana. La colorida columna se movía con lentitud. Con lágrimas en los ojos, uno a uno los fieles se detenían un instante ante el ataúd. Muchos de ellos eran indígenas de las diferentes etnias mayas de las que tanto se había ocupado el prelado asesinado. Las blusas ricamente bordadas de sus mujeres agregaban un contrastante toque multicolor en medio del duelo.

Monseñor Gerardi, todos lo sabían y lo repetían en sus oraciones, era un pastor que dio la vida por su pueblo. Amaba tanto a su grey que terminó padeciendo la misma suerte de aquellos a los que había tratado de defender. Había luchado desde su misión pastoral por los derechos de las víctimas para terminar él mismo convirtiéndose en una de ellas.

Apenas dos días antes del crimen había estado en esa misma catedral y advertido proféticamente que la misión de la Iglesia era una tarea peligrosa. "Queremos contribuir a la construcción de un país diferente. Es por eso que estamos recuperando la memoria del pueblo", había declarado el 24 de abril al presentar el informe final del REMHI. "Ese sendero ha sido y sigue siendo uno lleno de peligros, pero la construcción del Reino de Dios es una tarea peligrosa."

Con el título de "Guatemala: Nunca Más", el informe culpaba a los militares por la mayor parte de la violencia que reinó en esa tierra durante 36 años, hasta que los acuerdos de paz pusieron fin a la guerra en diciembre de 1996.

"El obispo descubrió la verdad, y ellos no pueden soportarlo, tal como no pudieron soportar cuando Jesús mostraba la verdad", declaró a la prensa Rigoberto Pérez, un sacerdote de Santa Cruz del Quiche que coordinó el proyecto sobre memoria histórica en esa diócesis. "Monseñor Gerardi presentó la verdad sobre Guatemala, por eso se ha convertido ahora en una víctima más entre las víctimas a las que tanto amaba."

El asesinato de Gerardi fue un shock para los guatemaltecos, muchos de los cuales creían, o trataban fervientemente de creer, que tales incidentes pertenecían al pasado. Después de todo, la guerra había terminado hacía ya 16 meses y el proceso de paz avanzaba, aunque lentamente y con dificultades. Si bien los crímenes comunes se habían acrecentado de manera alarmante, la violencia política comenzaba a parecer un anacronismo. Para ese momento la Comisión de Derechos Humanos de Naciones Unidas, ya había sacado a Guatemala de su lista de países persistentemente violadores de los derechos humanos. Sin embargo este asesinato parecía desmentir las ilusiones de paz.

La expectativa popular se centraba en las investigaciones que se realizaban para conocer la identidad del asesino o de los asesinos. Antes de que el ensangrentado cuerpo del obispo hubiera sido sacado de su garaje, investigadores y encubridores se lanzaron en una carrera contra el tiempo. Todos sabían que cuanto más se demorara la investigación, menos posibilidades habría de obtener resultados. Los funcionarios del gobierno apoyaban la versión de que se trataba de un caso de delincuencia común y advertían que iba a ser difícil capturar a los responsables. "Es como buscar una aguja en un pajar", fue la cínica admonición del presidente Álvaro Arzu. Por el contrario, buena parte de la opinión pública no tenía dudas de que se trataba de un asesinato con motivaciones políticas.

"Fue asesinado por los escuadrones de la muerte que quieren interrumpir el proceso de paz", declaró Rigoberta Menchú, ganadora del Premio Nobel de la Paz. "Este asesinato fue diseñado para intimidar a todas las víctimas que contaron sus historias para el informe de la Iglesia." Por un lado, el obispo de San Marcos, Álvaro Ramazzini, consideró que el asesinato de Gerardi era "la consecuencia natural de la actitud evangélica que mantuvo durante toda su vida". El diario más importante del país, *Prensa Libre*, manifestó que el asesinato era "una puñalada en la espalda para el proceso de paz".

El arzobispo Próspero Penados del Barrio, quien también recibió amenazas de muerte en la víspera de ser presentado el informe sobre la memoria histórica, expresó sus dudas acerca de que la policía resolviera el caso. "Cuando un crimen es financiado desde arriba, nadie encuentra nunca nada", señaló.

Funcionarios del arzobispado exigieron que el gobierno aclarara el caso dentro de las 72 horas. El presidente Arzu se quejó por el ultimátum de la Iglesia, y sin demasiada convicción se reunió brevemente con las autoridades eclesiásticas, tras lo cual declaró tres días de duelo nacional. Varios activistas de derechos humanos y dirigentes de la Iglesia, acostumbrados a años de mentiras y traiciones en la administración de justicia, le advirtieron al gobierno que querían a los "autores intelectuales" del crimen, no sólo a la persona o las personas que materialmente habían cometido el asesinato.

Un grupo de fieles seguidores del obispo mantuvo una vigilia frente a la Catedral con un contador gigante que marcaba las horas que faltaban para que el gobierno resolviera el caso. Pero como era de esperar, el plazo se cumplió con creces sin que se produjera señal alguna de avance en la pesquisa.

El 28 de abril unos frustrados funcionarios policiales anunciaron que aceptaban el ofrecimiento de ayuda del FBI de los Estados Unidos. Al mismo tiempo, rechazaban la oferta de los militares de Guatemala para ayudar en la investigación. Era obvio que no podían aceptar semejante ofrecimiento cuando la opinión pública, la Iglesia y los organismos de derechos humanos sospechaban fuertemente que el ejército de alguna manera tenía algo que ver con el sangriento hecho.

Era bien sabido que los generales no estaban conformes con las reformas constitucionales exigidas por los Acuerdos de Paz, pues ellas limitarían el papel de las fuerzas armadas en la vida política de la nación e instalarían a un civil como ministro de Defensa. Tampoco se mostraban dispuestos a aceptar sugerencia alguna de que se habían equivocado en lo que ellos creían que era una guerra santa contra la subversión comunista.

Los problemas del prelado con las autoridades militares tampoco eran nuevos. Mientras fue obispo de El Quiché, Gerardi había tratado con dureza a los oficiales del ejército, sobre todo después de producidos los asesinatos de docenas de sus agentes pastorales. "Ustedes son los asesinos", les había dicho, "ustedes son los enemigos del pueblo. Nosotros tenemos que estar del lado del pueblo, por lo tanto estamos en el lado opuesto al de ustedes. Mientras ustedes no cambien, no puede haber acuerdo alguno entre ustedes y nosotros."

A los generales no les gustó ese tipo de discurso y Gerardi escapó a dos atentados contra su vida antes de dar el paso sin precedentes, en 1980, de retirar casi todo el personal pastoral, literalmente clausurando la diócesis.

Cuando se inició el proceso de democratización a mediados de la década de 1980, Gerardi regresó del exilio y colaboró para el progreso de las conversaciones de paz. La oficina arquidiocesana de Derechos Humanos, creada por él, estaba integrada por un aguerrido grupo de abogados e investigadores que pronto se convirtió en algo más que una molestia para una jerarquía militar que trataba por todos los medios de proyectar una nueva imagen. Esta oficina proporcionaba servicios legales a las víctimas de la represión gubernamental y también encontró a los culpables de numerosos casos de secuestros, robos de autos y asesinatos que la policía parecía no tener la menor idea de cómo resolver. Con alarmante frecuencia se fue descubriendo que había funcionarios militares detrás de los crímenes que la Iglesia investigaba.

Aunque algunos críticos de la Iglesia acusaban a Gerardi de ser un simpatizante izquierdista, el activismo social del obispo no era el producto de una opción ideológica. La posición progresista de Gerardi se fue formando a partir de su apertura hacia los pobres que sufrían desde hacía décadas la represión y el racismo. El obispo guatemalteco, al igual que el también asesinado arzobispo Oscar Romero en la vecina El Salvador, era primero y ante todo un pastor, nunca un político partidista.

El informe del REMHI

En 1995, cuando los obispos católicos del país pusieron en marcha el proyecto sobre memoria histórica (REMHI), Gerardi era la persona que naturalmente se hallaba capacitado para coordinarlo. Bajo su supervisión, a lo largo de los tres años siguientes, los agentes pastorales registraron más de 6500 entrevistas, de las cuales casi las dos terceras partes se hicieron en alguna de las 15 lenguas mayas habladas en el país.

Las 1400 páginas de documentos reunidas en cuatro volúmenes proporcionaron el primer análisis detallado de una larga y cruenta guerra entre las guerrillas izquierdistas y una serie de gobiernos militares apoyados por los Estados Unidos. Se registran allí 14.291 hechos de violencia que produjeron 55.021 víctimas. Las autoridades eclesiásticas señalaron que el informe describía sólo parte de la violencia. Asesinatos, desapariciones, torturas, violaciones, amenazas y detenciones ilegales estaban todos bien documentados.

Según el informe, los soldados del gobierno y los escuadrones paramilitares eran los responsables del 85,43%·de los hechos denunciados por el estudio; los insurgentes de la guerrilla fueron acusados del 9,3% de ellos. La responsabilidad por el restante 5,27% no pudo ser precisada.

El informe incluía la descripción de 422 matanzas colectivas, 401 de las cuales fueron cometidas por el ejército o por los escuadrones de la muerte; la guerrilla llevó a cabo 16 de ellas. Los investigadores de la Iglesia no pudieron establecer la responsabilidad por cinco de las matanzas registradas en el informe.

Además de presentar los datos fríos acerca de quién fue responsable de cada hecho luctuoso, el informe final incluye fragmentos seleccionados de las entrevistas registradas. Un sobreviviente de una de las matanzas llevada a cabo por el ejército en 1983 en el norte de El Quiche declaró: "Lo que presenciamos fue horrible, quemaban los cuerpos, las mujeres eran atravesadas con picas como si fueran animales listos para ser cocinados al fuego, y los niños era despedazados con machetes".

En la sección del informe llamada "El camino a la reconstrucción social", las autoridades de la Iglesia hacían una serie de recomendaciones acerca de cómo el gobierno guatemalteco debería ayudar al país destrozado por la guerra. Entre ellas estaba la identificación de las víctimas y planes de estudio para las escuelas en los que con honestidad se dijera qué había ocurrido durante la guerra. Al mismo tiempo formulaba un vehemente llamado a los jefes de las fuerzas gubernamentales y a los guerrilleros por igual para que reconocieran lo que cada uno había cometido. Incluso consideraba necesario que los responsables directos de violaciones a los derechos humanos fueran expulsados del ejército y se les impidiera el acceso a los cargos públicos. Se solicitaba el cierre del Centro de Adiestramiento y Operaciones especiales Kaibil, en la selva Peten, donde se preparaban las fuerzas de la represión, así como la eliminación de la tristemente célebre Guardia Presidencial.

Si el objetivo de los asesinos de Gerardi era impedir que la nación dirigiera una honesta mirada al pasado, no hay dudas de que se equivocaron al calcular el modo en que reaccionarían los guatemaltecos. En lugar de silenciar a la Iglesia y al pueblo, el asesinato tuvo el efecto contrario. Todos quisieron enterarse del contenido del informe.

El 29 de abril, monseñor Gerardo Flores, obispo de La Verapaz, en los funerales celebrados en la Catedral Metropolitana, pronunció la homilía. En ella señaló que el hombre a quien los enemigos de la pacificación habían convertido en mártir "luchó por una paz auténtica, no basada en la mentira, sino fundada en la justicia y la verdad. Por esto él dio su vida y es por eso que quisieron silenciarlo. Pero hoy su voz suena más fuerte que nunca".

Mientras los gritos de "Justicia, Justicia" resonaban dentro de la Catedral repleta de fieles, monseñor Flores recordó el título del informe final del REMHI, un título que Gerardi había elegido personalmente. "Algún día, muy pronto", afirmó, "esperamos que el pueblo de este país pueda cantar, pueda gritar de todo corazón: ¡Guatemala, Guatemala: Nunca más!"

Después de la misa el conjunto de los obispos del país y casi 400 sacerdotes encabezaron una procesión que llevó el ataúd de monseñor Gerardi alrededor de la plaza central. Tras el simbólico recorrido regresaron a la Catedral, donde el obispo asesinado fue enterrado en la cripta debajo del altar. Miles de guatemaltecos permanecieron allí llorando, arrojaron claveles rojos sobre el ataúd mientras era transportado por dignatarios de la Iglesia. Muchos gritaban "¡Nunca más!".

Los asesinos

No mucho después del asesinato, un candidato político maya recibió una amenaza de muerte firmada por un escuadrón de la muerte llamado Jaguar Justiciero. En la nota, los autores amenazaban con matarlo igual que habían matado a Gerardi y a tantos otros. Ampliamente difundida, la intimidación recibió el unánime repudio de la población y de los organismos de derechos humanos. Los miembros de Jaguar Justiciero nunca negaron esa autoría y siguieron enviando más y más amenazas. Este no era más que otro nombre usado por un escuadrón de la muerte de la inteligencia militar interna, más conocido como el "Comando", responsable de liquidar no sólo a los "subversivos", sino también a los grupos populares de derechos humanos y organizaciones cívicas. Varios de los miembros de este escuadrón de la muerte eran graduados de la Escuela de las Américas, donde el ejército estadounidense entrenaba a oficiales de América Latina.

Por su parte, a pocos días de cometido el asesinato, el gobierno guatemalteco anunció que había arrestado a un "delincuente común" llamado Carlos Enrique Vielman. Nadie dio crédito alguno a la nueva patraña. La opinión pública estaba convencida de que se trataba de otro encubrimiento. La Oficina de Derechos Humanos de la Arquidiócesis, uno de los demandantes en el caso Gerardi, anunció que no había pruebas de que Vielman fuera en realidad el asesino.

El escuadrón de la muerte Jaguar Justiciero había aparecido por primera vez en la década de 1980 cuando amenazó eliminar al presidente de Nicaragua, Daniel Ortega, si llegaba a poner un pie en Guatemala. El informe del obispo destacaba que este escuadrón de la muerte estaba formado por miembros de la exclusiva Guardia Presidencial y era responsable de numerosas violaciones a los derechos humanos y de muchos asesinatos.

Jennifer Harbury acusa

A dos meses de producido el crimen, la acusación de que una unidad del Ejército era la responsable encendió la chispa de un caso cuyas investigaciones se habían empantanado, provocando el rechazo del gobierno y la correspondiente reacción indignada de la Iglesia.

En una conferencia de prensa ofrecida en Washington el 25 de junio de 1998, la abogada estadounidense Jennifer Harbury, viuda del guerrillero guatemalteco Efraín Bámaca, reveló 23 nombres y seudónimos del escuadrón de la muerte Jaguar Justiciero, responsable confeso del asesinato del obispo Gerardi. Todos los nombrados eran también miembros de un comando especial de inteligencia militar, el G-2, relacionado en el pasado con los servicios de inteligencia de los Estados Unidos. Según Harbury, este comando y el Jaguar Justiciero eran la misma cosa. La abogada aseguró que la información se la había proporcionado un guatemalteco que estaba pidiendo asilo político en los Estados Unidos y cuyo nombre mantuvo en secreto con el fin de protegerlo. Esa fuente, afirmó, "estuvo durante muchos años en estrecho contacto con el escuadrón de la muerte y es sumamente creíble".

El ministro de Defensa guatemalteco, Héctor Barrios Celada, aunque consideró audaces aquellas afirmaciones, admitió que algunos de los nombres proporcionados por la abogada correspondían a oficiales militares de alto rango. Por su parte, la vocera del ejército de Guatemala, Edith Vargas, insistió en que el ejército de ese país era una de las instituciones que más interesada estaba en resolver el asesinato de monseñor Gerardi.

Ante la denuncia de Harbury, el fiscal general Otto Ardón, anunció que el Ministerio Público iniciaría las investigaciones sobre los militares supuestamente vinculados con el crimen, pero "antes verificaremos los nombres". Por su parte, el presidente Álvaro Arzú, tras condenar las declaraciones de la estadounidense, agregó que "lamentablemente así es la democracia y todo el mundo puede decir lo que quiera con o sin razón".

Para el asesor legal de la Oficina de Derechos Humanos del Arzobispado, Minor Melgar, las denuncias formuladas por Harbury volvían a poner el acento en la versión que atribuía móviles políticos al asesinato, tesis que desde el principio había sido rechazada por el Gobierno. El Arzobispado siempre sostuvo que el asesinato "fue planificado y ejecutado por profesionales".

Por su parte, el vocero de departamento de Estado de los Estados Unidos, James Rubin, rechazó las afirmaciones de Harbury y dijo que el FBI estaba colaborando con las autoridades guatemaltecas para resolver el crimen.

En este sentido, los representantes de Global Exchange, organización de derechos humanos con base en San Francisco (Estados Unidos), en una conferencia de prensa dos días después de las declaraciones de Harbury, exigieron al gobierno de los Estados Unidos que levantara el secreto que protegía a los documentos relacionados con violaciones a los derechos humanos en Guatemala.

También insistieron en que el gobierno debería cerrar la Escuela de las Américas, que de Panamá había sido trasladada a Fort Benning, Georgia.

Los condenados

El 21 de enero de 2000 la policía guatemalteca detuvo al coronel retirado Byron Lima Estrada y a su hijo, el capitán Byron Lima Oliva, en relación con el asesinato del obispo Gerardi en 1998. Si bien ambos oficiales estuvieron bajo sospecha desde el primer momento, no fue sino hasta que el nuevo presidente Alfonso Portillo asumió su cargo que el gobierno hizo algo en este sentido.

En la víspera del arresto, las autoridades habían estado examinando los documentos sobre los que el gobierno de los Estados Unidos había levantado el secreto. Se trataba de archivos relacionados con Lima Estrada y su carrera de 30 años en las fuerzas armadas guatemaltecas. Este material arroja luz sobre la amplitud de la participación norteamericana en el entrenamiento y el desarrollo del ejército guatemalteco en las décadas de 1960 y 1970. La documentación ayuda a comprender la reacción conservadora que amenazó con debilitar la transición democrática a fines de la década de 1980 pues se lo muestra a Lima Estrada como un ultra conservador sumamente motivado, un oficial de inteligencia antidemocrático, obsesionado con la preservación del poder en manos de los militares. Fanatismo que llevó adelante incluso después de iniciada la transición hacia el gobierno civil a mediados de la década de 1980, durante el régimen del general Oscar Humberto Mejía Víctores. Lima Estrada dirigía la inteligencia militar en el momento de mayor actividad genocida contra la población indígena de Guatemala.

Como muchos de los más entusiastas oficiales jóvenes de la década de 1960, la carrera de Lima Estrada se desarrolló bajo la tutela del ejército de los Estados Unidos. Su primer entrenamiento incluyó clases básicas para oficial de infantería en Fort Benning, Georgia, para luego pasar un período en la Escuela de las Américas, que entonces funcionaba en Panamá, donde recibió instrucción en los cursos de policía militar. De toda la instrucción recibida por parte de los norteamericanos, tal vez lo más importante para el joven oficial de inteligencia fue el curso de instrucción en contrainteligencia, impartido por un Equipo Móvil de Entrenamiento del ejército que dependía del Destacamento 610 de Inteligencia Militar con base en Panamá. Según uno de los manuales de entrenamiento utilizados por aquellos equipos móviles, su adiestramiento en contrainteligencia incluía técnicas de contraespionaje, de sabotaje, antisubversivas, antiterroristas y otras "operaciones especiales". Para los Estados Unidos, el adoctrinamiento de oficiales como Lima proporcionaba, además, la oportunidad de contacto cotidiano con los futuros líderes del ejército guatemalteco y, en la práctica, del país. Política de estado que determinó el florecimiento de múltiples dictaduras. Uno de esos documentos liberados por el gobierno de los Estados Unidos indica que uno de los objetivos de esos cursos era encontrar "la mejor manera de ganarse la confianza del sujeto para poder ejercer alguna influencia sobre él".

Varios oficiales militares guatemaltecos que asistieron a la Escuela de las Américas aparecen citados en el informe de la Comisión de Clarificación Histórica y en el informe de Gerardi.

El viernes 8 de junio de 2001 el Tribunal Tercero de Sentencia de Guatemala declaró culpables a tres militares y un sacerdote católico del asesinato del obispo auxiliar de Guatemala Juan Gerardi. La justicia determinó que el dignatario de la Iglesia fue asesinado por el coronel retirado Byron Lima Estrada, su hijo, el capitán Byron Lima Oliva, y el ex guardaespaldas de la Presidencia José Obdulio Villanueva. El sacerdote Mario Orantes fue declarado cómplice.

Lima Estrada, Lima Oliva y Villanueva recibieron una condena a 30 años de cárcel, inconmutables. Orantes fue condenado a 20 años de prisión, también inconmutables.

El capitán Lima Oliva se atrevió a comentar, al conocer el veredicto y la sentencia, que como buen soldado ahora comenzaría una batalla para demostrar su inocencia y que iba a apelar al fallo. Su abogado, Julio Echeverría, obviamente calificó de "inadecuada" la condena y anunció que llevaría la causa a los más altos tribunales a fin de revertir los resultados que le habían sido adversos.

La decisión de la justicia causó satisfacción en los activistas defensores de los derechos humanos. Uno de ellos, Helen Mack, afirmó con lágrimas en los ojos que se había derrumbado "el muro de la impunidad; el tribunal ha dictado una sentencia con mucho coraje, lo que da una esperanza a quienes hemos sufrido la violación de nuestros derechos", señaló.

Para dictar su resolución la corte tomó como base principal el testimonio de Rubén Chanax, un indigente que aseguró haber visto a los militares en la escena del crimen, el garaje de la casa parroquial de la iglesia San Sebastián, ubicada a 300 metros de la sede de Gobierno. Según el tribunal, la muerte de Gerardi puede definirse como un "asesinato extrajudicial" inspirado en "móviles políticos".

En julio de 1998 se había ordenado la detención del sacerdote Mario Orantes, liberado seis meses después. En febrero de 2000, el Juzgado Segundo de Primera Instancia Penal emitió una nueva orden de captura en su contra, mientras el religioso se hallaba en los Estados Unidos, sometido a un chequeo médico. A su retorno fue internado en un hospital, quedando sujeto al proceso, acusado de complicidad.

Apenas iniciado el juicio, comenzaron las amenazas e intimidaciones contra jueces, abogados y fiscales que tenían alguna relación con el caso. Algunos de los amenazados no sólo se vieron forzados a abandonar la causa, sino que debieron salir del país. De todas maneras, se dictó sentencia. En esta, el tribunal afirmó más allá de toda duda que el móvil del asesinato fue político.